Studienwissen kompakt

Mit dem Springer-Lehrbuchprogramm „Studienwissen kompakt" werden kurze Lerneinheiten geschaffen, die als Einstieg in ein Fach bzw. in eine Teildisziplin konzipiert sind, einen ersten Überblick vermitteln und Orientierungswissen darstellen.

Weitere Bände dieser Reihe finden sie unter
http://www.springer.com/series/13388

Michael Froböse
Manuela Thurm

Marketing

Michael Froböse
Duale Hochschule Baden-Württemberg
Heidenheim, Deutschland

Manuela Thurm
Duale Hochschule Baden-Württemberg
Heidenheim, Deutschland

ISBN 978-3-658-05692-6 ISBN 978-3-658-05693-3 (eBook)
DOI 10.1007/978-3-658-05693-3

Die Deutsche Nationalbibliothek verzeichnet diese Publikation in der Deutschen Nationalbibliografie; detaillierte bibliografische Daten sind im Internet über http://dnb.d-nb.de abrufbar.

Springer Gabler
© Springer Fachmedien Wiesbaden 2016
Das Werk einschließlich aller seiner Teile ist urheberrechtlich geschützt. Jede Verwertung, die nicht ausdrücklich vom Urheberrechtsgesetz zugelassen ist, bedarf der vorherigen Zustimmung des Verlags. Das gilt insbesondere für Vervielfältigungen, Bearbeitungen, Übersetzungen, Mikroverfilmungen und die Einspeicherung und Verarbeitung in elektronischen Systemen.
Die Wiedergabe von Gebrauchsnamen, Handelsnamen, Warenbezeichnungen usw. in diesem Werk berechtigt auch ohne besondere Kennzeichnung nicht zu der Annahme, dass solche Namen im Sinne der Warenzeichen- und Markenschutz-Gesetzgebung als frei zu betrachten wären und daher von jedermann benutzt werden dürften.
Der Verlag, die Autoren und die Herausgeber gehen davon aus, dass die Angaben und Informationen in diesem Werk zum Zeitpunkt der Veröffentlichung vollständig und korrekt sind. Weder der Verlag noch die Autoren oder die Herausgeber übernehmen, ausdrücklich oder implizit, Gewähr für den Inhalt des Werkes, etwaige Fehler oder Äußerungen.

Gedruckt auf säurefreiem und chlorfrei gebleichtem Papier

Springer Fachmedien Wiesbaden GmbH ist Teil der Fachverlagsgruppe Springer Science+Business Media
(www.springer.com)

Vorwort

Innerhalb der insgesamt eher als „trocken" geltenden Betriebswirtschaftslehre gehört das Fach Marketing zu den beliebtesten Studienfächern. Zwar hat Marketing oft mit harten Fakten und analytischen Fähigkeiten zu tun, aber ebenso mit Kreativität und einem Gespür für Menschen in ihrer Rolle als Kunden. Faszinierend anmutenden Marketing-Erfolgen, die eine hohe Aufmerksamkeit auf sich ziehen, stehen ebenso bemerkenswerte Flops gegenüber. Spannend ist das Fach auch deshalb, weil es einem stetigen Wandel unterliegt und von dem Drang zur Weiterentwicklung geprägt ist – und damit für aufgeschlossene und kreative Studierende eine interessante Perspektive bietet.

Die große Bedeutung des Marketing in Wissenschaft und Praxis fußt auf der einfachen Erkenntnis, dass ein Unternehmen letztlich davon lebt, was es verkauft. Für die Erfüllung der (Absatz-)Ziele stellt das Fachgebiet „Marketing" eine Reihe von Leitideen, Strategieansätzen und operativen Maßnahmen zur Verfügung, die in diesem Buch primär mit Blick auf Studienanfänger und Nebenfach-Studenten aufbereitet wurden.

Lehrbücher, die die Grundlagen des Marketing in kompakter Form vermitteln, gibt es bereits einige. Das vorliegende Buch zeichnet sich allerdings durch zwei Besonderheiten aus, die den Studierenden den Zugang zur Materie erleichtern sollen:
1. Wir wollen v. a. eine marketing-orientierte Denkweise vermitteln und mit den Leitprinzipien dem Marketing vertraut machen. Diese benötigt jeder Marketing-Studierende und -Praktiker. Aus der Erkenntnis heraus, dass häufig Personen im Marketing arbeiten, die ein ausgeprägtes Gefühl für Märkte haben, aber keine spezielle Marketing-Ausbildung genossen haben oder „Quereinsteiger" sind, soll im ersten Kapitel relativ ausführlich auf die „Vogelperspektive" des Fachs eingegangen werden. Dabei geht es vor allem um die Denkhaltung und die Leitideen des Marketing – sowie um die Bedeutung und die Notwendigkeit des Marketing im unternehmerischen Gesamtzusammenhang. Als übergeordnete Klammer verwenden wir dabei sechs zentrale Leitprinzipien, die im weiteren Verlauf des Buches immer wieder aufgegriffen und exemplifiziert werden. Dies schärft den Blick des Lesers für die Gesamtzusammenhänge.
2. Wir möchten mit unserem Buch Interesse und Begeisterung für das Fach wecken und die Faszination des Marketing spüren lassen. Für eine Tätigkeit im Marketing sind Innovationsfreude und Kreativität gefragt, die sich zwar in einem Buch nur schwer vermitteln lassen – wir wollen aber Denkanstöße in diese Richtung geben und die Offenheit gegenüber neuen

Ideen fördern. Ohne auf das gängige Fachvokabular und eine kritische Distanz zu verzichten, möchten wir die Leser dadurch „abholen", dass wir Ihnen ausgewählte Inhalte mit anschaulichen, aktuellen Praxisbeispielen und in prägnanter Form darbieten.

Bei der Arbeit am Manuskript haben uns Frau Roscher und Frau Borstelmann vom Springer Gabler Verlag hilfreich unterstützt – Ihnen gilt unser besonderer Dank. Dankbar sind wir auch unserer ehemaligen Studentin und heutigen Lektorin Eva-Maria Fürst, auf deren Initiative hin dieses Buch entstanden ist.

Bevor es nun mit dem Thema „Marketing" losgeht, weisen wir noch auf folgende Punkte hin:

- Bei personenbezogenen Bezeichnungen haben wir uns im Interesse der leichteren Lesbarkeit für die kürzere männliche Form entschieden. Alle Leserinnen bitten wir dafür um Nachsicht.
- Lösungsvorschläge zu den Übungsaufgaben, die in jedem Kapitel im Abschnitt „Lernkontrolle" enthalten sind, finden Sie auf ▶ www.springer.com (bei den Angaben zum Buch) oder auf der Webseite des Studiengangs BWL – Dienstleistungsmarketing der Dualen Hochschule Baden-Württemberg Heidenheim (▶ www.dhbw-heidenheim.de/dlm).

Über die Autoren

Prof. Dr. Michael Froböse
ist Leiter des Studiengangs Dienstleistungsmarketing, Vertiefung Medien und Kommunikation, an der Dualen Hochschule Baden-Württemberg Heidenheim. Seine Lehr- und Forschungsschwerpunkte liegen in den Bereichen Dienstleistungs- und Medienmarketing, Methoden der Marketing-Forschung, Mediaplanung, Regionalmarketing und wissenschaftliches Arbeiten. Außerdem leitet er seit 1998 das Steinbeis-Transferzentrum für Marketing-Forschung in Heidenheim.

Prof. Dr. Manuela Thurm
Nach jahrelangen Erfahrungen in der internationalen Textilbranche ist Dr. Manuela Thurm seit 2000 an der Dualen Hochschule Baden-Württemberg Professorin für BWL, insbesondere marktorientierte Unternehmensführung. Sie leitet außerdem das 2012 von ihr gegründete Steinbeis-Transfer Institut Gestaltung von Nachhaltigkeit (S!GN), das unter dem Dach der privaten Steinbeis Hochschule Berlin firmiert und steht Unternehmen unterstützend u. a. in den genannten Themenfeldern zur Seite.

Inhaltsverzeichnis

1	**Einblick in das Wesen und die Kernaufgaben des Marketing**....... 1	
	Michael Froböse, Manuela Thurm	
1.1	Begriff und Bezugsgrößen des Marketing 2	
1.1.1	Der Markt als Zielobjekt des Marketing 3	
1.1.2	Facetten der Marktorientierung 4	
1.1.3	Weitere Bezugsgrößen 7	
1.2	**Leitprinzipien des Marketing** 13	
1.3	**Marketing im unternehmerischen Gesamtzusammenhang** 15	
1.4	**Kundenwert, Kundenbindung und Kundenzufriedenheit als Basis-Zielgrößen des Marketing** 17	
1.5	**Die Vielfalt des Marketing** 24	
1.6	**Der Prozess der Marketing-Planung** 29	
1.7	**Lern-Kontrolle** 31	
2	**Informationsgewinnung für Marketing-Entscheidungen** 35	
	Michael Froböse	
2.1	**Stellenwert und Qualitätskriterien der Informationsgewinnung** 36	
2.2	**Untersuchungsobjekte der Marketing-Forschung** 40	
2.3	**Methoden der Datenerhebung** 42	
2.3.1	Sekundärforschung und Social Media Monitoring 42	
2.3.2	Klassische Methoden der Primärforschung............................ 46	
2.3.3	Mobile Marktforschung... 54	
2.4	**Lern-Kontrolle** 57	
3	**Strategische Marketing-Planung** 59	
	Michael Froböse	
3.1	**Marketing-Oberziele** 61	
3.2	**Zielmarkt-Festlegung** 64	
3.2.1	Bedeutung und Arten von Zielmärkten................................ 64	
3.2.2	Identifikation von Zielmärkten 66	
3.2.3	Bewertung von potenziellen Zielmärkten............................. 70	
3.2.4	Zielmarkt-Strategien 70	
3.3	**Marktbeeinflussungs-Strategien**.................................... 73	
3.4	**Positionierung**.. 76	

Inhaltsverzeichnis

3.5	**Markenführung**	80
3.5.1	Begriff und Bedeutung von Marken	80
3.5.2	Aufgaben und Erfolgsfaktoren der Markenführung	82
3.5.3	Grundlegende strategische Optionen der Markenführung	84
3.6	**Lern-Kontrolle**	87
4	**Operative Marketing-Planung**	**89**
	Michael Froböse	
4.1	**Leistungspolitik**	91
4.1.1	Angebotsleistungen als Mittel der Nutzenstiftung	91
4.1.2	Gestaltungsparameter von Leistungsangeboten	93
4.1.3	Entwicklung neuer Leistungsangebote	95
4.1.4	Management des Leistungsprogramms	100
4.2	**Preispolitik**	107
4.2.1	Stellenwert der Preispolitik im Marketing	107
4.2.2	Bestimmungsgrößen der Preispolitik	108
4.2.3	Abnehmerorientierte Instrumente der Preispolitik	112
4.2.4	Grundkonzepte der dynamischen Preisgestaltung	117
4.3	**Distributionspolitik**	119
4.3.1	Grundaufgaben und Bedeutung der Distributionspolitik	119
4.3.2	Direkter und indirekter Absatz	120
4.3.3	Aufgabenträger der Distributionspolitik (Distributionsorgane)	123
4.3.4	Verzahnung von Distributionskanälen im Multi-Channel-Marketing	129
4.4	**Kommunikationspolitik**	131
4.4.1	Prozess der Kommunikationsplanung	132
4.4.2	Instrumente der klassischen medialen Kommunikation	139
4.4.3	Verkaufsförderung als Kommunikationsinstrument	142
4.4.4	Instrumente der persönlichen Kommunikation	144
4.4.5	Instrumente der Online-Kommunikation	146
4.5	**Lern-Kontrolle**	150
	Serviceteil	153
	Tipps fürs Studium und fürs Lernen	154
	Glossar	159
	Literatur	166

Einblick in das Wesen und die Kernaufgaben des Marketing

Michael Froböse, Manuela Thurm

1.1 Begriff und Bezugsgrößen des Marketing – 2
1.1.1 Der Markt als Zielobjekt des Marketing – 3
1.1.2 Facetten der Marktorientierung – 4
1.1.3 Weitere Bezugsgrößen – 7

1.2 Leitprinzipien des Marketing – 13

1.3 Marketing im unternehmerischen Gesamtzusammenhang – 15

1.4 Kundenwert, Kundenbindung und Kundenzufriedenheit als Basis-Zielgrößen des Marketing – 17

1.5 Die Vielfalt des Marketing – 24

1.6 Der Prozess der Marketing-Planung – 29

1.7 Lern-Kontrolle – 31

M. Froböse, M. Thurm, *Marketing*, Studienwissen kompakt,
DOI 10.1007/978-3-658-05693-3_1, © Springer Fachmedien Wiesbaden 2016

Lern-Agenda

Nach dem Studium dieses Kapitels sollten Sie
- ein grundlegendes Verständnis für den Stellenwert des Marketing im Rahmen der Betriebswirtschaftslehre entwickelt haben,
- die Facetten der Marktorientierung als zentrales Wesensmerkmal des Marketing aufzeigen können,
- wissen, an welchen weiteren, d. h. nicht-marktlichen Orientierungsgrößen Marketing-Entscheidungen ausgerichtet werden müssen,
- die Leitprinzipien des Marketing beschreiben und deren Bedeutung für die Erfüllung von Marketing-Aufgaben aufzeigen können,
- die Bedeutung von Kundenwert, Kundenbindung und Kundenzufriedenheit als Ziele des Marketing erkannt haben und die Zusammenhänge zwischen diesen und weiteren (wirtschaftlichen) Zielgrößen erläutern können,
- in der Lage sein, unterschiedliche Erscheinungsformen des Marketing den Grundelementen von Marketingprozessen zuzuordnen,
- erläutern können, welche Elemente bzw. Bausteine für die Entwicklung einer Marketing-Konzeption wesentlich sind.

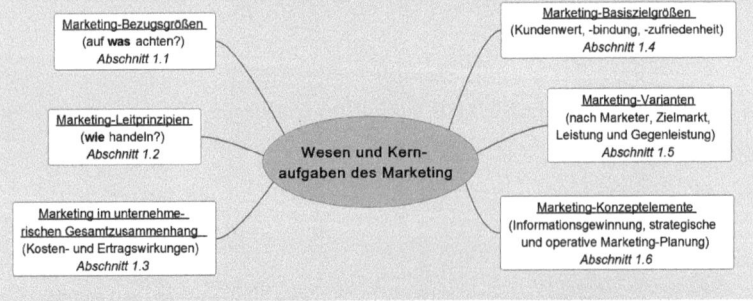

1.1 Begriff und Bezugsgrößen des Marketing

Einfach und direkt übersetzt könnte man „Marketing" im Sinne seines zentralen Tätigkeitsfeldes schlicht als „Vermarkten" bezeichnen. Überwiegend durchgesetzt hat sich heute allerdings eine weitergehende Interpretation von „Marketing", und zwar im Sinne einer Denkhaltung und eines Konzepts der marktorientierten Führung – in welchem Kontext und bei welchen Organisationen es auch immer eingesetzt wird. Dieser Auffassung wird auch hier gefolgt, allerdings mit klarem Schwerpunkt auf dem betriebswirtschaftlichen Einsatz des Marketing bei (profit-orientierten) Unternehmen, d. h. der **marktorientierten Unternehmensführung**.

Was den Definitions-Bestandteil **„Unternehmensführung"** anbelangt, so soll hierunter die Funktion bzw. der Prozess des Führens eines Unternehmens verstanden werden. Aufgabe der Führung ist es, die Aktivitäten im Unternehmen auf die Realisierung vorgegebener Ziele auszurichten. Der zweite Begriffs-Bestandteil („marktorientiert") bedarf allerdings weitergehender Erläuterungen, um das Wesen des Marketing genauer zu verstehen. Deswegen sind nachfolgend den Begriffen „Markt" und „marktorientiert" eigene Abschnitte (1.1.1 und 1.1.2) gewidmet.

1.1.1 Der Markt als Zielobjekt des Marketing

Unter Wissenschaftlern und Praktikern gibt es unterschiedliche Ansichten darüber, was der Begriff „Markt" konkret beinhaltet. In der Volkswirtschaftslehre, z. T. auch in der Marketing-Literatur, findet man öfter das Vorstellungsbild von „Markt" als einem Platz bzw. Ort, an dem Angebot und Nachfrage nach bestimmten Leistungen zusammentreffen (z. B. [28, S. 78; 158, S. 26]). Diese Begriffsauffassung passt gut zu Handelsplätzen wie einem Wochenmarkt oder zu virtuellen Plattformen wie eBay, auf denen Käufe bzw. Verkäufe getätigt werden. Sie korrespondiert aber nicht mit anderen im Marketing geläufigen Termini, die „Markt" als Begriffsbestandteil beinhalten. Dies gilt z. B. für den Marktanteil sowie die Marktsegmentierung, die gemeinhin als Aufteilung eines Gesamtmarkts in **Käufergruppen** verstanden wird. Deshalb erscheint es in den oben geschilderten Fällen sinnvoller, von (realen oder virtuellen) „Marktplätzen" und nicht von „Märkten" zu sprechen.

Eine andere, v. a. in der Praxis verbreitete Interpretation von Märkten ist produkt- oder branchenorientiert. Sie knüpft an der Art des Angebots an und kommt in Bezeichnungen wie Automobil-, Tiefkühlkost- oder Buchmarkt zum Ausdruck. So definierte Märkte lassen sich oft leicht quantitativ taxieren, z. B. durch den gegenwärtigen Jahresumsatz aller Anbieter der betreffenden Produktart in einem vorgebenen Marktgebiet. Andererseits ist bei der angebotsorientierten Betrachtungsweise zu kritisieren, dass sie kaum Anhaltspunkte dafür liefert, auf welche und auf wessen Bedürfnisse die Marketing-Maßnahmen auszurichten sind. Außerdem verkennt man damit leicht die eigene Konkurrenzsituation. So sind bspw. Jaguar und Dacia beide – in branchenorientierter Sicht – auf dem Automobilmarkt tätig. Diese Marken sprechen jedoch unterschiedliche Kundengruppen mit unterschiedlichen Präferenzen an. Die Konkurrenzbeziehung zwischen beiden Automarken ist dementsprechend allenfalls sehr schwach ausgeprägt, denn es gibt nur sehr wenige Autofahrer, für die sowohl die Marke Dacia als auch Jaguar eine Kaufalternative darstellen.

Umgekehrt kommt es ebenso vor, dass verschiedene Produktarten trotz ihrer Unterschiedlichkeit im Wettbewerb zueinander stehen, weil sie gleiche oder ähnliche Kundenbedürfnisse erfüllen. Beispielsweise machen Handys heute aufgrund verbesserter Foto-Funktion mitunter den (einfachen) Digitalkameras Konkurrenz.

Aus den geschilderten Gründen knüpft die hier vertretene Interpretation von „Markt" direkt an den Abnehmern und deren Anforderungen an; sie erlaubt eine gezieltere Ausrichtung der Marketing-Aktivitäten und schärft das Verständnis für die Konkurrenz. Denn immer dann, wenn sich verschiedene Unternehmen um die gleiche Ziel- bzw. Kundengruppe bemühen, liegt eine Konkurrenzbeziehung vor – eben weil die Anbieter dann auf dem gleichen (Absatz-)Markt tätig sind.

> **Merke!**
>
> Im engeren Sinn soll der Begriff **Markt** hier definiert werden als Gruppe von aktuellen und potenziellen Kunden, die bestimmte Bedürfnisse oder Wünsche gemeinsam haben und die als Abnehmer der unternehmerischen Angebotsleistungen (d. h. der Produkte und/oder Dienstleistungen) in Betracht kommen.

Diese Definition bezieht sich auf den **Absatzmarkt**, der in diesem Buch im Fokus steht und bei dem die Kunden die Anspruchsträger (Stakeholder) des Unternehmens darstellen. Das Marketing kann sich allerdings auch an andere Zielmärkte richten; beim Personalmarketing z. B. sind dies die aktuellen und potenziellen Mitarbeiter.

1.1.2 Facetten der Marktorientierung

Gemäß der obigen Definition von „Markt" ist „Marktorientierung" mit „Kundenorientierung" gleichzusetzen. Wenngleich im nächsten Abschnitt noch ausgeführt wird, dass bei Marketing-Entscheidungen auch noch andere Orientierungspunkte zu berücksichtigen sind: Letztlich sind es immer die Kunden, die mit ihrem Kaufverhalten über den Unternehmenserfolg entscheiden bzw. das Marketing-Handeln durch Bezahlung honorieren müssen. Marktorientierung bedingt deshalb eine gezielte Ausrichtung der Unternehmensaktivitäten auf den Kunden bzw. die Problemlösung und Bedürfnisbefriedigung aus Sicht der Abnehmer. Dieses Marketing-Grundprinzip ist vor allem unter den heute vorherrschenden **Käufermarkt-Bedingungen** unverzichtbar, bei denen ein Angebots-Überhang besteht, so dass die Kunden gewissermaßen „am längeren Hebel" sitzen und frei entscheiden können, bei welchem Anbieter sie ihren Bedarf decken.

> **Auf den Punkt gebracht:** Eine moderne Kundenorientierung zielt darauf ab, durch attraktive Leistungsangebote die Kunden zufrieden zu stellen und dadurch die Grundlage für einen langfristigen wirtschaftlichen Erfolg zu schaffen – und nicht etwa, die Abnehmer mit aggressiven Werbe- und Verkaufsmaßnahmen zum Kauf zu drängen, um kurzfristig Umsätze und Gewinne zu steigern.

1.1 · Begriff und Bezugsgrößen des Marketing

> Allerdings bedeutet Kundenorientierung auch nicht, dass jedem einzelnen Kunden alle Wünsche erfüllt werden. Es geht vielmehr darum, sich auf solche Abnehmer zu konzentrieren, die man besonders gut bedienen kann, die die eigenen Leistungen besonders wertschätzen und dies durch ihre Zahlungsbereitschaft zum Ausdruck bringen.

Wer dagegen versucht, es jedem Kunden rechtzumachen, macht es niemandem richtig recht – und kann sich im Wettbewerb auch kaum profilieren.

Ferner geht es bei der Kundenorientierung auch nicht nur darum, die Kunden durch Vertriebs- und Werbeaktivitäten zum Kauf **bereits vorhandener** Produkte und/oder Dienstleistungen zu bewegen. Ein zeitgemäßes Marketing setzt sehr viel früher an und fragt schon bei der Entwicklung des Leistungsangebots, welchen besonderen Nutzen dieses für die Abnehmer bietet und für welche Zielgruppe es überhaupt in Betracht kommt. Die Bereiche Werbung und Verkauf beziehen sich dagegen lediglich auf den auch für Laien sichtbaren, nachgelagerten Teil der unternehmerischen Marketing-Aktivitäten – sind also lediglich „die Spitze des Eisbergs". Im Idealfall, wenn ein besonderer und einzigartiger Nutzen für die Abnehmer geschaffen werden kann, funktionieren Werbung und Verkauf praktisch von selbst.

Klassisch-reaktive und proaktive Marktorientierung In seinem marktorientierten Handeln kann sich ein Unternehmen an die vorhandenen Abnehmerbedürfnisse anpassen – oder (proaktiv) versuchen, latente, d. h. unterbewusste Bedürfnisse zu wecken oder gar völlig neue Kundenpräferenzen zu schaffen. Diese beiden Ansätze können und sollten durchaus parallel verfolgt werden.

Der erstgenannte Ansatz entspricht dem **reaktiven Marketing**, bei dem der Anbieter die Anforderungen der Abnehmer erforscht, um ihnen dann das gewünschte Angebot zum akzeptierten Preis bereitzustellen. Diese klassische Variante der Marktorientierung, die auch als „Market Driven" bezeichnet wird, führt allerdings in der Regel „nur" zu verbesserten Leistungen der bekannten Art, mit denen die Kunden zufriedengestellt, aber nicht begeistert oder inspiriert werden können. Denn in den meisten Fällen haben die Kunden keine Vorstellung von völlig neuartigen Problemlösungen.

Hervorstechenden Markterfolgen liegt deshalb häufiger ein zweiter Ansatz, das sog. **proaktive Marketing**, zugrunde. Bei diesem Konzept geht es nicht darum, sich den marktlichen Gegebenheiten bestmöglich anzupassen, sondern es werden umgekehrt die Kundenbedürfnisse als Gestaltungsparameter begriffen („Market Driving"-Konzept). So müssen bei völlig neuartigen Produkten die notwendigen Kundenpräferenzen erst aufgebaut, d. h. die Kunden gleichsam „erzogen" und von den Vorzügen des neuen Angebots überzeugt werden. Ein solcher proaktiver Ansatz war z. B. bei (heute alltäglichen) Produkten wie Smartphones, Digitalkameras und GPS-Systemen erforderlich, die sich noch vor 20 Jahren kaum ein Verbraucher vorstellen konnte [72, S. 33].

Das proaktive „Market Driving" ist mit einem erheblichen Entwicklungsaufwand und einem hohen Risiko verbunden. Es bietet aber auch die Chance, sich der Vergleichbarkeit der Konkurrenzangebote zu entziehen und eine hohe emotionale Verbundenheit des Kunden zu bewirken, wodurch sich dem Unternehmen Preisspielräume eröffnen. Ferner honorieren die Abnehmer ihre Sympathie für das einzigartig erscheinende Angebot oft durch Weiterempfehlungs-Aktivitäten, die mitunter in einem lang andauernden „Hype" münden – wie etwa um die Hard Rock Cafés oder beim iPhone von Apple.

Wie angedeutet sind radikale Innovationen ein wesentliches Instrument zur Veränderung der Abnehmerbedürfnisse. Häufig ist es aber auch eine besondere Kombination verschiedener „kleinerer" Einzelmaßnahmen, die in ihrer Summe in den Augen der Abnehmer eine herausgehobene Stellung des Leistungsangebots bewirken. Die Möglichkeiten eines proaktiven Marketing sind deshalb keineswegs nur auf „echte" Innovationen beschränkt.

Beispiel: Proaktiv kundenorientierte Marketing-Ansätze bei Sachgütern
- Apple hat den Tablet-PC zwar nicht erfunden, aber dieser Gerätekategorie, die lange Zeit ein Nischen-Dasein fristete, zum Durchbruch verholfen – mit intuitiv-einfacher Bedienung, der „Zugkraft" der Marke, hoher Designkompetenz und der Beschränkung auf ein Handy- anstelle eines „normalen" PC-Betriebssystems. Mit diesem speziellen Maßnahmenmix ist es gelungen, den Markt aufzubauen und bis heute anzuführen, anstatt die zuvor geringe Nachfrage nach Tablet-PCs als unabänderlich hinzunehmen.
- Auch IKEA hat sich im Möbelhandel gegenüber traditionellen Möbelhäusern durch ein Maßnahmenbündel deutlich abgegrenzt, auf diese Weise Kundenpräferenzen verändert und damit große Erfolge erzielt: Die Betonung des skandinavischen Images (auch in Richtung moderne Wohnkultur), einfaches Design, niedrige Preise und die sofortige Verfügbarkeit der Ware, für die im Gegenzug von den Kunden Selbstbedienung, Selbstmontage und Selbsttransport verlangt werden, bilden insgesamt ein Angebot, das viele Kunden als besonders attraktiv wahrnehmen [146, S. 26 ff.].
- Besonders augenfällig findet sich die aktive Veränderung bestehender Kundenpräferenzen im Bereich modischer Produkte. Indem bestimmte Modetrends propagiert werden, sehen sich die Kunden, die „mit der Zeit" gehen wollen, dazu veranlasst, in relativ kurzer Zeit Neukäufe zu tätigen.

Bei Dienstleistungs-Unternehmen sind vor allem unerwartete bzw. verblüffende Serviceformen das primäre Mittel einer proaktiven Kundenorientierung. Ähnlich wie bei Produkten bzw. Sachgütern wird hier versucht, künftige Kundenbedürfnisse zu antizipieren, den Kunden mit einer hohen Leistungsqualität zu überraschen und damit eine emotionale Kundenbindung aufzubauen [124]. In diesem Kontext ist häufiger von einem sog. **Customer Experience Management**, d. h. der Schaffung positiver Kundenerlebnisse, die Rede (vgl. hierzu im Detail [19]).

1.1 • Begriff und Bezugsgrößen des Marketing

Beispiel: Proaktiv kundenorientierte Dienstleistungen

- Beim Besuch eines Geschäftspartners hat dieser für seinen Kunden ein einfaches Papp-Schild auf einem freien Parkplatz direkt neben dem Haupteingang platziert: „Reserviert für Max Mustermann". Durch diese sehr einfach umzusetzende, aber ungewöhnliche Maßnahme wird dem Kunden eine besondere Wertschätzung signalisiert [147].
- Eine Werbeagentur lädt ihre Kunden in der kalten Jahreszeit zu einem Wintergrillen ein [95].
- Proaktiv kundenorientierte Leistungen können auch daraus resultieren, dass etablierte Gepflogenheiten bzw. Branchen-Spielregeln hinterfragt werden. Warum etwa erscheint es als ein unumstößliches Gesetz, dass Hotelzimmer spätestens bis zum Mittag zu räumen sind, egal um welche Uhrzeit man eingecheckt hat? Autovermietungen z. B. bieten dagegen oft 24-Stunden-Tarife an, unabhängig davon, um welche Uhrzeit man das Fahrzeug abholt – was im Übrigen als eine fairere Lösung erscheint [79].

Da Dienstleistungen schnell zu imitieren sind, muss man in dem Bestreben, die Kunden im positiven Sinne zu verblüffen, ständig aktiv bleiben und die eigenen Maßnahmen öfter anders ausgestalten als gewohnt – zumal das, was in der Vergangenheit für Begeisterung gesorgt hat, schnell als üblicher Standard wahrgenommen wird.

1.1.3 Weitere Bezugsgrößen

Auch wenn der Begriff „Markt" hier kundenbezogen (als Gruppe von aktuellen und potenziellen Abnehmern mit bestimmten Bedürfnissen) definiert wurde, so bedeutet „marktorientiert" nicht, dass man sich bei Marketing-Entscheidungen allein an den Kunden ausrichten sollte – denn Märkte sind in ein größeres Geflecht von Rahmenfaktoren eingebettet, die den Erfolg der unternehmerischen Aktivitäten mitbestimmen und deshalb in der Marketing-Planung zu berücksichtigen sind. Hierbei werden die Elemente der Mikro- und der Makroumwelt unterschieden.

> **Merke!**
>
> Die **Mikroumwelt** besteht aus Elementen bzw. Parteien, mit denen das Unternehmen in irgendeiner Form interagiert bzw. in Beziehung steht. Hierzu gehören – neben den Kunden selber – konkurrierende Anbieter, Händler/Absatzhelfer, Lieferanten von Produkten oder Dienstleistungen und diverse weitere Interessen- bzw. Anspruchsgruppen (z. B. Verbände, Fremdkapitalgeber, Medien).

Was die Bedeutung der Konkurrenz für das Marketing anbelangt, wurde in ▶ Abschn. 1.1.1 bereits darauf hingewiesen, dass Kunden- und **Wettbewerbsorientierung** im Marketing eng miteinander verknüpft sind: In Konkurrenz zueinander stehen diejenigen Unternehmen, deren Angebote von den Kunden als vergleichbar bzw. als Kaufalternativen angesehen werden. Mit der Definition der zu bearbeitenden Kunden- bzw. Zielgruppen legen Unternehmen dementsprechend zugleich ihre Konkurrenzbeziehungen fest. Die Kundenorientierung kann deshalb auch nur dann Erfolge bewirken, wenn ein Unternehmen Kunden und Wettbewerber simultan in sein Kalkül mit einbezieht – und darauf abstellt, in den Augen der Kunden als besser bzw. nützlicher wahrgenommen zu werden.

> **Auf den Punkt gebracht:** Wenn das unternehmerische Angebot einen aus Kundensicht bedeutsamen Nutzenvorteil aufweist, der auch langfristig gegenüber der Konkurrenz verteidigt werden kann und zugleich wirtschaftliche Vorteile für das Unternehmen mit sich bringt, so spricht man von einem **Wettbewerbsvorteil**, mitunter auch von einem **Komparativen Konkurrenzvortteil** (KKV; vgl. z. B. [6, S. 13 ff.]). Dieser kann z. B. in der Produktqualität, einem günstigen Preis-Leistungs-Verhältnis, einer besonders leichten Bedienbarkeit, einzigartigen Serviceleistungen, einem exklusiven Design oder einer hohen technischen Aktualität des Produktangebots liegen.

Solche Kundenvorteile gegenüber den Hauptkonkurrenten aufzubauen und zu verteidigen, ist eine Hauptaufgabe des Marketing; mitunter wird das KKV-Management gar als Inbegriff des Marketing angesehen [155, S. 17 f.]. Es kommt hierbei jedoch weniger darauf an, ob eine Überlegenheit gegenüber den Konkurrenten objektiv tatsächlich vorliegt. Erfolgsentscheidend ist vielmehr, dass ein **subjektiver**, d. h. von den Kunden als solcher wahrgenommener Vorsprung vorhanden ist. Häufig handelt es sich hierbei um Imagevorteile, die durch eine konsequente Image- und Markenpolitik aufgebaut wurden (wie z. B. bei Apple, Nivea oder Harley Davidson).

Anders als dies in der Regel bei den Wettbewerbern der Fall ist, steht für das Unternehmen bei den weiteren Parteien des Mikro-Umfelds (Lieferanten, Absatzmittler und -helfer, weitere Anspruchsgruppen) eher die **Beziehungsorientierung** im Vordergrund. Aufgabe des Marketing ist es hierbei, die Beziehungen zu diesen Personengruppen und Institutionen zu pflegen, deren Verhaltensweisen zu beobachten, Veränderungen zu beurteilen und für eine erfolgreiche Vermarktung in der Planung mit zu bedenken. Es macht z. B. in Zeiten der Rohstoff-Verknappung durchaus Sinn, die Geschäftsverbindungen zu den **Lieferanten** – ähnlich wie bei den Kunden – mit Hilfe von Marketing-Instrumenten zu intensivieren.

Eine wichtige Rolle unter den Parteien der Mikro-Umwelt nehmen auch die **Absatzmittler** (d. h. **Händler**) und **Absatzhelfer** (die als solche kein Eigentum an den abzusetzenden Leistungen erwerben) ein. Zu den Absatzhelfern zählen z. B. Logistik-

1.1 · Begriff und Bezugsgrößen des Marketing

Dienstleister sowie Handelsvertreter und Makler, die als selbständige Gewerbetreibende für andere Unternehmen Geschäfte vermitteln. Logistik-Unternehmen können bei der Vermarktung insofern eine Rolle spielen, als sie den Zustand der Produkte und den Zeitpunkt der Lieferung maßgeblich mitbestimmen.

Für den Markterfolg noch bedeutsamer als die Absatzhelfer sind allerdings in vielen Branchen die Absatzmittler; dies gilt besonders beim Absatz von Konsumgütern. Im Gegensatz zu den Absatzhelfern erwerben Händler das Eigentum an der Ware oder auch an der Dienstleistung (Beispiel: Kauf von Kabinenkontingenten auf Kreuzfahrtschiffen durch eine Reiseagentur). Soweit also Händler in den Vertrieb des eigenen Angebots eingeschaltet sind, stellen diese aus der Perspektive des Anbieters ebenso Kunden dar wie die Endverbraucher, und dementsprechend muss gegenüber dem Marktpartner „Handel" ebenso ein Marketing-Konzept entwickelt werden wie für die Endabnehmer. Dies gilt umso mehr, als die Handelslandschaft heute von wenigen marktmächtigen Großunternehmen geprägt wird, die es den Herstellern nicht immer leicht machen, ihrer Produkte im Handel unterzubringen. Im Lebensmittelsektor z. B. haben die vier großen deutschen Handelsketten Edeka, Rewe, die Schwarz-Gruppe (mit Lidl und Kaufland) sowie Aldi zusammen einen Anteil von 85 % am Lebensmittel-Einzelhandelsumsatz [97], und unter den Online-Händlern ist Amazon mit enormem Abstand der Marktführer [11].

Bei den **weiteren Interessensgruppen** stellt die Beziehungspflege mittlerweile eine sehr komplexe Aufgabe dar, denn die Unternehmen werden heute mit z. T. widersprüchlichen, aber für das Marketing immer wichtiger werdenden Erwartungen diverser Anspruchsträger konfrontiert. So verlangen Umwelt-Organisationen nachhaltige Produkte, Gewerkschaften mitarbeiter-freundliche Arbeitsbedingungen, Fremdkapitalgeber eine hohe Rendite und die Medien eine transparente Informationspolitik [41, S. 9]. Erforderlich ist deshalb ein sorgfältiges Ausbalancieren der unterschiedlichen Interessen, um den Markterfolg des Unternehmens nicht zu gefährden [150, S. 58].

Neben den bislang geschilderten Mikroumwelt-Faktoren gibt es eine weitere Kategorie von (globalen) Bezugsgrößen, die unter dem Begriff „**Makroumwelt**" zusammengefasst werden. Je früher ein Unternehmen Entwicklungen dieser Faktoren antizipiert, desto besser kann es darauf reagieren.

> **Merke!**
>
> Die **Makroumwelt** beinhaltet Rahmenfaktoren, die das Unternehmen zwar nicht direkt beeinflussen kann, deren Auswirkungen auf die Verhaltensweisen seines direkten Umfeldes sowie seiner eigenen Handlungsoptionen es allerdings abzuschätzen und in Marketing-Planungen einzubeziehen hat.

Die Makroumwelt-Faktoren entwickeln sich weitgehend autonom und tangieren alle konkurrierenden Unternehmen in einem geografischen Gebiet (z. B. in einem Land) in gleicher Weise. Im Wesentlichen lassen sich dabei ökonomische, politisch-rechtliche, ökologische und technologische Faktoren unterscheiden.

Unter den **ökonomischen Faktoren** sind z. B. die konjunkturelle Lage, das Preisniveau und die Geldwertstabilität gegebene wirtschaftliche Rahmenbedingungen, denen sich das Marketing-Handeln anpassen muss. Zu den **politisch-rechtlichen Faktoren**, die ebenfalls einen globalen Aktionsrahmen definieren, gehören insb. die politische Situation und deren Entwicklung (Beispiele: Steuer- und Umweltpolitik, Einführung von Investitionsanreizen in bestimmten Branchen). Sehr vielfältig sind ferner die gesetzlichen Bestimmungen und Verordnungen, deren Anzahl in der Vergangenheit ständig zugenommen hat und die die Handlungsmöglichkeiten im Markt regulieren. Man denke hier etwa an die Regelungen zur vergleichenden Werbung, Datenschutz-Aspekte beim Umgang mit Kundendaten in der Marktforschung sowie an das Urheber-, Marken- und Patentgesetz, welches es erheblich erleichtert, Wettbewerbsvorteile über längere Zeit zu sichern.

Unter anderem durch Umweltschutz-Bewegungen und das staatliche Ziel der Verringerung des Abfallaufkommens ist der Bereich der **ökologischen Faktoren** zunehmend in das Marketing-Blickfeld geraten. So kommt es nicht von ungefähr, dass Bio-, Natur- bzw. Öko-Sortimente in den Bereichen Lebensmittel, Naturmöbel und Naturkosmetik boomen, Kunststoff- durch Papp-Verpackungen ersetzt werden und sich die Marktchancen nachhaltiger Produkte und Dienstleistungen vergrößert haben. Zudem wirkt sich die Verknappung natürlicher Rohstoffe auf die Angebotspolitik der Unternehmen aus, was sich z. B. an dem zunehmenden Einsatz alternativer Antriebssysteme bei Automobilen zeigt. Konsequenzen hat die Ökologie-Orientierung mitunter auch für die Distribution, indem der Rücktransfer von Verpackungen und Altprodukten zum Hersteller (**Redistribution**) zur Marketing-Aufgabe gemacht wird. Derartige Maßnahmen sind mit zusätzlichen Kosten verbunden, bieten aber auch die Chance, sich gegenüber den Abnehmern zu profilieren.

Den wohl stärksten Einfluss auf das Marketing dürften unter den Elementen der Makroumwelt allerdings die **technologischen Faktoren** haben. Hierbei ist vor allem an die zunehmende Digitalisierung bzw. an die Vielzahl der Internet-Technologien zu denken, die das Kommunikations- und Einkaufsverhalten erheblich verändert haben. So wurde durch die täglich stundenlange Nutzung digitaler und mobiler Medien seitens der Verbraucher der Stellenwert des Online- und Mobile Marketing erheblich aufgewertet. Dies fängt bereits bei neuen Möglichkeiten zur Analyse von Märkten an (Beispiel: Social Media Monitoring, s. ▶ Abschn. 2.3.1) und setzt sich fort mit einer großen Zahl neuer Marketing-Instrumente, die eine direkte Kundenansprache erlauben (Beispiele: Online-Werbung, Location-based Services, Einsatz von Apps). Diese Instrumente bieten Unternehmen große Chancen, bergen aber auch neue Risiken; Beispiele hierfür sind die erhöhte Angebots- und Preistransparenz für die Kunden, die

1.1 · Begriff und Bezugsgrößen des Marketing

◘ Abb. 1.1 Elemente der unternehmerischen Umwelt

deren Marktposition stärkt, sowie mögliche unkontrollierbare Kommunikationseffekte (etwa in Form sog. „Shitstorms" bzw. Empörungswellen).

Besonders drastisch zeigt sich der Einfluss dieser Umwelt-Komponente daran, dass in der Vergangenheit schon öfter Leistungsangebote bzw. ganze Branchen durch technischen Fortschritt vom Markt verdrängt wurden. Derzeit tritt z. B. anstelle der klassischen Videotheken vor Ort immer öfter der Direktzugriff auf Filme über Online-Videotheken wie Maxdome oder Amazon Prime Video, die dauerhaft verfügbar sind und jederzeit über verschiedene Geräte (Fernseher, PC, Mobilgerät) angeschaut werden können.

◘ Abbildung 1.1 zeigt die erläuterten Elemente der Mikro- und Makroumwelt im Überblick. Die **sozio-kulturelle Umwelt** wurden noch als ein weiterer Ring um die beiden Umwelten gezogen, da diese zwar von Unternehmen großteils nicht veränderbar sind und insoweit zur Makroumwelt gehören, gleichzeitig aber auch Merkmale der Kunden darstellen und damit auch die Mikroumwelt betreffen. Hierzu zählen Faktoren wie die demografischen Merkmale Alter, Bildung, Religion und Familienstrukturen, ferner die kulturellen Normen und Weltanschauungen, die das soziale Zusammenleben in einer Gesellschaft prägen, das sich wiederum auch auf das Kaufverhalten auswirkt. Ein sozio-kultureller Trend ist z. B. das Streben nach einer Work-Life-Balance und nach Selbstverwirklichung, wovon die Freizeit- und Tourismusbranche profitiert [130, S. 58 f.]. Ebenso ist in den vergangenen Jahrzehnten aufgrund des demografischen Wandels die Angebotspalette für zahlungskräftige Senioren (z. B. Golfurlaube, Altersruhesitze, medizinische Produkte und Dienstleistungen) deutlich größer geworden.

Auch von Unternehmen wird heute erwartet, dass sie sich gewissermaßen wie „Mitglieder der Gesellschaft" verhalten. Die demonstrierte soziale Verantwortlichkeit des Unternehmens prägt deshalb sein Bild nach außen (und innen) und steht heute mehr denn je in der öffentlichen Diskussion. Das Bemühen, soziale Belange und Marketing-Aktivitäten langfristig miteinander zu vereinbaren, kommt insb. in der zunehmenden Bedeutung verschiedener Konzepte der Unternehmensethik und der **Corporate Social Responsibility** zum Ausdruck (vgl. z. B. [24, 144]).

Ein weiteres Element der sozio-kulturellen Umwelt sind die **Werte**. Hierbei handelt es sich um Eigenschaften, die von einer Gesellschaft für moralisch gut befunden werden, etwa in Bezug auf Themen Arbeit, Partnerschaft, Freizeit, Konsum und Gesundheit (z. B. Fleiß, Erfolg, Treue, Mut). Als Beispiel für einen Trend bei diesem Rahmenfaktor sei das zunehmende Gesundheitsbewusstsein in der Bevölkerung genannt, das weitreichende Konsequenzen für das Marketing in der Lebensmittel- und Pharmabranche hat [59, S. 467].

Von besonderer Relevanz sind die Rahmenfaktoren im weiteren Umfeld (d. h. die Elemente der Makro- und der sozio-kulturellen Umwelt) im internationalen Marketing, weil sich die Ausprägungen dieser Faktoren mitunter ganz erheblich von Land zu Land unterscheiden. Nicht zuletzt aus diesem Grund ist die Komplexität der Marketing-Planung im internationalen Kontext deutlich höher als im nationalen Marketing.

Wenngleich sich das Marketing durch eine dominante Umwelt- bzw. Außenorientierung auszeichnet, darf keinesfalls verkannt werden, dass auch **die eigenen Kräfte im Unternehmen** die Marketing-Chancen und -Risiken maßgeblich mitbestimmen – z. B. beim Aufbau von Wettbewerbsvorteilen oder bei geplanten Investitionen in neue Leistungsangebote. Von Bedeutung sind hier bspw. das Vorhandensein von Schutzrechten bzw. Patenten, die Finanz- und Sachmittelausstattung, besondere Know how-Vorsprünge, der exklusive Zugang zu Rohstoffen bzw. Zulieferern und die Kreativität der Mitarbeiter. Ebenso müssen die unternehmerischen Schwächen in die Marketing-Planung einfließen. Denn die Möglichkeiten zur Nutzung sich bietender Marktchancen wird durch die (derzeitigen und künftig vorhandenen) eigenen Ressourcen beschränkt – während umgekehrt vor allem solche Marketing-Strategien Erfolg versprechen, die an den besonderen Stärken des Unternehmens anknüpfen. Aus all diesen Gründen ist auch die Ausgangssituation im eigenen Unternehmen eine wichtige Bezugsgröße für Marketing-Entscheidungen.

1.2 Leitprinzipien des Marketing

Nachdem sich der vorangegangene Abschnitt mit den Bezugsgrößen des Marketing beschäftigt hat, d. h. damit, auf **was** alles bei Marketing-Entscheidungen zu achten ist, geht es in diesem Abschnitt um das „**Wie**", d. h. um Verhaltensrichtlinien des Marketing-Handelns. Dabei sollen sechs Leitprinzipien bzw. Eigenschaften unterschieden werden, durch die sich das Marketing kennzeichnen lässt (vgl. ◘ Abb. 1.2).

Marktorientierte Unternehmen denken **konsequent** im gesamten Führungsprozess vom Markt her. Sie orientieren sich beharrlich an den Bedürfnissen und dem Nutzen des Kunden, der die wichtigste Bezugsgröße für Marketing-Entscheidungen darstellt – und zwar nicht erst bei der Vermarktung bereits vorhandener Angebotsleistungen, sondern bereits bei deren Entwicklung. Dadurch erhofft sich das Unternehmen, profitable Geschäftsbeziehungen aufzubauen.

Hierbei kommt auch die **strategische** Denkweise des Marketing zum Tragen. Anstelle des Erreichens kurzfristiger Umsatzziele steht die langfristige Kundenbindung und -profitabilität im Vordergrund (vgl. hierzu im Detail ▶ Abschn. 1.4). Mit dieser Zielsetzung ist das Unternehmen angehalten, Strategien festzulegen, also langfristige, grobe Verhaltenspläne in Bezug auf das generelle Vorgehen bei der Marktbearbeitung, die im Einvernehmen mit dem gesamten unternehmerischen Zielsystem stehen.

Ohne eine organisatorische Verankerung der Marketing-Aufgaben im Unternehmen kann sich die geschilderte Haltung dem Markt gegenüber allerdings nicht erfolgswirksam niederschlagen. So ist es bspw. nötig, dass das Marketing z. B. vom Vertrieb Detailinformationen zu den Kundenwünschen erhält, welche es dann an die Forschungs- und Entwicklungsabteilung weiterträgt, diese die Ideen in Prototypen umsetzt und dann unter Einbezug kalkulatorischer Überlegungen entschieden wird, ob, wann und wie die Produktinnovation auf den Markt eingeführt werden soll. Die anderen Abteilungen leisten also ebenfalls einen Beitrag zur Schaffung des Kundenut-

◘ Abb. 1.2 Leitprinzipien des Marketing

zens, wobei das Marketing die Schnittstelle bzw. „Abstimmungs-Instanz" zwischen den Abteilungen und Funktionen im Unternehmen verkörpert; alle Unternehmensteile sollten auf ihren Beitrag zur Erfüllung der Markt-Anforderungen „eingeschworen" werden. Insofern wirkt Marketing **integrativ und koordinierend**, muss dabei aber gleichzeitig selber auf den integrierten Einsatz all seiner Ziele, Strategien und Maßnahmen achten. Nur eine Abstimmung sowohl zwischen Ziel-, Strategien- und Maßnahmenplanung einerseits als auch ein jeweils in sich stimmiger Ziel-, Strategien- wie auch Maßnahmenmix andererseits führt zu einem konsistenten Marketing-Gesamtkonzept, das die Wahrscheinlichkeit einer rentablen und erfolgreichen Geschäftstätigkeit maßgeblich erhöht.

Eine vierte Leitidee ist die **Fokussierung** des Marketing **auf wirtschaftliche Zielsetzungen** (hierauf wird im nächsten ▶ Abschn. 1.3 noch näher eingegangen). Die für Marketing-Maßnahmen notwendigen Investitionen müssen letztendlich den Unternehmenserfolg sichern helfen und sind daher ebenso aus Rentabilitäts- und Effizienzüberlegungen abzuleiten wie alle anderen unternehmerischen Entscheidungen. Aufgabe des Marketing ist unter anderem das Marktpotenzial auszuloten und auszuschöpfen, indem es derart in seine Instrumentarien investiert, dass der Absatz bzw. Umsatz hinreichend angeregt wird. Die Selektion wirtschaftlich attraktiver Märkte gehört hierbei genauso zur Handlungspraxis wie die Auswahl eines zielführenden Strategien- und Maßnahmenmixes.

Beispiel: Ausnutzung effizienzsteigernder Rahmenbedingungen im Marketing
Viele Marketing-Maßnahmen zielen darauf ab, den Markt- bzw. Kaufwiderstand zu verringern und so die Wirtschaftlichkeit der Marketing-Maßnahmen zu erhöhen – oder Situationen, in denen der Marktwiderstand nachlässt, auszunutzen. Als bspw. zu Beginn des Jahres 2014 herauskam, dass der ADAC bei der Vergabe des Autopreises „Gelber Engel" Zahlen manipuliert hatte, hat dies zu einer Vertrauenskrise bei den ADAC-Kunden geführt. Dadurch sind die intensivierten Bemühungen der anderen Automobilclubs (z. B. des ACE – Auto Club Europa) um neue Mitglieder auf einen fruchtbaren Boden gefallen [142].

Um das Marktpotenzial abschätzen zu können, ist es von zentraler Bedeutung, dass die relevante Umwelt und die Dynamik des Marktes erkannt werden, in der das Unternehmen agiert. Entwicklungen in der Makroumwelt des Unternehmens sind dabei ebenso **systematisch** zu erforschen wie Verhaltensänderungen der Parteien der Mikroumwelt, allen voran der Kunden. Nur bewusst geplante und im Unternehmen implementierte Prozesse der Marktanalyse bieten die Chance, sich frühzeitig auf Marktveränderungen einzustellen und nicht bloß reaktiv, sondern aktiv am Markt agieren zu können.

Das Leitprinzip des systematischen Vorgehens bezieht sich aber keineswegs nur auf die Marketing-Forschung, sondern auch auf die Marktbearbeitung, die planvoll und konzeptionell auszugestalten ist. Das gesamte Marketing-Konzept sollte einen systematisch durchdachten Handlungsentwurf repräsentieren, der sich immer an den eigenen Vermarktungszielen orientiert.

Begrenzt werden Marketing-Aktivitäten in der Praxis regelmäßig durch meist den Wunschvorstellungen hinterherhinkende (zu) knappe Ressourcen. Oft fehlt (qualifiziertes) Personal, Geld und/oder Zeit, um die erarbeiteten Maßnahmen planmäßig umsetzen zu können. Getrieben von der Herausforderung, knappe Ressourcen auf eine Vielzahl möglicher Maßnahmen verteilen zu müssen, basieren erfolgversprechende Marketing-Konzepte deshalb auf einer von Anfang an **realistisch**en Einschätzung über die begrenzten Möglichkeiten des jeweiligen Unternehmens – gepaart mit der Einsicht, dass es wenig Sinn macht umfassende Marketing-Konzepte zu planen, die am Ende nicht umgesetzt werden können.

In den folgenden Kapiteln und Abschnitten wird noch häufig auf diese Leitprinzipien Bezug genommen und aufgezeigt, in welcher Weise sie bei verschiedenen Marketing-Entscheidungen umgesetzt werden können.

1.3 Marketing im unternehmerischen Gesamtzusammenhang

Um die betriebswirtschaftliche Notwendigkeit des Marketing aufzuzeigen, kann man das einfache Sprichwort „Ohne Moos nix los" heranziehen. Denn ohne entsprechende Finanzmittel können keine Produktionsfaktoren angeschafft werden: keine ausreichend qualifizierte Arbeitnehmer eingestellt, keine Produktionsanlagen gekauft, keine Roh-, Hilfs- und Betriebsstoffe beschafft werden. Ohne die Aussicht auf „Moos" werden die Banken keine Kredite vergeben, die Lieferanten nicht auf Ziel liefern, die Transportunternehmen nichts zustellen; ohne zumindest die Chance auf ausreichende Umsätze hat ein (Profit-)Unternehmen schlichtweg keine Existenzberechtigung. Jedes Unternehmen muss deshalb Finanzmittel dadurch generieren, dass es ausreichend Abnehmer für seine Angebote findet, und bei Profit-Unternehmen müssen diese Abnehmer auch bereit sein, einen ausreichend hohen Preis für diese zu bezahlen.

Diese Argumentation hört sich einfach und naheliegend an und begründet auch den gesamtwirtschaftlichen Stellenwert des Marketing, tatsächlich sind die Zusammenhänge aus Unternehmenssicht aber etwas komplexer. In der Regel verhält es sich aus Sicht der Kunden nämlich so, dass es zunehmend austauschbare Produkte bzw. Marken gibt und dass man als Unternehmen, um überhaupt Kunden zu gewinnen und zu halten, zunächst investieren muss. Die Herausforderung besteht also darin, dass Marketing Kosten verursacht, man aber gleichzeitig ohne diese Marketing-Aktivitäten nicht an (ausreichend viele und ausreichend preisbereite) Kunden „herankommt", die die unternehmerische Existenz legitimieren.

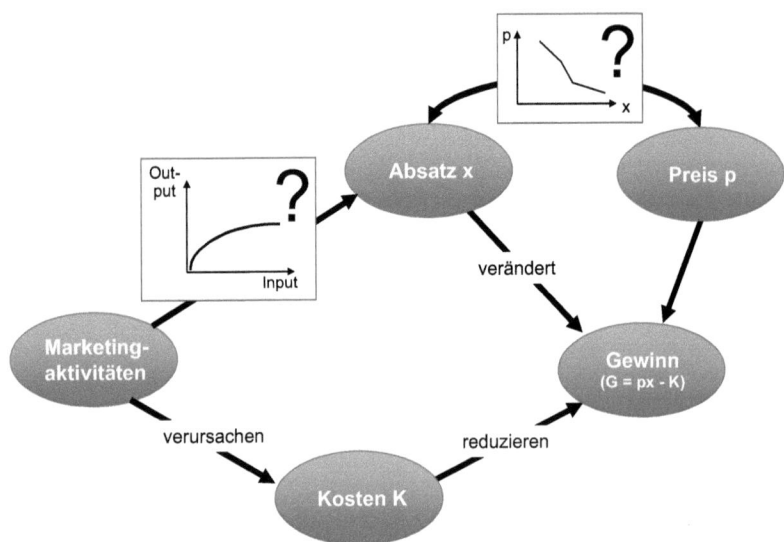

Abb. 1.3 Grundsatzproblematik des Marketing

In profitorientierten Unternehmen unterliegt deshalb auch und gerade das Marketing Wirtschaftlichkeitsprinzipien, die sich u. a. in entsprechenden Gewinn- und Rentabilitätszielen manifestieren. Gewinn ergibt sich – einfach dargelegt – aus Umsatzerlösen abzüglich Kosten. Mehr Umsatz generiert man dadurch, dass man die Absatzzahlen oder aber die Preise erhöht (oder beides).

Damit konkretisiert sich die Problematik wie folgt (s. auch ◘ Abb. 1.3):

Wie kann man den Absatz erhöhen? Primär dadurch, dass man das eigene Angebot dem Kunden entsprechend gestaltet und präsentiert – also irgendetwas tut, was mit „Marketing" zu tun hat. Das allerdings verursacht Kosten, könnte also ja nach Wirkungsausmaß der Marketingmaßnahmen das Erreichen der Wirtschaftlichkeitsziele gefährden. Angestrebt (aber nicht sicher) ist freilich, dass die wirtschaftlichen Ziele bei entsprechend größerer Umsatzsteigerung im Vergleich zur Kostensteigerung besser erreicht werden.

Was passiert, wenn der Preis erhöht wird? Leider erfolgt nicht zwingend eine Umsatzsteigerung: Es gibt in aller Regel Kunden, die bei höheren Preisen nicht mehr (oder nicht mehr so viel) kaufen, was die Absatzzahlen reduziert und damit – je nach Ausmaß des Nachfragerückgangs – den Umsatz oder sogar den Gewinn schmälert.

Infolge dieser Fragestellungen bestehen zentrale Marketing-Aufgaben darin,
- den Wirkungszusammenhang zwischen den einzelnen Faktoren (Investitionen in Marketing-Maßnahmen, Preisänderungen, Absatzzahlen) zu durchschauen,
- das Kundenverhalten (z. B. die Reaktion auf Preisänderungen) zu antizipieren und
- die Wirtschaftlichkeit des Ganzen vorherzusagen (und auch langfristig sicher zu stellen).

Freilich sind die aufgeworfenen Fragen oft nicht mit exakten Zahlen bzw. derart zu beantworten, dass man von einer sicheren Wissensbasis sprechen könnte.

Abschließend sei noch darauf verwiesen, dass das Marketing im unternehmerischen Kontext zwar in allererster Linie für die Einnahmenseite zuständig ist. Nichtsdestotrotz können Marketing-Maßnahmen auch positive Auswirkungen auf die Kostenseite haben bzw. genau darauf auch abzielen – insb. bei Aktivitäten, die eine Standardisierung beabsichtigen, wie etwa die Verwendung eines einheitlichen Markennamens in allen Ländermärkten oder die Vereinheitlichung von Produktverpackungen. Derartige Maßnahmen implizieren zwar eine geringere Anpassung an spezifische Nachfrageverhältnisse, können aber auch im Kundeninteresse liegen, wenn sie mit einer Preissenkung einhergehen.

Ein weiteres Beispiel für positive Kosteneffekte von Marketing-Maßnahmen sind reduzierte Aufwendungen für die Neukundengewinnung, die aus einer erfolgreich gesteigerten Kundenbindung resultieren. Auf diesen Aspekt wird im folgenden Abschnitt noch näher eingegangen.

1.4 Kundenwert, Kundenbindung und Kundenzufriedenheit als Basis-Zielgrößen des Marketing

Für das Marketing stellt letztlich der Kunde die relevante Erfolgsquelle dar; er bestimmt mit seinem Kaufverhalten den Erfolg bzw. Misserfolg von Unternehmen, Produkten und Dienstleistungen. Deshalb unterliegt das praktische unternehmerische Marketing dem Leitprinzip bzw. langfristig sogar dem Zwang, seine Kundenbeziehungen (zumindest in ihrer Gesamtheit) wirtschaftlich zu gestalten. Dies ergibt sich auch aus dem in ▶ Abschn. 1.2 erläuterten **Leitprinzip der Fokussierung auf wirtschaftliche Zielsetzungen**. Demgemäß muss es das Haupt- bzw. **Kernziel des Marketing** sein, **wirtschaftliche Kundenbeziehungen aufzubauen und zu erhalten** [72, S. 50 f.].

Allerdings gilt es zu berücksichtigen, dass das dem Marketing immanente Bestreben nach Erfüllung der Abnehmerwünsche einerseits und die Gewinnerzielung andererseits durchaus in Konflikt zueinander stehen. So muss ein Unternehmen ständig darüber entscheiden, inwieweit Erträge aus der Kundenbeziehung in Gewinne umgesetzt werden sollen – oder ob stattdessen z. B. durch eine Serviceverbesserung der Gegenwert für den Kunden erhöht werden soll [94, S. 26]. Im Sinne des Partnerschafts-Gedankens sollte die Entscheidung jedenfalls in der Weise ausfallen, dass beide Seiten profitieren, also eine Win-win-Situation vorliegt. Außerdem muss man den Kundenwert nicht ausschließlich an „harten" quantitativen Erfolgskennziffern festmachen. Dementsprechend soll der Begriff „**Kundenwert**" in Anlehnung an Günter und Helm [48, S. 274] etwas weiter gefasst und nicht nur auf direkt monetäre Aspekte beschränkt werden:

> **Merke!**
>
> Als **Kundenwert** wird hier der bewertete Beitrag eines Kunden bzw. einer Kundengruppe zur Erreichung der monetären und nicht-monetären Ziele des Unternehmens verstanden.

Um den monetären Kundenwert zu quantifizieren, können verschiedene Kenngrößen und Bewertungsansätze herangezogen werden. Kundenumsätze bzw. Einkaufs-Volumina allein sind dabei nur begrenzt aussagefähig, da sie die kundenindividuelle Beanspruchung der Unternehmens-Ressourcen nicht berücksichtigen und wenig über die Profitabilität aussagen. So sind im Business-to-Business-(B2B-)Bereich umsatzstarke Kunden aufgrund ihrer Nachfragemacht mitunter weniger profitabel. Sinnvoller ist deshalb der Einsatz von kunden- oder kundengruppen-bezogenen **Erfolgsrechnungen**, z. B. in Form einer **Kundendeckungsbeitrags-Rechnung**, bei der die vom Kunden verursachten Kosten von den mit ihm erzielten Erlösen abgezogen werden [152, S. 236 ff.].

Eine solche Berechnung zeigt u. a. auf, welche Kunden das Unternehmen nach Möglichkeit nicht verlieren sollte. Die gewonnenen Informationen sind jedoch vergangenheitsbezogen und eindimensionaler Natur, d. h. nur auf einen Aspekt des Kundenwerts beschränkt. So kann es für ein Unternehmen durchaus wirtschaftlich sinnvoll sein, einzelne Abnehmer im Kundenstamm zu haben, die für sich genommen nicht profitabel sind bzw. mit denen man Verlust macht – insb. dann, wenn diese ein hohes **Referenzpotenzial** verkörpern, d. h. die Gewinnung neuer Kunden erleichtern. Dies ist z. B. dann der Fall, wenn eine Werbeagentur einen bekanntes, imageträchtiges Großunternehmen betreut. Außerdem macht es Sinn, nicht nur den in der Vergangenheit realisierten Kundenerfolg, sondern auch das für die Zukunft wichtigere Ertrags**potenzial** in die Betrachtung einfließen zu lassen.

Um auch solche qualitativen und zukunftsbezogenen Komponenten bei der Kundenbewertung zu berücksichtigen, kann (unter anderem) die gängige Methode der Punktbewertung (**Scoring-Verfahren**) herangezogen werden. Bei diesem auch als **Nutzwertanalyse** bezeichneten Ansatz werden verschiedene Aspekte bzw. Dimensionen des Kundenwerts gewichtet, bewertet und zu einem Gesamtscore der betrachteten Kunden aufaddiert. ◘ Tabelle 1.1 illustriert die Anwendung der Scoring-Methode am

1.4 · Kundenwert, Kundenbindung, Kundenzufriedenheit

Tab. 1.1 Beispiel für die Bewertung zweier Kunden mit dem Scoring-Verfahren. (Ähnlich [39, S. 155])

Bewertungs-Kriterien	Gewicht	Punktwert Kunde A	Punktwert Kunde B	Gewicht x Bewertung A	Gewicht x Bewertung B
Einkaufsvolumen	0,3	2	1	0,6	0,3
Wiederkauf-Häufigkeit	0,2	5	4	1	0,8
Durchsetzbarkeit von Preiserhöhungen	0,2	2	6	0,4	1,2
Weiterempfehlungs-Potenzial	0,1	3	5	0,3	0,5
Serviceansprüche	0,05	2	1	0,1	0,05
Referenzpotenzial	0,05	3	2	0,15	0,1
Wachstumspotenzial	0,05	1	3	0,05	0,15
Lernpotenzial	0,05	2	2	0,1	0,1
Kundenscore				**2,7**	**3,2**

Beispiel der Bewertung zweier Kunden, wobei im Ergebnis Kunde B einen höheren Gesamtscore (und einen dementsprechend höheren Kundenwert) aufweist.

Mit dem in Tab. 1.1 aufgeführten Kundenwert-Element „Lernpotenzial" ist gemeint, dass der Kunde dem Unternehmen z. B. Anregungen für Produktverbesserungen geben kann. Bei dem Kriterium „Weiterempfehlungspotenzial" geht es darum, ob bzw. inwieweit der Kunde von sich aus in seinem sozialen oder beruflichen Umfeld das Unternehmen als Anbieter weiterempfiehlt. Auch die anderen Maßstäbe des Kundenwerts, die in Tab. 1.1 enthalten sind, quantifizieren zwar den ökonomischen Kundenerfolg nicht in direkter Form, stellen aber auch „Unternehmenswerte" dar, die dabei helfen, den Unternehmenserfolg langfristig zu sichern.

Das vielseitig anwendbare Scoring-Verfahren erlaubt die Verrechnung ganz verschiedener Attraktivitätsaspekte, leidet jedoch auch unter der Subjektivität sowohl bei der Auswahl und Gewichtung der Kundenwert-Komponenten als auch bei der Bewertung der Kunden nach eben diesen Kriterien. Sinnvoll ist es deshalb, das Scoring-Modell mit mehreren Personen zu erarbeiten – und auch, es längerfristig anzuwenden, um Erfahrungswerte dahingehend zu gewinnen, welche Gesamtpunktzahl welche Intensität in der Kundenbetreuung nahelegt.

Sieht man bei für das Unternehmen „unattraktiven" Kunden keine Möglichkeiten zur Erhöhung des Kundenwertes (z. B. durch Neuverhandlung von Preisen und Leistungen), kann man diese nachrangig behandeln bzw. im Extrem (und mit aller Vorsicht) versuchen, sich von diesem zu trennen, z. B. indem man den Kunden an ein anderes Unternehmen vermittelt, das ihn womöglich besser bedienen kann. „Wertvolle" Kunden bzw. solche, die für das Unternehmen ein hohes Erfolgspotenzial verkörpern, sind dagegen bevorzugt zu bedienen – auch mit dem Ziel, diese langfristig an das Unternehmen zu binden, denn die **Kundenbindung** ist in aller Regel eine ganz wesentliche Bestimmungsgröße des Kundenwerts (s. ◘ Abb. 1.4). Der Kundenbindung kommt deshalb ebenfalls der Rang einer Basis-Zielgröße für das Marketing zu.

> **Merke!**
>
> **Kundenbindung** bezieht sich nach der hier vertretenen Begriffsauffassung auf das tatsächlich gezeigte Verhalten in der Weise, dass ein gebundener Kunde wiederholt dieselben oder auch andere Produkte bzw. Dienstleistungen aus dem Angebotsspektrum des Unternehmens erwirbt und es somit zu langfristigen Kundenbeziehungen (Stammkunden) kommt. In einer weitergehenden Interpretation wird mit „Kundenbindung" auch die emotionale Verbundenheit mit dem Anbieter erfasst, die sich in einer positiven Einstellung dem Anbieter gegenüber, im Bekenntnis zum künftigen Wiederkauf und ggf. auch der Absicht zeigt, das Unternehmen bzw. die Marke weiterzuempfehlen. Wenn im Folgenden diese mehr psychologischen Aspekte der Kundenbindung angesprochen sind, wird dafür der Terminus **Kundenloyalität** verwendet (vgl. hierzu auch [143, S. 11 ff.]).

Die Unterscheidung zwischen „einfacher" Kundenbindung und Kundenloyalität macht insofern Sinn, als es gewisse Möglichkeiten gibt, einen Wechsel zur Konkurrenz zu erschweren oder gar unmöglich zu machen und damit die Kunden faktisch an sich zu binden. Diese Ansatzpunkte können zum einen vertraglicher Art sein (Beispiele: Handy-Vertrag, Zeitschriften-Abonnements, Wartungsverträge). Zum anderen gibt es ökonomische Kundenbindungsursachen (Beispiele: Verlust von Treueprämien oder hohe Informations- und Verhandlungskosten beim Anbieterwechsel). Schließlich ist noch die technisch-funktionale Kundenbindung zu erwähnen (Beispiel: Kern- und Zusatz- bzw. Folgeleistung gibt es nur von ein und demselben Anbieter, z. B. (teure) Spezialakkus für

1.4 · Kundenwert, Kundenbindung, Kundenzufriedenheit

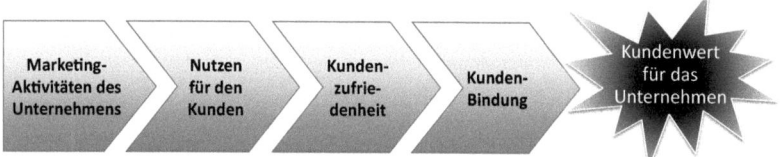

◘ Abb. 1.4 Erfolgskette des Marketing

manche Digitalkameras). Durch solche Maßnahmen werden die Kunden gleichsam „zwangsgebunden", sind dem Anbieter aber innerlich nicht verbunden, weswegen hieraus auch meist keine „belastbare" bzw. echte Kundenloyalität erwächst [73, S. 62 ff.].

Die wirtschaftlichen Vorteile langfristig gebundener und insb. loyaler Kunden sind naheliegend: Sie verkörpern ein beständiges und oftmals noch ausbaufähiges Umsatzpotenzial. Ferner verursacht die Betreuung langjähriger Kunden häufig geringere Kosten, weil man diese besser kennt, und außerdem können sich die Kunden-Akquisitionskosten über einen längeren Zeitraum amortisieren (bzw. man erspart sich einen Teil der hohen Kosten für die Neukundengewinnung). Darüber hinaus besteht bei langjährigen Kunden eine größere Chance, weiterempfohlen zu werden – was die Neukundengewinnungs-Aufwendungen weiter reduziert. Schließlich reagieren gebundene Kunden Preiserhöhungen gegenüber oft weniger empfindlich.

Die geschilderten Vorzüge von Stammkunden ergeben sich allerdings nicht zwangsläufig. Vornehmlich im Business-to-Business-Sektor kann es vorkommen, dass der Kunde im Zeitablauf – im Bewusstsein seiner Bedeutung für seinen Lieferanten – höhere Ansprüche entwickelt und bspw. besondere Serviceleistungen und/oder Preisnachlässe einfordert. Beispielsweise fanden Reinartz und Kumar [128, S. 68 ff.] in einem Hightech-Service- sowie einem Versandhandels-Unternehmen heraus, dass die Stammkunden deutlich niedrigere Preise zahlen. Offenbar hatten in diesen Fällen die betroffenen Unternehmen das **Marketing-Leitprinzip der Fokussierung auf wirtschaftliche Zielsetzungen** bzw. den Kundenwert nicht immer im Auge.

Als dritte Basis-Zielgröße im Marketing wird nun die **Kundenzufriedenheit** näher betrachtet.

Merke!

Kundenzufriedenheit wird hier verstanden als das Ergebnis eines psychischen Bewertungsprozesses, bei dem der Kunde zwischen einer erwarteten und einer erhaltenen Leistung vergleicht. Je nach Ausmaß der Übereinstimmung zwischen dem subjektiven „Soll" und wahrgenommener Ist-Leistung ist er mehr bzw. weniger zufrieden.

Dieser Begriffsauffassung liegt das sogenannte Confirmation-Disconfirmation-(**CD-**)**Paradigma** zugrunde, das auf die Bestätigung/Nichtbestätigung der Kundenerwartungen abstellt und in der Kundenzufriedenheits-Forschung große Akzeptanz gefunden hat.

Der unbestritten hohe Stellenwert der Kundenzufriedenheit in Marketing-Wissenschaft und -Praxis resultiert erstens daraus, dass sie als **Haupt-Einflussfaktor für die Kundenbindung** angesehen wird, die wiederum mit dem Unternehmenserfolg zusammenhängt (s. ◘ Abb. 1.4). Zweitens entspricht es dem Leitprinzip der **konsequenten Kundenorientierung**, dass der Dreh- und Angelpunkt aller Marketing-Aktivitäten darin liegt, den Bedürfnissen und Wünschen des Kunden derart gerecht zu werden, dass ihm ein Nutzen gestiftet und ein Mehrwert generiert wird. Inwieweit einem Unternehmen dies gelingt, kann man an dem Kriterium der Kundenzufriedenheit, d. h. der Differenz von Kundenerwartung und Bedürfnisbefriedigung, festmachen. In ähnlicher Weise wird in einem modernen Qualitätsmanagement-Verständnis die Kundenzufriedenheit als wichtiger (kundenorientierter) **Gradmesser für die Qualität von Produkten und Dienstleistungen** angesehen [16, S. 13 f.]. Drittens ist die Auseinandersetzung mit diesem Thema auch deshalb wichtig, weil die Kundenzufriedenheit eine **Vorsteuerung des Unternehmenserfolgs** erlaubt. Wenn nämlich die Kunden eines Unternehmens – aus welchen Gründen auch immer – zunehmend unzufriedener werden, schlägt sich dies mit zeitlichem Verzug erst in einer nachlassenden Kundenbindung und später auch in schlechteren Kundenwert-Kennziffern nieder. Würde das betroffene Unternehmen erst reagieren, wenn die Erfolgskennziffern im „roten Bereich" sind, wäre der optimale Zeitpunkt, die Unternehmenssituation zu verbessern, verpasst. Mit Hilfe von Kundenzufriedenheits-Befragungen kann man dagegen die Ursachen identifizieren, die eine Kundenabwanderung zur Folge haben können – und dadurch frühzeitig wirtschaftlichen Problemen entgegenwirken.

Von einem zufriedenen Kunden spricht man in der Regel dann, wenn der Kunden die erfahrene (Ist-)Leistung als genauso groß beurteilt wie die im Vorfeld erwartete (Soll-)Leistung, der Kunde also einen Wertgewinn für sich ausgemacht hat. Im umgekehrten Falle, wenn seine Erwartungen nicht erfüllt werden, spricht man von einem unzufriedenen Kunden.

◘ Abbildung 1.5 gibt einen Überblick über die typischen Verhaltensweisen, die aus unterschiedlichen Ausprägungen der Kundenzufriedenheit resultieren können; vereinfachend werden dabei nur drei Ausprägungen unterschieden. Was die rechte Spalte dieser Abbildung anbelangt, sollte man die Übererfüllung der Kundenerwartungen aber auch nicht in der Weise übertreiben, dass es zu überzogenen Erwartungen kommt, denen man später selber nicht mehr gerecht werden kann (vgl. zum Kundenerwartungs-Management im Detail [16, S. 231 ff.]).

Das CD-Modell der Kundenzufriedenheit erklärt auch, warum manche Kunden zufrieden, andere unzufrieden mit ein und derselben Leistung des Unternehmens sind: Dies liegt schlicht an den unterschiedlichen Erwartungen bzw. Anspruchsniveaus.

1.4 · Kundenwert, Kundenbindung, Kundenzufriedenheit

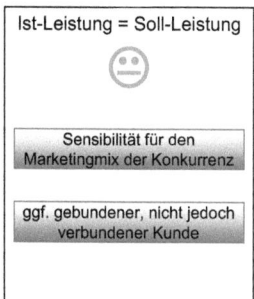
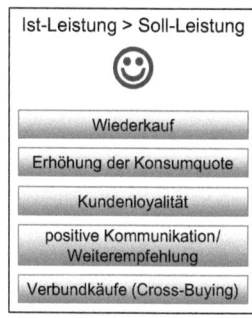

Abb. 1.5 Ausprägungen und mögliche Folgen der Kunden(un)zufriedenheit

Zudem unterliegen Kundenerwartungen im Zeitablauf Veränderungen (in der Regel werden sie höher), die es zu beobachten gilt.

Beispiel: Überraschende (?) Änderungen in der Zufriedenheit mit einem Verkehrsunternehmen

Hofte-Fankhauser und Wälty [58, S. 27] berichten von einem Verkehrsunternehmen, das regelmäßig die Fahrgäste-Zufriedenheit untersucht (z. B. mit der Pünktlichkeit, der Freundlichkeit des Fahrpersonals und dem Fahr- bzw. Sitzkomfort). Nachdem binnen kurzer Zeit ein Drittel der Busse durch neue und modern ausgestattete Fahrzeuge ersetzt wurden, zeigte sich, dass der Fahrkomfort nach der Busflotten-Erneuerung wesentlich schlechter beurteilt wurde als davor – entgegen den Erwartungen der Geschäftsleitung, die in Bezug auf den bisher mäßig beurteilten Fahrkomfort mit einer Verbesserung rechnete. Erklären lässt sich dieser Befund dadurch, dass Fahrgäste, die bereits mit einem neuen Bus unterwegs waren, erhöhte Komfort-Ansprüche entwickeln und dann, wenn sie wieder einen alten Bus nutzen (müssen), weniger zufrieden sind. Objektiv bieten die alten Busse zwar noch denselben Fahrkomfort wie zuvor – aber objektive Maßstäbe gibt es aus Marketing-Perspektive nicht, weil allein die Wahrnehmung des Kunden entscheidend ist.

Für Unternehmen besonders interessant sind die Erfolgswirkungen der Kundenzufriedenheit. Da Maßnahmen zur Steigerung der Kundenzufriedenheit (mehr oder weniger hohe) Ausgaben verursachen, machen diese gemäß dem **Leitprinzip der Fokussierung auf wirtschaftliche Zielsetzungen** nur dann Sinn, wenn sie positive Kunden-Verhaltensweisen nach sich ziehen. Diese liegen zum einen häufig darin, dass sich die Kundenzufriedenheit durch den in ◘ Abb. 1.4 illustrierten indirekten Effekt – d. h. über die „Zwischengröße" der Kundenbindung – positiv auf den Unternehmenserfolg auswirkt. Ferner entfalten Kunden tendenziell umso eher Weiterempfehlungs-Aktivitäten, je zufriedener sie sind. Häufiger wurde auch empirisch nachgewiesen, dass Kundenzufriedenheit positive Effekte auf die Preisbereitschaft hat, d. h. z. B. auf Durchsetzbarkeit höherer Preise bzw. von Preiserhöhungen [71].

Ebenso wenig wie Kundenbindung zwangsläufig Kundenprofitabilität nach sich zieht, kann auch die Zufriedenheit des Kunden keine Kundentreue garantieren. Vor allem Endverbraucher haben heute immer mehr und z. T. verlockende Einkaufsalternativen, sehen sich ständig im Handel und in den Medien mit Preissenkungen und Verkaufsförderungs-Aktionen konfrontiert, was häufig ein **vagabundierendes Kaufverhalten** [7, S. 187] zur Folge hat. Zu dieser „Flatterhaftigkeit" trägt auch der heute bessere Informationsstand über die Angebote bei. Schließlich wechseln manche Verbraucher trotz sehr hoher Zufriedenheit mit einer Leistung das Unternehmen bzw. die Marke, um ihr Bedürfnis nach Abwechslung zu befriedigen – ein Effekt, der insb. bei Leistungen auftritt, die kein hohes Kaufrisiko verkörpern [30, S. 423].

Aus diesen Gründen kennzeichnet die Marketingerfolgs-Kausalkette in ◘ Abb. 1.4 keinen deterministischen, sondern nur einen tendenziellen Zusammenhang, der unterschiedlich stark sein kann. Jedes Unternehmen ist deshalb gut beraten, seine Investitionen in kundenzufriedenheits-fördernde und kundenbindende Maßnahmen hinsichtlich ihrer Erfolgswirkungen auf den Prüfstand zu stellen – indem z. B. untersucht wird, ob sich die dahingehend getätigten Investitionen auch in einem höheren Kunden-Deckungsbeitrag niederschlagen.

1.5 Die Vielfalt des Marketing

Marketing ist eine außerordentlich facettenreiche Disziplin, deren Anwendbarkeit sich nicht auf (hier gleichwohl im Vordergrund stehende) profit-orientierte Unternehmen beschränkt. Vielmehr lassen sich ausgehend von der Frage, wer welche Leistung gegenüber wem mit welcher gewünschten Gegenleistung vermarktet, eine Vielzahl von Spielarten des Marketing unterscheiden. Hiermit sind vier Grundelemente angesprochen, die sich bei allen Marketing-Prozessen identifizieren lassen (s. ◘ Abb. 1.6).

Marketing-Varianten nach Art des Marketers (Marketing-Treibenden) Bei der Frage „Wer macht Marketing?" ist zunächst das klassische **unternehmerische Marketing** als die wichtigste bzw. häufigste Art anzuführen, das von Konsumgüter-, Industriegüter-, Handels- und Dienstleistungs-Unternehmen betrieben wird (wobei die Grenzen zwischen diesen Wirtschaftssektoren oft verschwimmen und heute z. B. kaum ein Sachgüter anbietendes Unternehmen mehr ohne Dienstleistungen auskommt). Mittlerweile nutzen auch die meisten Non-Profit-Organisationen wie karitative Einrichtungen, Vereine, Museen, Parteien, Verbände oder Hochschulen Instrumente des Marketing für ihre Zwecke.

Hinsichtlich der Träger von Marketing-Aktivitäten lassen sich außerdem das **autonome** und das kooperative **Marketing** anführen. Beim autonomen Marketing versucht

1.5 · Die Vielfalt des Marketing

Hinweis: Der untere Pfeil wurde in gestrichelter Form dargestellt, da unsicher ist, ob die angebotene Leistung tatsächlich angenommen und mit einer Gegenleistung honoriert wird

◘ **Abb. 1.6** Elemente von Marketing-Prozessen und daraus ableitbare Varianten des Marketing. (Quelle: ähnlich [36, S. 8])

man, sich alleine im Markt zu behaupten. Dies hat den Vorteil, dass man sich nicht abstimmen und keine Kompromisse eingehen muss, erfordert aber auch hinreichende eigene Kompetenzen und Ressourcen. Manche Vermarktungsprobleme lassen sich besser oder auch nur durch **kooperatives Marketing** lösen, gemäß dem Motto „gemeinsam sind wir stärker" (bzw. schneller, kostengünstiger oder qualitativ besser). Viele Unternehmen sind deshalb durch Kooperationen mit anderen Organisationen verknüpft, z. B. Unternehmen mit Hochschul-Einrichtungen bei der Entwicklung neuer Produkte oder inländische und ausländischen Unternehmen im Rahmen von sog. **Joint Ventures** bei der Auslandsmarkt-Erschließung.

Marketing-Varianten nach dem Zielmarkt Was mögliche Zielmärkte anbelangt, lassen sich zunächst **Privatpersonen** (Konsumenten, Verbraucher) und **Organisationen** (insb. Unternehmen, aber auch Behörden, soziale Einrichtungen, Vereine, Parteien usw.) unterscheiden. Wenn für ein marketing-treibendes Unternehmen Organisationen der Zielmarkt sind, sieht es sich mit deutlich anderen Rahmenbedingungen konfrontiert als bei Verbraucher-Zielmärkten. Man hat es hier oft mit lang andauernden und kollektiven Einkaufs-Entscheidungsprozessen (in sog. „Buying Centern") zu tun, und die Entscheidungen werden in der Regel wenig emotional getroffen. Besonders stark formalisiert bzw. reglementiert ist das Einkaufsverhalten von Behörden; man denke hier etwa an haushaltsrechtliche Vorschriften in Bezug auf Ausschreibungen und die darin z. T. festgeschriebene Bewertungskriterien für die eingehenden Angebote.

Handelt es sich (was der Normalfall ist) um profit-orientierte Unternehmen, die diese beiden groben Zielmarkt-Kategorien adressieren, spricht man von Business-to-Consumer- bzw. **B2C-Marketing** einerseits und von **B2B-**(Business-to-Business-)**Marketing** andererseits (oder bei Behörden auch von **B2A-Marketing** bzw. Business-to-Administration-Marketing). Diese Marketing-Grundformen sind in ◘ Abb. 1.6 nicht enthalten, da sie nicht eindeutig einem der vier Elemente von Marketing-Prozessen zugeordnet werden können (es sind hiermit nämlich zwei Elemente von Marketing-Prozessen angesprochen, die Zielmarkt-Kategorie und die Art des Marketers).

Nicht wenige Unternehmen sind sowohl im B2B- als auch im B2C-Marketing tätig. Dies gilt bspw. für Automobil-Hersteller, die Pkws an Privatpersonen verkaufen, aber auch an Unternehmen für deren Fuhrpark. Besonders häufig kommt es bei Medienunternehmen vor, dass auf beiden Märkten operiert wird: Sie müssen einerseits ihre Informations- und Unterhaltungsleistungen den Mediennutzern bzw. Rezipienten (Lesern, Radiohörern, TV-Sehern, Usern) „schmackhaft" machen und andererseits Werbeplatz bzw. -zeit gegenüber den werbetreibenden Organisationen vermarkten (es sei denn, das Medium richtet sich nur an die Nutzer, wie dies meist bei Buchverlagen der Fall ist).

Mitunter werden bei bestimmten Zielmärkten spezielle Marketing-Begriffe verwendet; Beispiele hierfür sind das Senioren-Marketing, das Gender-Marketing (für Frauen bzw. Männer) und das **Ethno-Marketing**. Letzteres richtet sich an ethnische Minderheiten bzw. an ausländische Mitbürger innerhalb eines Landes (z. B. an Russlanddeutsche) mit ihrem speziellen Kaufverhalten.

Eine weitere Kategorisierung von Marketing-Varianten, die ebenfalls auf den Zielmarkt abstellt, hängt mit den **funktionalen Anwendungsfeldern** des Marketing zusammen: Das Marketing-Gedankengut und die Marketing-Instrumente kommen heute nicht mehr nur bei der Gestaltung der Beziehungen zu den Absatzmärkten zum Einsatz, sondern (in abgewandelter Form) auch auf den Ressourcenmärkten. Zielmärkte sind hierbei die Lieferanten, Mitarbeiter und Kapitalgeber; dementsprechend spricht man von **Beschaffungs-, Personal- und Finanzmarketing**.

Während die bisher genannten Erscheinungsformen des Marketing auf Elemente der Mikro-Umwelt abzielen, ist das **interne Marketing** auf die eigenen Mitarbeiter gerichtet. Insb. durch Instrumente der internen Kommunikation sollen dabei Mitarbeiter frühzeitig über Ziele, Strategien und Kampagnen informiert werden, um diese mittragen und mit Leben füllen zu können. Die Erkenntnis, dass die eigenen Mitarbeiter für das Erreichen der Marketing-Ziele von großer Bedeutung sind, setzt sich heute immer

1.5 · Die Vielfalt des Marketing

mehr durch – auch deshalb, weil die Mitarbeiter im Kundenkontakt die Wahrnehmung des Unternehmens seitens der Nachfrager oftmals maßgeblich mitbestimmen.

Ein weiterer Faktor, aus dem sich verschiedene Marketing-Varianten ableiten lassen, ist die **Differenziertheit der Marktbearbeitung**. Im extremen Fall des **Massenmarketing** ignoriert man gleichsam die Unterschiede zwischen den Käufergruppen und legt dem Markt nur ein Angebot vor, während das **Zielgruppenmarketing** die differenzierte Ansprache von (intern möglichst homogenen) Abnehmergruppen beinhaltet. Wird schließlich im anderen Extrem jeder Kunde individuell behandelt, liegt ein kundenindividuelles bzw. **One-to-One-Marketing** vor. Auf die damit angesprochenen Zielmarktstrategien wird in ▶ Abschn. 3.2.4 noch genauer eingegangen.

Schließlich wird nach dem **räumlichen Zielmarkt** bzw. der eigenen „Absatzreichweite" zwischen **regionalem, nationalem, internationalem und globalem Marketing** unterschieden. Dabei lässt sich parallel zu der zunehmenden Internationalisierung ein Trend zur Regionalisierung von Marketing-Aktivitäten ausmachen, der daher rührt, dass regionale Identität, Nähe und Herkunft auch und gerade in Zeiten der Globalisierung eine Rolle spielen. So erfreuen sich derzeit im Lebensmittel-Sektor regionale Produkte, bei denen der Verbraucher die Herkunft und Entstehung nachvollziehen kann, wachsender Nachfrage [106].

Marketing-Varianten nach Vermarktungsobjekt bzw. Leistung Nach dem Differenzierungskriterium „Leistung" kann man zwischen Konsumgüter-, Investitionsgüter- und Dienstleistungsmarketing unterscheiden – oder, wenn man die beiden erstgenannten Spielarten zusammenfasst, zwischen Produkt- (d. h. Sachgüter-) und Dienstleistungs-Marketing. Sachgüter anbietende Industrie- und Handelsunternehmen haben dabei sehr häufig auch Services wie Montage, Reparaturen, Beratung und Finanzierung im Angebot, um ihre Leistung aus Kundensicht zu komplettieren, und betreiben damit gleichzeitig Dienstleistungs-Marketing.

Aus Marketing-Perspektive muss man sich im Sinne der Markt- bzw. Kundennutzen-Orientierung aber stets vergegenwärtigen, dass nicht das (substanzielle) Produkt bzw. die Dienstleistung an sich, sondern die vom Kunden selbst und subjektiv wahrgenommenen **Nutzenkomponenten** der Leistung erfolgsentscheidend sind; diese sind es, für die die Nachfrager letztlich zahlen und die deshalb bei der Vermarktung in den Vordergrund gestellt werden sollten. Bei BMW gehört hierzu z. B. die „Freude am Fahren", bei Luxusprodukten die Möglichkeit der sozialen Selbstdarstellung oder bei einem Lehrbuch-Verlag die Chance, die anstehende Prüfung zu bestehen. Eine solche Kundennutzen-Orientierung macht es im Übrigen erst möglich, sich in den Augen der Kunden von den Wettbewerbsangeboten abzuheben – denn einfach nur „Autos" bietet auch die Konkurrenz. In ▶ Abschn. 4.1.1 wird dieser Aspekt des modernen Marketing noch vertieft.

Marketing-Varianten nach Art der angestrebten Gegenleistung Bei der Art der angestrebten Gegenleistung als Differenzierungskriterium geht es letztlich um die direkten Ziele der Marketing-Aktivitäten. In den meisten Fällen verhält es sich so, dass der Abnehmer für die erhaltene Leistung einen Kaufpreis zu entrichten hat, der der Gewinnorientierung des Unternehmens Rechnung trägt. Das damit angesprochene **Profit-Marketing** (auch kommerzielles bzw. Business-Marketing genannt) steht im vorliegenden Buch im Fokus der Betrachtung. Neben der Zahlung von Preisen für die erhaltene Leistung kann dabei die Gegenleistung teilweise z. B. auch darin bestehen, dass der Kunde für den Anbieter einen hohen „Referenzwert" hat oder dass er das Unternehmen weiterempfiehlt.

Da es in diesem Abschnitt um die „Vielfalt des Marketing" geht, sollen die mannigfaltigen andersartigen Nachfrager-Reaktionen, die im Non-Business- bzw. **Non-Profit-Marketing**, d. h. bei der Vermarktung nicht-kommerzieller Leistungen angestrebt werden können, nicht unerwähnt bleiben. Oft tritt dabei die öffentliche Hand als Marketer in Erscheinung, und meist wird dabei eine Meinungs- und/oder Verhaltensänderung bezweckt. Hierbei handelt es sich bspw. um Kampagnen

- zur Stärkung ehrenamtlichen Engagements,
- zur Teilnahme an Darmkrebs-Vorsorgeuntersuchungen,
- für mehr Toleranz gegenüber Flüchtlingen,
- zur Linderung der Not von Kindern,
- zur „Enttabuisierung" von Kondomen („Mach's mit", „Gib Aids keine Chance"),
- zum Schutz von Natur und Umwelt.

Einige dieser Aktionen gehen mit einem Fundraising einher und lassen sich dann dem sog. **Spendenmarketing** zuordnen.

Eine ganz spezielle Form der angestrebten Gegenleistung steht schließlich bei dem sog. **Demarketing** im Fokus, das keine Steigerung, sondern eine Reduktion der Nachfrage anstrebt [122, S. 72 f.]. Träger von Demarketing-Maßnahmen kann der Staat sein, z. B. wenn es um den Konsum von Zigaretten und Alkoholika oder aber um die Reduktion von Schwarzarbeit geht. Aber auch (Profit-)Unternehmen machen mitunter Gebrauch von Maßnahmen, die die Nachfrage zeitweilig oder sogar dauerhaft reduzieren (oder umlenken) sollen – und zwar dann, wenn die Nachfrage nicht mehr sinnvoll bewältigt werden kann. Hierbei ist etwa an überlastete Buslinien oder überlaufene Mittelmeerstrände im Sommer zu denken. Eine naheliegende Demarketing-Maßnahme in diesem Kontext sind Preiserhöhungen. Wenn dies für die Kunden tragbar und die Auslastung der Kapazitäten im Zeitablauf unregelmäßig ist, kann auch versucht werden, Nachfragespitzen auf weniger frequentierte Zeiträume zu lenken [74, S. 55, 1130].

In einem etwas anderen, aber doch ähnlichen Sinne verwendet Gordon [44] den Terminus „Demarketing"; er bezieht ihn auf das Management bzw. den Abbau problematischer und nicht profitabler Kundenbeziehungen. Hiermit soll also nicht die Nachfrage an sich, sondern nur die Nachfrage seitens „unliebsamer" Kunden reduziert werden (gemäß dem **Leitprinzip der wirtschaftlichen Fokussierung des Marketing**).

Weitere Marketing-Varianten Neben den geschilderten Spielarten des Marketing, die sich den vier Marketing-Prozesselementen in ◨ Abb. 1.6 zuordnen lassen, finden sich in der Praxis noch eine Vielzahl weiterer Termini, die „Marketing" als Begriffsbestandteil enthalten (z. B. Direktmarketing, Dialogmarketing, Social Media-Marketing, Eventmarketing). Oft stellen diese Bezeichnungen auch nur auf den Einsatz einzelner Instrumente des Marketing ab, weswegen es in diesen Fällen treffender wäre, die behandelten Inhalte konkreter (z. B. mit „Direktwerbung") zu etikettieren.

Insgesamt betrachtet wird der Marketing-Begriff so inflationär gebraucht, dass eine auch nur annähernd vollständige Aufzählung hier den Rahmen sprengen würde. Auf zwei weitere wichtige Ausprägungen des Marketing, die bereits im Kontext der Facetten der Marktorientierung angesprochen wurden (▶ Abschn. 1.1.2), sei aber noch kurz verwiesen: das klassisch-reaktive und das proaktive Marketing. Ersteres passt sich an vorhandene Kundenbedürfnisse an, während proaktives Marketing auf die Ansprache unterbewusster oder aber auf den Aufbau völlig neuer Bedürfnisse abzielt.

1.6 Der Prozess der Marketing-Planung

Wenn die marktorientierte Denkhaltung und die Leitprinzipien des Marketing nicht nur Floskeln bleiben sollen, müssen die Marketing-Aktivitäten auf einer fundiert geplanten Marketing-Konzeption beruhen, die an die Gegebenheiten im Unternehmen angepasst ist [7, S. 3]. Konzeptionell vorzugehen heißt, klar definierte Ziele zu verfolgen sowie bei Strategien und Maßnahmen systematisch und aufeinander abgestimmt vorzugehen.

> **Merke!**
>
> Eine **Marketing-Konzeption** soll hier als ein aufeinander abgestimmter Handlungsplan verstanden werden, der darauf abstellt, auf der Grundlage marketingrelevanter Informationen Strategien und Maßnahmen in der Weise einzusetzen, dass die Marketing-Ziele erreicht werden.

◨ Abbildung 1.7 zeigt in den ersten drei Prozess-Schritten diese aufeinander aufbauenden Aufgabenbereiche einer Marketing-Konzeption (und auch die damit angestrebten Wirkungen). Diese Ablauf-Darstellung dient gleichzeitig als struktureller Bezugsrahmen für die kommenden Kapitel dieses Buchs.

Zur Erarbeitung eines Marketing-Konzepts gehört zunächst eine Situationsanalyse, die die informatorische Grundlage für die nachfolgenden Marketing-Entscheidungen schafft. Die relevanten Informationen sind mittels geeigneter Methoden zu erheben

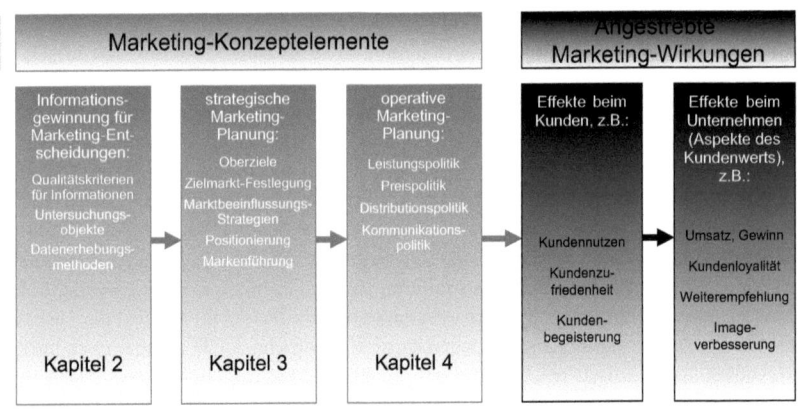

◘ Abb. 1.7 Einfaches Marketing-Prozessmodell. (Eigene Darstellung ähnlich [76, S. 27])

und auszuwerten, um realistische Ziele festlegen und Strategien sowie Maßnahmen fundiert planen zu können.

Die festzulegenden Vorgaben im Bereich der **strategischen Marketing-Planung** (Oberziele und Strategien) haben grundsätzlichen, langfristigen und richtungsweisenden Charakter. **(Ober-)Ziele** wie z. B. eine angestrebte Kapitalrentabilität, die Steigerung der Kundenzufriedenheit in einem definierten Ausmaß oder die Gewinnung einer bestimmten Zahl von Neukunden bringen den gewünschten Zustand für die Zukunft zum Ausdruck, der mittels der Marketing-Strategien und -Maßnahmen erreicht werden soll.

Ähnlich wie den Zielen kommt auch den **Marketing-Strategien** eine Leitfunktion zu: Sie geben die grundlegende Stoßrichtung bei der Marktwahl und -bearbeitung vor und vermitteln zwischen Zielen und Maßnahmen, indem sie einen Orientierungsrahmen für das operative Marketing abstecken [7, S. 140 ff.]. Beispielsweise dreht sich eine wichtige strategische Aufgabenstellung um die Frage, welche Abnehmer(-Gruppen) als Zielmärkte ausgewählt werden sollen. Ist diese Zielgruppen-Entscheidung gefallen, fungiert sie für die operative Marketing-Planung über einen längeren Zeitraum als eine Art Richtschnur, weil sich alle Instrumente an den Anforderungen der Zielgruppen auszurichten haben. Damit werden die Marketing-Instrumente gleichsam „kanalisiert" und können sich in ihrer Wirkung gegenseitig fördern. Somit tragen Marketing-Strategien – ebenso wie Ziele – dem **Leitprinzip der integrativ-koordinierenden Wirkung** von Marketing-Konzepten Rechnung.

Strategien entfalten allerdings direkt keine Wirkungen auf den Märken; dies geschieht erst im Rahmen des operativen Marketing durch den Einsatz konkreter **Marketing-**(Aktions-)**Instrumente**. Diese repräsentieren die Mittel, mit denen ein Unternehmen seine Zielmärkte beeinflussen kann und durch die Strategien auch umgesetzt werden können. Hierfür steht den Unternehmen ein äußerst vielfältiges Spektrum an Handlungsmöglichkeiten zur Verfügung, das hier – einer gängigen Einteilung folgend – den Instrumentalbereichen der Angebots-, Preis-, Distributions- und Kommunikationspolitik zugeordnet werden soll. Diese Maßnahmenbündel werden nach McCarthy [91, S. 45] auch heute noch kurz als die **vier Ps** bezeichnet: Product, Price, Place und Promotion.

Als letztes Glied bzw. als letzter Prozessschritt unter den Bausteinen eines Marketing-Konzepts wird häufig die **Marketing-Kontrolle** aufgeführt (vgl. z. B. [130, S. 9]). Kurz gesagt geht es dabei um die Frage, inwieweit nach dem Einsatz der operativen Marketing-Maßnahmen die angestrebten Marketing-Ziele erreicht wurden – und welche Ursachen für eventuelle Zielabweichungen verantwortlich zeichnen. Außerdem können Ziele zwar erreicht worden sein, aber womöglich mit einem zu hohen Input, d. h. die Ergebnisse hätten ggf. mit geringeren Investitionen erzielt werden können. Derartige Einsichten können in künftige Zielbildungs-, Strategien- und Maßnahmenplanungen einfließen und dabei zu Verbesserungen führen. Da man sich im Übrigen nicht auf in der Vergangenheit erzielten Ergebnissen ausruhen darf, sollte in einem Unternehmen der in ◘ Abb. 1.7 dargestellte Marketing-Prozess im Grunde ständig ablaufen.

Die Marketing-Kontrolle wird in diesem Buch nicht explizit behandelt. Allerdings gehört es mit zu den Aufgaben der im nächsten Kapitel beschriebenen Marketing-Forschung, Kontrollinformationen für die Entscheidungsträger im Marketing bereitzustellen.

Abschließend sei darauf hingewiesen, dass der Marketing-Prozessablauf in ◘ Abb. 1.7 idealtypischen Charakter hat. In der Unternehmenspraxis wird hiervon häufiger abgewichen, z. B. wenn eine plötzlich auftretende Marktchance genutzt wird, auch wenn sie eigentlich nicht „strategiekonform" ist (z. B. wenn eine ursprünglich nicht adressierte Käufergruppe eine unerwartet starke Nachfrage nach den eigenen Leistungen an den Tag legt). Durch solche Einflüsse können sich dann auch Anpassungen auf der Ziel- und Strategie-Ebene ergeben. Insoweit ist der dargestellte Ablauf von der Reihenfolge her nicht immer zwingend. Seine Einhaltung trägt allerdings wesentlich zu einem in sich konsistenten, schlüssigen Marktauftritt bei, weswegen hiervon nur in Ausnahmefällen abgewichen werden sollte.

1.7 Lern-Kontrolle

Kurz und bündig

Als Leitkonzept der Unternehmensführung nimmt das Marketing heute einen fundamentalen Stellenwert für den Unternehmenserfolg im wettbewerblichen und gesellschaftlichen Umfeld ein. Dabei hat sich die Anwendung der Leitprinzipien und Methoden des Marketing mittlerweile von den Absatzmärkten auch auf die Gestaltung der Beziehungen zu Mitarbeitern, Lieferanten, Kapitalgebern und weiteren Anspruchsgruppen hin ausgedehnt.

Ausgangspunkt dieses Buchkapitels bildete eine kurze, erläuterungsbedürftige Begriffsbestimmung von „Marketing" als „marktorientierte Unternehmensführung"; mit einer ausführlicheren Charakterisierung des Marketing, die die Kurzdefinition konkretisiert und ergänzt, soll es beschlossen werden.

Marketing als marktorientierte Unternehmensführung bedeutet:
- eine gezielte Ausrichtung der gesamten Unternehmens-Aktivitäten auf die Lösung von Problemen bzw. die Befriedigung von Bedürfnissen der Abnehmer – ob von diesen selbst artikuliert, nur latent vorhanden oder erst neu aufzubauen,
- einen Handlungsplan zu haben, bei dem relevante Informationen aus den Märkten, der weiteren Umwelt und dem eigenen Unternehmen erfasst werden, um auf dieser Basis Strategien und Maßnahmen zielführend einsetzen zu können,
- darauf abzuzielen, dass die eigenen Leistungen in den Augen der Kunden als besser bzw. nützlicher angesehen werden als die der Wettbewerber,
- sich auf solche Abnehmer zu konzentrieren, die man auf Basis der eigenen Stärken besonders gut bedienen kann,
- darauf zu achten, dass die Orientierung an den Kundenbedürfnissen nicht Selbstzweck ist, sondern dem Aufbau und der Aufrechterhaltung profitabler Kundenbeziehungen zu dienen hat. Dabei gilt es, die Kundenziele mit der eigenen Ergebnisperspektive im Sinne einer Win-Win-Situation in Einklang zu bringen.

Let's check
1. Inwiefern kann Marketing als ein Erfolgsfaktor für Unternehmen gesehen werden?
2. Zeigen Sie die Grundidee sowie die Chancen und Risiken der proaktiven Marktorientierung auf.
3. Auf welchen Märkten können die Leitprinzipien des Marketing eingesetzt werden?
4. Erläutern Sie die Gründe für den hohen Stellenwert der Kundenzufriedenheit als Zielgröße im Marketing.
5. Benennen Sie Kriterien, die als Maßgrößen bzw. Indikatoren des Kundenwerts herangezogen werden können.

Vernetzende Aufgaben
1. Benny Bike erwägt, in seiner Heimatstadt ein Fahrradtaxi-Unternehmen aufzubauen, das es dort bisher noch nicht gibt. Welche möglichen Wettbewerbsvorteile und -nachteile würde dieses Unternehmen gegenüber „normalen" Taxis vermutlich aufweisen?
2. Manchmal wird die Meinung vertreten, das Marketing habe die Aufgabe, jeden Kunden zu 100 % zufrieden zu stellen. Diskutieren Sie diese Meinung kritisch.

1.7 · Lern-Kontrolle

🛈 Lesen und Vertiefen

- Die vielfältigen Wirkungszusammenhänge zwischen Kundenzufriedenheit, Kundenbegeisterung und Preistoleranz konnten in diesem Kapitel nur überblicksartig aufgezeigt werden. Eine umfassende Arbeit hierzu hat Bösener [8, 10] vorgelegt, die den aktuellen Forschungsstand aufzeigt.
- Die Varianten des Marketing, insb. in Bezug auf branchen- und zielmarkt-bezogene Besonderheiten, stellt Pepels [119, S. 1105 ff.] ausführlich dar.

Informationsgewinnung für Marketing-Entscheidungen

Michael Froböse

2.1 Stellenwert und Qualitätskriterien der Informationsgewinnung – 36

2.2 Untersuchungsobjekte der Marketing-Forschung – 40

2.3 Methoden der Datenerhebung – 42
2.3.1 Sekundärforschung und Social Media Monitoring – 42
2.3.2 Klassische Methoden der Primärforschung – 46
2.3.3 Mobile Marktforschung – 54

2.4 Lern-Kontrolle – 57

Kapitel 2 · Informationsgewinnung für Marketing-Entscheidungen

Lern-Agenda
Nach dem Studium dieses Kapitels sollten Sie
- den Stellenwert von Informationen zur Fundierung von Marketing-Entscheidungen beurteilen können,
- Kriterien zur Beurteilung der Informationsqualität erläutern können,
- die typischen Untersuchungsobjekte bzw. Anwendungsfelder der Marketing-Forschung kennen,
- für das Marketing relevante Quellen der Sekundärforschung benennen und deren Qualität bewerten können,
- ein Verständnis für die Möglichkeiten und Probleme des Social Media Monitoring gewonnen haben,
- alternative Datenerhebungsmethoden im praktischen Anwendungsfall sachgerecht auswählen können.

2.1 Stellenwert und Qualitätskriterien der Informationsgewinnung

Informationen sind in der heutigen Wissensgesellschaft einen wichtiger Produktionsfaktor; sie repräsentieren die Steuerungsbasis jeder betriebswirtschaftlichen Aktivität. Dies gilt auch und gerade für das Marketing, aus dessen dominanter Orientierung an einer Vielzahl von Umweltfaktoren (s. ▶ Abschn. 1.1.3) ein hoher Informationsbedarf resultiert.

Bei der Informationsgewinnung für Marketing-Entscheidungen kann es um die Beantwortung von Fragen gehen, die alle Elemente eines Marketing-Konzepts (s. ◘ Abb. 1.7) betreffen:

- Welche **Ziele** können bei den gegebenen Umweltbedingungen realistischerweise angestrebt werden? (Zur Erinnerung: Es gehört zu den Leitprinzipien des Marketing, dass Marketing-Konzepte **realistisch** sein sollten.)
- Welche **Marketing-Strategien** sollten in Anbetracht der Wettbewerbsverhältnisse und der eigenen Stärken bzw. Schwächen verfolgt werden?
- Wie sind die **Erfolgsaussichten** geplanter **Marketing-Maßnahmen** (z. B. von Neuprodukten, Preissenkungen oder Werbekampagnen) einzuschätzen? Und

2.1 · Qualitätskriterien der Informationsgewinnung

wie stellt sich der **Erfolg** tatsächlich umgesetzter Aktivitäten dar (Beispiel: Inwieweit hat eine Initiative zur Serviceverbesserung eine Erhöhung der Kundenzufriedenheit bewirkt)?

Die Beantwortung derartiger Fragen ist Gegenstand der in diesem Kapitel behandelten **Marketing-Forschung**. Dieser Begriff wird hier von dem verwandten (und in der Praxis häufiger verwendeten) Terminus „**Marktforschung**" wie folgt abgegrenzt:

> **Merke!**
>
> Unter **Marketing-Forschung** wird die systematische Gewinnung von Erkenntnissen zur Fundierung von Marketing-Entscheidungen verstanden. Sie bezieht sich auf alle Untersuchungsobjekte der unternehmerischen Umwelt und auch auf die unternehmensinternen Gegebenheiten (insb. die eigenen Fähigkeiten und Ressourcen), d. h. auf sämtliche Rahmenbedingungen, die die Entwicklung von Marketing-Konzeptionen und die Lösung von Marketing-Problemen tangieren können (s. ◘ Abb. 1.1). Der Begriff „Marktforschung" ist hier enger gefasst; er bezieht sich nur auf die Erkenntnisgewinnung über die Märkte des Unternehmens, d. h. insb. auf die Absatz-, aber auch auf die Beschaffungsmärkte.

> **Auf den Punkt gebracht:** Die Grundaufgabe der Informationsgewinnung besteht darin, das Risiko von Marketing-Entscheidungen zu reduzieren. Eine endgültige Absicherung von Entscheidungen lässt sich auch bei intensivster und methodisch einwandfreier Forschung nicht erreichen, weil die Konsequenzen von Entscheidungen erst in der Zukunft wirksam werden, die Niemand mit Sicherheit vorhersagen kann.

Die Marketing- bzw. Marktforschung kann ihre Aufgabe der Risiko-Reduktion nur dann wirkungsvoll erfüllen, wenn die erhobenen Informationen bestimmten Anforderungen genügen. Diese Qualitäts- bzw. Gütekriterien (s. ◘ Tab. 2.1) sollte man bei der Informationsgewinnung stets im Auge behalten – unabhängig davon, ob man selber eigene Erhebungen durchführt oder ob vorliegende fremde Untersuchungen genutzt werden, deren Aussagekraft es zu beurteilen gilt. Dabei betreffen die Kriterien Relevanz, Vollständigkeit, Aktualität und Wirtschaftlichkeit die Entscheidungsunterstützungs-Funktion der Informationen, während Reliabilität und Validität die allgemeinen Gütekriterien der empirischen Forschung darstellen.

Einige der in ◘ Tab. 2.1 aufgeführten Gütekriterien sollen nun näher erläutert werden.

Die **Relevanz** von Marketing-Informationen ist dann das zentrale Gütekriterium, wenn man auf vorhandenes Datenmaterial zurückgreift (z. B. um die Attraktivität

Tab. 2.1 Kriterien zur Beurteilung der Aussagekraft von Informationen

Kriterium	Erläuterung anhand von Problemfragen
Relevanz	Sind die Informationen geeignet, das anstehende Marketing-Problem zu lösen?
Vollständigkeit bzw. Informationsgrad	Liegen alle für die Entscheidungsfindung notwendigen bzw. vom Marketing-Management gewünschten Daten vor – oder sind ggf. noch weitere Erhebungen durchzuführen?
Aktualität	Welche Zeitspanne liegt zwischen der Datenerhebung und dem Vorliegen der Informationen zur Entscheidungsfindung? (je kürzer, desto besser)
Wirtschaftlichkeit	Was kostet die Informationsgewinnung im Verhältnis zu der „finanziellen Tragweite" der anstehenden Entscheidung?
Reliabilität	Sind die erhobenen Daten frei von unsystematischen bzw. Zufallsfehlern?
Validität	Sind die erhobenen Daten frei von systematischen Fehlern bzw. Verzerrungen?

möglicher neuer Auslandsmärkte abzuschätzen). Eigene empirische Untersuchungen haben dagegen unter Relevanz-Aspekten den Vorzug, dass sie ganz auf das eigene Problem zugeschnitten werden können. Aber auch hier muss bspw. bei Befragungen darauf geachtet werden, dass alle wichtigen Aspekte des Untersuchungsproblems durch geeignete Fragen abgedeckt sind (z. B. bei einer Kundenzufriedenheits-Befragung alle denkbaren Ursachen für (Un-)Zufriedenheit).

Unter dem Aspekt des **Marketing-Leitprinzips der Fokussierung auf wirtschaftliche Zielsetzungen** stellt **die Wirtschaftlichkeit** bzw. das Kosten-Nutzen-Verhältnis ebenfalls ein wichtiges Beurteilungskriterium der Informationsgewinnung dar. Anders als die Kosten eines Forschungsprojekts können die Erfolgswirkungen von Informationen allerdings bestenfalls sehr grob geschätzt werden, vor allem im Vorfeld einer anstehenden Erhebung. Immerhin kann man die Kosten in Relation zur „Tragweite" der anstehenden Marketing-Entscheidung setzen. So wird in stationären Vertriebssystemen (z. B. bei Einzelhandels-Filialisten) ein oftmals hoher finanzieller und zeitlicher Aufwand bei der Standortforschung betrieben, wenn es um die Eröffnung neuer Standorte oder mögliche „Umzüge" geht. Solche Entscheidungen üben nämlich nicht nur einen starken Einfluss auf den Erfolg aus, sie sind außerdem mit hohen Investitionsvolumina verbunden und lassen sich kurzfristig nur mit hohem Aufwand oder gar nicht revidieren (z. B. aufgrund langfristiger Mietverträge).

Neben den entscheidungsorientierten Aspekten sind bei der Beurteilung von Informationen unbedingt auch die allgemeinen **Gütekriterien der empirischen Forschung** zu beachten. Diese beruhen auf der einfachen Überlegung, dass Forschungsergebnisse nur dann Aussagekraft besitzen, wenn sie den interessierenden Sachverhalt genau bzw. realitätsgetreu abbilden (z. B. den tatsächlichen Bekanntheitsgrad einer Marke oder das wirkliche Ausmaß der Kundenzufriedenheit). Bei jedem Forschungsprojekt gibt es aber eine Vielzahl von Einflussfaktoren und Verzerrungsmöglichkeiten, die dazu führen können, dass die im Wege der (Markt-)Forschung gemessenen Werte von der tatsächlichen Sachlage abweichen.

Für eine Differenz zwischen Untersuchungsergebnis und Realität gibt es prinzipiell zwei denkbare Ursachen: Sie kann durch Zufall entstanden sein – oder auf einer systematischen Verzerrung beruhen. Im erstgenannten Fall besteht ein Problem mit der **Reliabilität**, im zweiten Fall mit der **Validität** (ähnlich [61, S. 13]; s. auch die letzten beiden Zeilen in ◘ Tab. 2.1).

Zufallsfehler entstehen primär dadurch, dass Marktforschungsergebnisse in der Regel auf Teilerhebungen, d. h. Stichproben basieren (und nicht auf Vollerhebungen). Zufällige Einflüsse sind dabei nie ganz zu vermeiden. Allerdings lässt sich die Wahrscheinlichkeit eines zufallsbedingten „Danebenliegens" vermindern, wenn man den Stichprobenumfang groß genug wählt.

Während Zufallsfehler die Forschungsbefunde nicht von vornherein in eine bestimmte Richtung lenken und sich außerdem mit wachsendem Stichprobenumfang tendenziell ausgleichen, führen systematische Fehler zu einseitig verzerrten Ergebnissen, die als solche ein „schiefes" Bild der Realität zeichnen. In so einem Fall nützt dann auch ein großer Stichprobenumfang nichts. Validitätsprobleme lassen sich aber antizipieren und durch eine sorgfältige, aufmerksame Planung der Informationserhebung weitgehend vermeiden. Dies gilt auch für die nachfolgend aufgeführten Beispiele.

Beispiel: Vermeidbare systematische Fehler bei einer Kundenzufriedenheits-Befragung
- Um die Quote der Antwortenden zu erhöhen, werden als Anreiz für das Ausfüllen des Fragebogens, das 15 Minuten dauert, 30 € ausgelobt – eine Maßnahme, die die Rücklaufquote erhöhen soll, aber die Befragungspersonen möglicherweise in eine positive „Grundstimmung" versetzt und die Antworten systematisch in eine Richtung lenkt.
- Es werden nur die 100 ältesten Stammkunden befragt. Wenn man nicht nur an der Meinung genau dieser Gruppe interessiert ist, muss man ebenfalls mit beschönigten Ergebnissen rechnen.
- Suggestive Fragestellungen („Finden Sie nicht auch, dass die Haltbarkeit unserer Produkte sehr zufriedenstellend ist?") sind nicht geeignet, die tatsächliche Meinung der Auskunftspersonen zu erfassen.

– Gleiches gilt beim Einsatz von „unsymmetrischen" Antwortvorgaben (z. B. bei der Beurteilung der Aufmerksamkeit von Servicemitarbeitern: voll und ganz zufrieden – sehr zufrieden – zufrieden – eher unzufrieden).

Wie die Beispiele zeigen, muss sowohl bei der Stichprobenbildung als auch bei der konkreten Ausgestaltung des Erhebungsinstrumentariums (hier: bei der Frage- und Antworten-Formulierung) auf mögliche verzerrende Effekte geachtet werden. Dabei gilt es, die Verhaltensweisen der Auskunftspersonen zu antizipieren. Beispielsweise ist mit bewussten Falschantworten zu rechnen, wenn es um sensible Themen wie Körperpflege (z. B. die Häufigkeit des Zähne-Putzens) oder den Kauf von Billigmarken geht.

„Tendenziöse" Ergebnisse können schließlich auch daraus resultieren, dass der Auftraggeber einer Studie oder der Marktforscher selbst an bestimmten Ergebnissen interessiert ist, deshalb die Datenerhebung möglicherweise nicht neutral durchgeführt wird und/oder die Ergebnisse einseitig interpretiert werden. In einem solchen Fall spricht man auch von einer mangelnden **Objektivität** der Forschung (die hier als Komponente der Validität angesehen wird, weil eine fehlende Objektivität ebenso zu Ergebnisverzerrungen führt wie Validitätsmängel). Im Sinne der „Suche nach der Wahrheit" sollte eine seriöse Forschung versuchen, derartige Einflüsse auf die Ergebnisse schon im Vorfeld einer Erhebung auszuschließen.

2.2 Untersuchungsobjekte der Marketing-Forschung

Die Informationsgewinnung für die Entwicklung von Marketing-Konzepten sollte sich im Sinne einer ganzheitlichen Betrachtung auf alle Elemente der unternehmerischen Umwelt und auch auf die Analyse der unternehmens-internen Gegebenheiten (Potenziale und Restriktionen) erstrecken (s. ◘ Abb. 1.1). Alle diese Rahmenfaktoren können den Markterfolg eines Unternehmens tangieren; sie sind deshalb Bezugsgrößen der Marketing-Planung und somit auch Erkenntnisobjekt der Informationsgewinnung.

Dennoch kann man die Ansicht vertreten, dass die Märkte für das Marketing (das kurz als „**markt**orientierte Unternehmensführung" definiert wurde) die höchste Relevanz besitzen. Eine hohe Bedeutung haben aber auch die Wettbewerber, da die Abnehmer die Leistungen eines Unternehmens in aller Regel im Vergleich zu den Konkurrenzangeboten beurteilen. Deshalb konzentrieren sich die folgenden Ausführungen auf die Markt- (bzw. Kunden-) und die Konkurrenzforschung.

Seitens der aktuellen und potenziellen Kunden geht es z. B. um die **Zielgruppenforschung**, d. h. um die Identifikation derjenigen Nachfrager, auf die sich die Marketing-Anstrengungen eines Unternehmens richten (sollten), weil diese dem eigenen Angebot besonders aufgeschlossen gegenüberstehen. Von Interesse sind dabei zunächst **sozio-**

2.2 · Untersuchungsobjekte der Marketing-Forschung

demographische Merkmale wie Alter, Geschlecht, Einkommen, Bildung, die einfach zu erfassen sind und gewisse Rückschlüsse auf die Kundenpräferenzen, z. T. auch auf Marktvolumina gestatten. Für das Marketing noch bedeutsamer sind jedoch **psychologische Kundenmerkmale** wie Kundenzufriedenheit, Bedürfnisse, Kaufgründe und -hindernisse. Die Erforschung dieser verhaltensbestimmenden Faktoren ist die Basis z. B. für die marktgerechte Gestaltung von Produkten und Verpackungen oder für die inhaltliche Ausrichtung der Werbung. Wichtige Fragen in diesem Kontext sind auch, welches innere Bild bzw. **Image** sich die Nachfrager von dem eigenen Unternehmen und seinen Angeboten machen, nach welchen Merkmalen sie die Konkurrenzangebote vergleichen und ob es aus Kundensicht Lücken im Marktangebot gibt, die auf eine für den Anbieter attraktive Marktnische hindeuten könnten [47, S. 3]. Schließlich sind auch **Verhaltensmerkmale** relevant, z. B. die Kaufhistorie und das Beschwerdeverhalten für die künftige Kundenbearbeitung.

Um Ansatzpunkte für die Erzielung von Wettbewerbsvorteilen aufzudecken und den eigenen Handlungsspielraum im Wettbewerb auszuloten, sollte zudem **Konkurrenzforschung** betrieben werden. Dabei kann es z. B. um folgende Aspekte gehen:

- Identifikation der derzeitigen Konkurrenten auf den eigenen Märkten (und deren Stellung z. B. in Bezug auf Marktanteil und Image),
- Stärken und Schwächen der Konkurrenz im Vergleich zum eigenen Unternehmen (aus denen sich Angriffspunkte, aber ggf. auch Ansatzpunkte für eine Kooperation ableiten lassen),
- Ziele, Strategien und Maßnahmen der Wettbewerber (z. B. in Bezug auf innovative Produkte, Preisaktionen, Erschließung von Auslandsmärkten und neuen Vertriebskanälen),
- Bedrohungspotenzial durch Anbieter aus anderen Branchen und durch neue Techniken, die noch unbekannte Lösungen für die Probleme der eigenen Kunden bieten könnten.

Die Möglichkeiten der Informationsgewinnung über die Konkurrenten sind teilweise recht begrenzt, insb. weil geplante Vorhaben der Wettbewerber wohlbehütete Geheimnisse darstellen. Einzelne der oben aufgeworfenen Fragen lassen sich jedoch auch im Rahmen einer Kundenbefragung beantworten. So können z. B. die Hauptkonkurrenten dadurch ermittelt werden, dass man die Abnehmer danach fragt, welche Marken in welchen Produktbereichen bevorzugt werden (oder, wenn es sich um gewerbliche Kunden handelt, welche Unternehmen in welchen Bereichen als Lieferanten in Frage kommen).

Entscheidungen sind als solche immer in die Zukunft gerichtet. Deshalb geht es bei der Marketing-Forschung oft auch darum, die **künftige Entwicklung der interessierenden Sachverhalte** abzuschätzen. Neben den erwähnten Plänen der Konkurrenz ist hierbei z. B. von Interesse, welche Zukunftstendenzen in Bezug auf die Kundenbedürfnisse und das Kundenverhalten auszumachen sind, wie sich die im Markt erzielbaren Profite mutmaßlich entwickeln und welche Gründe für das Wachsen bzw. Schrumpfen von Marktsegmenten verantwortlich sind, um im Bedarfsfall frühzeitig agieren zu können.

2.3 Methoden der Datenerhebung

Methodenfragen nehmen bei der Marketing-Forschung einen breiten Raum ein. Bei der Lösung von Forschungsaufgaben gilt es, aus den möglichen Methoden der Stichprobenziehung, der Datenerhebung und der Datenauswertung solche auszuwählen, die für die vorliegende Fragestellung bzw. den Anwendungsfall geeignet sind, und diese sachgerecht anzuwenden.

Dieser Abschnitt konzentriert sich auf die Methoden der Datenerhebung, d. h. auf die Frage, auf welche Art und Weise die Informationen im Rahmen einer Marktforschungsstudie gewonnen werden sollen. Nicht dargestellt werden die Verfahren der Stichprobenziehung und der Datenauswertung (vgl. hierzu z. B. [59, S. 325 ff.; 125]), die im Übrigen im Rahmen eines wirtschaftswissenschaftlichen Studiums in Veranstaltungen zur Statistik behandelt werden.

2.3.1 Sekundärforschung und Social Media Monitoring

Im Rahmen der Informationsgewinnung ist zunächst die grundlegende Entscheidung zu fällen, ob man die benötigten Daten überhaupt neu erheben muss. Mitunter reicht bereits die sog. **Sekundärforschung** für die Erfüllung des eigenen Informationsbedarfs aus.

> **Merke!**
>
> Unter **Sekundärforschung** wird die Nutzung bzw. „Zweitverwertung" von vorhandenem Informationsmaterial verstanden, das unter dem Aspekt des anstehenden Marketingproblems gesammelt und ggfs. neu aufbereitet wird.

Sekundärforschung wird schwerpunktmäßig (was in ihrer englischen Bezeichnung „Desk Research" zum Ausdruck kommt) vom Schreibtisch bzw. vom PC und über das Internet betrieben: Man greift auf Informationen zurück, die innerhalb oder außerhalb des Unternehmens erarbeitet wurden. Aus der kaum überschaubaren Vielfalt der Sekundärquellen listet ◘ Tab. 2.2 einige wichtige Beispiele (und z. T. auch die in diesen „Fundgruben" verfügbaren Informationen) auf.

Die besonderen Vorteile der Sekundärforschung liegen in der erheblichen **Zeit- und Kostenersparnis**. Da Sekundärdaten häufig regelmäßig erhoben werden, sind **Verän-**

2.3 · Methoden der Datenerhebung

Tab. 2.2 Ausgewählte Informationsquellen der Sekundärforschung

Unternehmensinterne Quellen	Unternehmensexterne Quellen
– Verkaufsstatistiken (z. B. Umsätze nach Produkt/gruppen, Kunden, Regionen, Perioden) – Rechnungswesen (z. B. Vertriebskosten, Deckungsbeiträge) – Intranet – Kundendatenbanken (z. B. Kaufhistorie, Reklamationen, Hotline-Kontakte, Mahnungen) – Außendienst-Berichte – Frühere eigene Erhebungen	– Suchmaschinen – Social Media-Plattformen, insb. soziale Netzwerke (z. B. facebook, Twitter, XING), Blogs, Experten- und Konsumentenforen, Media Sharing-Portale (z. B. YouTube, Flickr), Marken-Communities, Bewertungsportale – In- und ausländische amtliche Statistik, z. B. des Statistischen Bundesamts ▶ www.destatis.de –, der Länder und Gemeinden – Institute und Organisationen jeglicher Art, z. B. Verbände, Kammern, Gesellschaft für Konsumforschung (GfK) – Mediennutzungs- und Marktstudien von Verlagen und Werbeagenturen – Firmeninformationen, z. B. Websites, Geschäftsberichte, Werbematerial, Messekataloge, Presseberichte, Werkszeitungen

derungen im Zeitablauf beobachtbar. Hinzu kommt, dass **bestimmte Informationen** (z. B. volkswirtschaftliche Marktdaten) **auf anderem Wege nicht oder nur mit unverhältnismäßig großem Aufwand zu beschaffen** sind. Bedeutsam sind Sekundärinformationen nicht zuletzt auch deshalb, weil sie im Vorfeld einer eigenen empirischen Erhebung möglicherweise methodische Lösungswege aufzeigen und weil sie die Interpretation eigener Erhebungen unterstützen. Wenn bspw. bei einer Kundenzufriedenheits-Befragung herauskommt, dass die Zufriedenheit mit der Freundlichkeit der Mitarbeiter im Schnitt mit der Note 2,1 und die Zufriedenheit mit den Preisen mit 3,2 bewertet wurde, so sind diese Zahlen für sich genommen noch wenig aussagefähig. Insbesondere könnte es sich als Irrtum erweisen anzunehmen, das Unternehmen sei hinsichtlich der Mitarbeiter-Freundlichkeit besonders gut und bezüglich der Preise eher schlecht aufgestellt. Erfahrungsgemäß ist nämlich die Zufriedenheit mit Preisen deutlich niedriger als die Zufriedenheit mit der Freundlichkeit der Mitarbeiter. Sekundäranalysen können in solchen Fällen mitunter **Relativierungs-Maßstäbe** liefern, z. B. durch den Vergleich mit früheren eigenen Kundenbefragungen oder (sofern von der methodischen Vorgehensweise her vergleichbar!) durch einen Vergleich mit Befunden des Kundenmonitors Deutschland (s. ▶ www.kundenmonitor.de). Aus all diesen Gründen empfiehlt es sich, auch im Falle einer eigenen empirischen Erhebung das Forschungsproblem – entgegen dem Wortlaut – zunächst mit Hilfe der Sekundärforschung anzugehen.

Den genannten Vorzügen der Sekundärforschung stehen allerdings nicht selten **Mängel in der Aktualität und Vollständigkeit**, in der **Nachvollziehbarkeit der Datengewinnung** sowie besonders in der **Relevanz der Informationen** gegenüber, d. h. die Daten erweisen sich mitunter als nicht spezifisch genug zur Lösung des vorliegenden Marketing-Problems. So sind die verfügbaren statistischen Daten teilweise regional und/oder branchenmäßig stark aggregiert (Beispiel: Umsatz der deutschen Werkzeugmaschinenindustrie) und damit für detaillierte Auswertungen nicht aussagekräftig [83, S. 39]; nur selten findet man in öffentlich zugänglichen Quellen Informationen zu konkreten Marken. Eine Ausnahme bildet hier z. B. die Brigitte Kommunikationsanalyse von Gruner + Jahr, die in Bezug auf über 1000 konkrete Produktmarken Auskunft darüber gibt, ob diese den befragten Frauen bekannt und sympathisch sind und inwieweit diese verwendet werden.

Besonders intensiv wird die Sekundärforschung im Rahmen der Konkurrenzanalyse eingesetzt (einige denkbare Informationsquellen hierfür sind in ◘ Tab. 2.2 unten rechts aufgeführt). Eine ähnlich große Rolle spielt die Sekundärforschung bei der Informationsgewinnung über das Makro-Umfeld, d. h. bei der Datenbeschaffung über die volkswirtschaftlichen, politisch-rechtlichen und sonstigen Rahmenbedingungen des Marketing-Handelns. Ferner dienen Sekundärdaten (aus internen Quellen) der Ermittlung von Marketing-Erfolgskennziffern wie z. B. Umsatz oder Deckungsbeitrag je Marke, Kundengruppe oder Außendienstmitarbeiter.

Erheblichen Auftrieb hat die sekundäranalytische Marktforschung durch die mittlerweile weite Verbreitung der Kommunikation über soziale Medien erfahren. Die dabei individuell oder gemeinsam erstellten Medien- und Dialoginhalte (d. h. der sog. „user-generated Content") repräsentieren eine Art „Heuhaufen", der aus einer schier unüberschaubaren Vielzahl von Beiträgen besteht, in denen sich mitunter sehr wertvolle Informationen für das Marketing verbergen. Die Extraktion dieser Informationen ist Aufgabe des sog. **Social Media Monitoring**.

> **Merke!**
>
> Unter **Social Media Monitoring** wird hier die systematische, regelmäßige Erfassung und Analyse von Beiträgen und Dialogen auf Plattformen verstanden, die über digitale Kanäle eine interaktive Kommunikation ermöglichen (z. B. Blogs, Foren, Bewertungsportale und vor allem soziale Netzwerke wie facebook oder XING).

Mit Social Media Monitoring kann man ermitteln, wer in welcher Weise und wo über das Unternehmen, dessen Angebotsleistungen und Kommunikationsmaßnahmen diskutiert, um darauf ggfs. frühzeitig reagieren zu können. Außerdem spielt der Meinungsaustausch auf Social Media-Kanälen beim Kauf und der Verwendung von Produkten oftmals eine große Rolle. Man denke hier etwa an das Bewertungsportal

2.3 · Methoden der Datenerhebung

▶ Holidaycheck.de, das dadurch, dass sich viele Verbraucher vor der Urlaubsentscheidung dort informieren, auch eine entsprechend hohe Relevanz für die Anbieter touristischer Dienstleistungen besitzt.

Angesichts der Fülle der Informationen, die täglich in unterschiedlichen Sprachen und Formen (Text, Foto, Video) gepostet, getwittert, gebloggt, kommentiert und bewertet werden, benötigt man für das „Hineinhören" in die Social Web-Kommunikation spezielle Monitoring-Softwaretools [2, S. 192 ff.], z. B. Social Mention oder Talkwalker. Diese sammeln die digitalen Beiträge auf verschiedenen Plattformen und prüfen diese anhand verschiedener Suchbegriffe auf ihre Relevanz für das Unternehmen. Eine besondere Schwierigkeit liegt dabei darin, nicht nur die Zahl der Beiträge und die angesprochenen Themen, sondern auch deren Stimmung zu erfassen, d. h. positive und negative Beiträgen zu trennen. So haben die automatisiert ablaufenden Tools z. B. Schwierigkeiten, ironische Äußerungen zu erkennen. In Zweifelsfällen muss hier ein „menschliches Auge" die Zuordnung vornehmen [78, S. 215].

Im Vergleich zu anderen Sekundärquellen zeichnet sich die **Datengewinnung über soziale Medien** durch eine **höhere Aktualität** aus; die Informationen können quasi in Echtzeit erfasst werden. Dabei stehen **große Datenmengen** praktisch frei zur Verfügung, und für viele Produktkategorien gibt es spezielle Social Media-Plattformen (Beispiel: die Auto- und Motor-Community ▶ Motor-talk.de). Aus Sicht der Datenqualität besonders bedeutsam ist aber vor allem, dass man durch das „Hineinhören" in die Kommunikation im Social Web Informationen erhält, die unabhängig von der Präsenz des Forschers entstanden sind und daher eine **hohe Authentizität und Offenheit** aufweisen [58, S. 114; 145, S. 675]. Es gibt somit keine Interaktionseffekte, die z. B. bei einer Befragung auftreten und das Ergebnis verzerren können.

Diesen Vorzügen des Social Media Monitoring stehen jedoch auch Nachteile gegenüber. Gelegentlich unterliegt der user(?)-generated Content dem Problem der **Manipulationsanfälligkeit**. Hier ist z. B. an die (wettbewerbsrechtlich unlauteren) „gefakten" Produktbeurteilungen auf Bewertungsportalen zu denken – die auch in der wenig fair anmutenden Variante vorkommen, dass bei der Konkurrenz negative Beurteilungen eingestellt werden [104, S. 14 ff.]. Ferner können Social Media-Analysen die klassische Marktforschung nur ergänzen, aber nicht ersetzen, weil sich in der Regel **nur ein Teil der eigenen Zielgruppe** in Meinungsbeiträgen im Social Web äußert. Dies sind in der Regel extrovertierte und thematisch stark interessierte Personen; es sind v. a. Extremmeinungen, die gepostet werden. Deshalb sollte man Social Media Monitoring eher für Anregungen nutzen. Die Anwendungsfelder hierfür sind allerdings vielgestaltig. Da besonders negative Äußerungen die Gefahr einer raschen Verbreitung aufweisen und deshalb ein kontinuierliches Beobachten der Social Media-Kommunikation erfordern [17, S. 240], dient das Monitoring zum einen der frühzeitigen Identifikation von Empörungsstürmen („Shitstorms"). Zum anderen kann es als Ideenquelle für neue bzw. verbesserte Produkte und Dienstleistungen genutzt werden, die Identifikation von Meinungsführern und Trendsettern ermöglichen sowie neue Gesprächsthemen erkennen lassen, um darauf eigene Kampagnen abzustimmen. Ferner kann es auch darum gehen, diejenigen Social Media-Plattformen zu identifizieren, auf denen das Unternehmen selbst aktiv werden will. Neben diesen Anwendungsfeldern erläutert Hedemann [53, S. 26 f.] ein interessantes Beispiel für eine eher ungewöhnliche Nutzung des Social Media Monitoring, bei der gleichsam eine absatzstufen-übergreifende Marktforschung betrieben wurde:

Beispiel: Anwendung von Social Media Monitoring bei der Kundengewinnung
Das US-amerikanische Unternehmen Corning stellt robuste Gläser für Touchscreens her, die in mobile Endgeräte verbaut werden. Im Rahmen der Suche nach neuen Business-Kunden wurden per Social Media Monitoring Fälle ermittelt, in denen Verbraucher über gesprungene Displays bei ihren Smartphones oder Tablet-PCs berichteten. Die „Treffer" konnten den Herstellern und Gerätetypen zugeordnet und dabei Auffälligkeiten herausgearbeitet werden. Corning machte daraufhin betroffene Hersteller auf die Ergebnisse aufmerksam (wobei sich zeigte, dass die Gerätehersteller selbst oft noch gar nicht wussten, dass es bei einem ihrer Geräte Glasbruch-Probleme gibt) und lud diese zu einem Test der eigenen bruchsicheren Spezial-Abdeckgläser ein. Die vorgelegten Daten aus dem Monitoring konnten dabei den Bedarf an einer neuen Lösung belegen.

2.3.2 Klassische Methoden der Primärforschung

> **Merke!**
>
> **Primärforschung** (auch als „Field Research" bezeichnet) beinhaltet die originäre empirische Erhebung von bisher nicht vorhandenen Informationen für eine aktuelle Fragestellung.

Primärforschung setzt direkt an der Quelle der Entstehung von Fakten und Meinungen an. Anders als die Sekundärforschung kann sie Marktinformationen in jeder gewünschten Detaillierung liefern und genau auf das anstehende Problem zugeschnitten werden; sie ist allerdings in der Regel mit deutlich höheren Kosten verbunden.

Befragung Die Befragung ist die wichtigste Primärforschungs-Methode. Anders als mit der Beobachtung können mit ihr die Beweggründe des (Abnehmer-)Verhaltens, Meinungen und Wünsche erhoben werden. Allerdings leiden Befragungen zunehmend an schwindender Teilnahmebereitschaft aufgrund von Zeitmangel und vor allem wegen einer erhöhten Sensibilität bzgl. des Schutzes der Privatsphäre.

Nach der Erhebungs- bzw. Kommunikationsart lassen sich die **mündlich-persönliche, telefonische, schriftliche und die Online-Befragung** unterscheiden. Besonders

2.3 · Methoden der Datenerhebung

die schriftliche und die Online-Befragung, die beide ohne Interviewer auskommen, werden – um die Antwort- bzw. Rücklaufquote zu erhöhen – häufig miteinander kombiniert. Bei der Wahl der Befragungsart muss der Forscher die Vor- und Nachteile der Befragungsarten (s. ◘ Tab. 2.3) gegeneinander abwägen bzw. analysieren, inwieweit diese in seinem konkreten Anwendungsfall zum Tragen kommen. Die in ◘ Tab. 2.3 dargestellten Bewertungen sind dabei nur als Tendenzen zu verstehen; z. B. kann man auch mit einer schriftlichen oder Online-Befragung eine hohe Antwortquote erzielen, wenn das Befragungsthema bei der Zielgruppe auf Interesse stößt.

Bei der persönlichen Befragung können die befragten Personen am ehesten zur Mitarbeit angeregt werden, was oft zu hohen Rücklauf- bzw. **Antwortquoten** führt. Diese ist insoweit ein wichtiges Qualitätskriterium für Befragungen, als die Repräsentativität (und damit die Validität) der Ergebnisse bei geringen Antwortquoten beeinträchtigt sein kann – und zwar dann, wenn das Antwortverhalten der „Rückläufer" nicht dem der Zielgruppe der Befragung entspricht. Bei Bevölkerungsumfragen z. B. antworten Rentner (mit mehr Zeit) oft häufiger als andere Altersgruppen. Dies führt dann zu einer Ergebnis-Verzerrung, wenn Rentner eine andere Meinung zum Untersuchungsgegenstand vertreten als die übrigen Befragtengruppen.

Der persönliche Kontakt bei mündlichen Befragungen erlaubt es, individuell auf die Auskunftsperson einzugehen und eine lange **Befragungsdauer** (von mitunter über einer Stunde) zu realisieren, wodurch auch umfangreiche und komplexe Themen abgefragt werden können. Die Unterstützung des Probanden sollte aber keinesfalls so weit gehen, dass deren Antwortverhalten beeinflusst wird. Der damit angesprochene **Interviewereffekt** ist – neben den hohen Kosten für den Interviewereinsatz – eines der größten Probleme der mündlichen Befragung, weil er die Validität der Befragungsergebnisse beeinträchtigt. Zwar kann dem Interviewereinfluss durch einen strukturierten, im Wortlaut verbindlichen Fragebogen und durch Schulungsmaßnahmen entgegengewirkt werden. Ganz auszuschließen ist eine Beeinflussung der Gesprächspartner jedoch nicht, weil diese – bewusst oder unbewusst – auf Sprechweise, Mimik, Aussehen und Kleidung des Interviewers reagieren können. Bei der telefonischen Befragung beschränkt sich der Interviewereinfluss auf sprachliche Aspekte und ein ggfs. selektives Erfassen der Antworten.

Das in ◘ Tab. 2.3 aufgeführte Bewertungskriterium der **Identität der Befragten** bezieht sich auf das Problem, dass man sich besonders bei der schriftlichen und bei der Online-Befragung nicht sicher sein kann, ob auch wirklich die angeschriebene Person den Fragebogen ausgefüllt hat. So kann es vorkommen, dass bei einer Unternehmens-Befragung der Fragebogen an die Marketing-Leitung adressiert, aber vom Sekretariat ausgefüllt wird.

Die von den Befragten **wahrgenommene Anonymität** der Befragungssituation beeinflusst sowohl die Antwortquote als auch die Datenqualität positiv. Wenn sich die Auskunftspersonen anonym fühlen, geben sie tendenziell eher mehr von sich preis und neigen weniger zu sozial erwünschten Antworten (wenn es z. B. um heikle Themen wie Körperpflege geht).

Tab. 2.3 Vergleich von Befragungsarten anhand verschiedener Beurteilungskriterien

	Persönlich	Telefonisch	Schriftlich	Online
Antwortquote	Hoch	Mittel	Niedrig	Oft sehr niedrig
Befragungsdauer	Lang	Mittel	Kurz	Kurz
Kosten	Hoch	Mittel	Niedrig	Sehr niedrig
Interviewereffekt	Hoch	Mittel	Nicht vorhanden	Nicht vorhanden
Schnelligkeit der Durchführung	Gering	Hoch	Gering	Hoch
Identität der Befragten	Hoch	Hoch	Niedrig	Niedrig
„Gefühlte" Anonymität	Gering	Gering	Hoch	Hoch
Verwendbarkeit von „Zeigematerial"	Sehr gut möglich	Nicht möglich (nur bei Bildtelefonie)	Eingeschränkt möglich	Visualisierungen gut möglich
Typische Anwendungs-Bedingungen und -felder	Bei komplexen Themen, die der Unterstützung durch einen Interviewer bedürfen		Wenn die Befragung in Eigenregie durchgeführt werden soll; wenn bei den Befragten ein hohes Interesse am Thema vorausgesetzt werden kann	
	Bei Themen, die ein gewisses Vertrauensverhältnis erfordern, z. B. Tiefen-, Gruppen- und Experteninterviews	Wenn klare bzw. in kurzen Sätzen formulierbare Fragen gestellt werden können	Wenn die Fragen-Reihenfolge keine Rolle spielt	Wenn die Mailadressen der Zielpersonen vorliegen oder die Zielgruppe anderweitig online abgebildet werden kann

Bei manchen Fragestellungen ist es wichtig, dass mit Begleit- bzw. **„Zeigematerial"**, z. B. mit Produktproben oder Anzeigenentwürfen, gearbeitet werden kann. Bei einer persönlichen Befragung können diese am besten präsentiert werden.

Die persönliche und telefonische Befragung finden heute überwiegend in computerunterstützter Form als **CAPI/CATI** (Computer Assisted Personal/Telephone Interview) statt. CAPI-Befragungen werden meist mit Notebook- oder Tablet-PCs durchgeführt, mit denen die Antworten direkt erfasst werden; bei einer CATI-Befragung liest der Interviewer die Fragen vom Monitor ab und gibt die Antworten in den PC ein. Ebenso erfolgt die Anwahl der (oft zufällig ausgewählten) Telefonnummern hierbei computergesteuert. Die Software-Unterstützung kann schließlich auch helfen, sog. **Reihenfolgeeffekte** zu vermeiden. Bei „selbst gelesenen" Antwortmöglichkeiten werden nämlich tendenziell die zuerst in einer Liste erscheinenden Antwortmöglichkeiten häufiger angekreuzt bzw. angeklickt, während bei einer Telefonbefragung tendenziell die vom Interviewer zuletzt aufgeführten Antworten besser erinnert und deshalb öfter als „eigene Meinung" benannt werden [121, S. 138]. Durch eine computergestützte Randomisierung bzw. Zufalls-Anordnung der Antwortvorgaben kann diesem Problem entgegengewirkt werden.

Ein noch höheres Ausmaß an Automatisierung findet sich bei Online-Befragungen, was mit entsprechenden Kosteneinsparungen einhergeht. Anders als bei der schriftlichen Befragungen (die inzwischen in hohem Maße durch Online-Befragungen ersetzt wurden) gibt es keinen Medienbruch, weil die Antworten mit der Eingabe gleichzeitig digital erfasst werden. Bei der Rekrutierung der Auskunftspersonen sollte man in den meisten Fällen (und wenn möglich so) vorgehen, dass diese per E-Mail zur Teilnahme an der Online-Befragung eingeladen werden. Werden die Befragungsteilnehmer dagegen z. B. über Links oder Banner rekrutiert, nehmen in aller Regel nur besonders motivierte und interessierte Personen – praktisch von sich aus – an der Befragung teil (Problem der **Selbstselektion** der Befragungsteilnehmer). Eine kontrollierte Stichprobenziehung ist auf diesem Wege nicht möglich, und man kann auch nicht (wie bei schriftlichen und E-Mail-Befragungen üblich) eine „Nachfassaktion" durchführen, um den Rücklauf zu erhöhen.

Neben der Differenzierung von persönlicher, telefonischer, schriftlicher und Online-Variante werden Befragungen auch nach dem Grad der Standardisierung unterschieden. Bei einer **standardisierten Befragung** sind die Formulierung der Fragen, die Fragenreihenfolge und großteils auch die Antwortmöglichkeiten (in Form geschlossener bzw. „Ankreuz-Fragen") verbindlich vorgegeben. Diese Variante reduziert den Interviewereffekt und verbessert zudem die Vergleichbarkeit und damit auch die Auswertung der Befunde – allerdings zu Lasten der Flexibilität. Das Haupt-Einsatzfeld standardisierter Befragungen sind Konsumenten-Umfragen mit großen Stichprobenumfängen im Bereich der **quantitativen Forschung**, z. B. wenn es um Marktanteile oder die Nutzung von Werbemedien in der Bevölkerung geht. Außerdem lassen sich auf diesem Wege Zusammenhänge statistisch analysieren (z. B. wenn geprüft werden soll, in welchem Maße eine Werbekampagne den Bekanntheitsgrad einer Marke verändert hat).

Die **nicht-standardisierte Befragung**, bei der dem Interviewer im Extrem nur das Untersuchungsthema vorgegeben wird, basiert ausschließlich auf offenen Fragen, die die Auskunftsperson mit den eigenen Worten beantwortet – und bei denen man oft auch spontane (und nicht vorgeprägte!) Antworten erhält, mit denen man selbst nicht gerechnet hat. Befragt werden meist nur wenige (z. B. 30 oder 40) Personen, man geht dafür aber mehr in die Tiefe. Ferner werden die gewonnenen Informationen eher subjektiv-interpretierend und rein verbal als mit objektiven statistischen Methoden analysiert. Allgemein kommt die nicht-standardisierte Befragung vor allem in der **qualitativen Forschung** zum Einsatz, d. h. bei psychologischen Motivanalysen und bei Expertenbefragungen, die unter zu strikten Vorgaben leiden würden. Häufig dient sie dabei der Gewinnung von Anregungen, z. B. wie ein Unternehmen seinen Service verbessern könnte oder wie Rechnungsformulare im Sinne einer besseren Verständlichkeit gestaltet sein sollten [41, S. 51 ff.].

Besonders bei standardisierten Befragungen gilt es einige **Prinzipien hinsichtlich der Fragenreihenfolge und -formulierung** zu beachten. Was die Reihenfolge anbelangt, sollte man mit „Eisbrecherfragen" einsteigen, d. h. solchen Fragen, die leicht zu beantworten sind, Befangenheit abbauen und (wenn möglich) Interesse wecken. Daran schließen sich die eigentlichen Sachfragen an, die den Kern der Befragung bilden und das eigentliche Thema betreffen. Statistische Fragen zur Person (nach Beruf, Geschlecht, Alter usw.) werden oft als heikel empfunden und deshalb üblicherweise erst am Ende gestellt. In ähnlicher Weise ist auch bei den Sachfragen darauf zu achten, dass die Prinzipien „vom Allgemeinen zum Speziellen" und „vom Leichten zum Schweren" eingehalten werden. Was die Formulierung der Fragen und Antwortmöglichkeiten selbst betrifft, illustriert ◻ Tab. 2.4 verschiedene Anforderungen anhand von misslungenen und geeigneten Formulierungsbeispielen; dabei sind problembehaftete Wörter fett hervorgehoben.

Generell sollte man schließlich darauf achten, dass man sich im Sinne der Aufgabenstellung **auf das Nötigste** beschränkt und nur solche Fragen stellt, bei denen man auch bereit ist, entsprechende Maßnahmen umzusetzen, wenn die Antworten so oder so ausfallen. Bei Ankreuz-Fragen sollten außerdem die **Antwortmöglichkeiten inhaltlich überschneidungsfrei und erschöpfend** sein; ggfs. sind hier Ergänzungskategorien wie ‚sonstige' oder ‚weiß nicht' anzubieten.

Beobachtung Die Methode der Beobachtung dient der systematischen Erfassung wahrnehmbarer, **objektiver** Sachverhalte und Verhaltensweisen, ohne dass eine Kommunikation mit den Untersuchungspersonen nötig ist. Sie bietet den Vorteil, dass die Datenerhebung unabhängig von der Ausdrucksfähigkeit, dem Erinnerungsvermögen und der Auskunftsbereitschaft der Probanden erfolgt; soweit eine Beobachtung in **offener, unverdeckter Form** stattfindet, benötigt man aber natürlich (ebenso wie bei Befragungen) die Bereitschaft zur Mitwirkung. Dies ist etwa dann der Fall, wenn das zu beobachtende Verhalten erst vom Marktforscher ausgelöst werden muss [69, S. 23 f.], z. B. wenn man Probleme beim Handling von Produkten identifizieren möchte. Sach-

2.3 · Methoden der Datenerhebung

Tab. 2.4 Anforderungen an die Fragenformulierung und deren Einhaltung/Nichteinhaltung. (Eigene Darstellung in Anlehnung an [59, S. 315; 83, S. 83 ff.])

Anforderung	Ungeeignete Formulierung	Geeignete Formulierung
Verständlichkeit, Klarheit	Wie **preisbewusst** sind Sie?	Achten Sie beim Einkauf auf Sonderangebote? Vergleichen Sie vor dem Kauf die Preise der Marken? (z. B. mit den jeweiligen Antwortoptionen ja, immer – ja, manchmal – nein)
Eindeutigkeit	Welche **größeren Anschaffungen** haben Sie **in letzter Zeit** getätigt? Gehen Sie **oft** ins Kino?	Sagen Sie mir bitte, welche Möbel oder Elektrogeräte für über 500 € Sie in den letzten 6 Monaten angeschafft haben. Wie oft gehen Sie im Schnitt pro Monat ins Kino?
Neutralität	Welchen Betrag würden Sie für das **gesundheits-fördernde** Produkt XY maximal ausgeben?	Welchen Betrag würden Sie für das Produkt XY maximal ausgeben?
Eindimensionalität	Wie beurteilen Sie die Freundlichkeit **und** Kompetenz unseres Verkaufspersonals?	Wie beurteilen Sie die Freundlichkeit unseres Verkaufspersonals? Wie beurteilen Sie die Kompetenz unseres Verkaufspersonals?
Willen zur wahrheitsgemäßen Beantwortung	Besitzen **Sie persönlich** ein Auto?	Wer in Ihrem Haushalt besitzt ein Auto? (indirekte Fragestellung; Wenn der Befragte eines besitzt, wird er mit „ich" antworten)
Fähigkeit zur Beantwortung	Haben Sie am **Montag der vorletzten Woche** die „Tagesschau" gesehen?	Haben Sie gestern die „Tagesschau" gesehen?

verhalte wie die Reaktionen von Verkaufsmitarbeitern bei Beschwerden dagegen lassen sich sinnvoll nur „**getarnt**" beobachten. Bei dem damit angesprochenen Instrument des **Mystery Research** handelt es sich um verdeckte Servicebeobachtungen bzw. Testkäufe durch vorgebliche Kunden, die dem Service- bzw. Verkaufspersonal von zu prüfenden Unternehmen in einer simulierten Verkaufs- oder Beratungssituation gegenüberstehen.

Die Datenerfassung bei der Beobachtung erfolgt **visuell-persönlich** durch Beobachter und/oder **apparativ**. Durch die zunehmende Technisierung hat die apparative Beobachtung in der Vergangenheit an Bedeutung gewonnen. Mit einer Hautwiderstands- oder gar Gehirnstrom-Messung z. B. kann man die emotionale Aktivierung beim Betrachten von Werbefilmen messen, und beim sog. **Eye-Tracking** wird mit Hilfe spezieller Blickregistrierungs-Geräte der Blickverlauf von Testpersonen beim Betrachten von z. B. Anzeigen oder Webseiten aufgezeichnet und festgestellt, welche Elemente der Vorlage in welcher Reihenfolge angeschaut werden (und welche nicht). Das Eye-Tracking dient bspw. als Informationsgrundlage für eine verbesserte Werbegestaltung oder für die Optimierung der Benutzerfreundlichkeit von Internet-Auftritten.

Beobachtungsmethoden bieten sich dann an, wenn eine Befragung keine zuverlässigen Informationen erwarten lässt, insb. wenn es darum geht, unbewusste (und deshalb kaum verbalisierbare) Verhaltensweisen zu erfassen, z. B. Impulskäufe von Produkten des täglichen Bedarfs. Ferner können auf Basis von **Kundenlaufstudien** Problemzonen im Geschäft identifiziert sowie Ladengestaltung und Warenpräsentation optimiert werden [149, S. 428 ff.]. Beobachtungsobjekte können aber auch z. B. die Preise von Konkurrenzprodukten oder das Umfeld von Wohnhäusern sein, das Rückschlüsse auf das Einkommen der Bewohner und deren Bedarf an bestimmten Leistungsangeboten (z. B. Alarmanlagen, Gartengeräte) zulässt.

Insgesamt bietet die Beobachtung ein sehr breites Spektrum an Einsatzmöglichkeiten und gegenüber der Befragung einige Vorzüge. Allerdings ist die Aussagefähigkeit von Beobachtungsdaten insoweit begrenzt, als dass das beobachtbare Verhalten die dahinterstehenden Beweggründe nur ansatzweise erkennen lässt. Deshalb werden Beobachtungsstudien häufig mit einer Befragung kombiniert.

Sonderformen der Primärforschung Befragung und Beobachtung repräsentieren die generellen Grundformen der Datenerhebung in der empirischen Forschung, die z. B. auch in der Sozial- oder Wahlforschung eingesetzt werden. Bei den nachfolgend kurz dargestellten, ausgewählten Verfahren handelt es sich dagegen um speziell für Marktforschungs-Aufgaben entwickelte Erhebungsmethoden, bei denen die Befragung und/oder die Beobachtung in einer jeweils besonderen Art und Weise zum Einsatz kommt.

Bei der **Panelforschung** werden bei einer gleichbleibende Stichprobe von Untersuchungseinheiten (z. B. Haushalte, Unternehmen oder Fernsehzuschauer) regelmäßig zum gleichen Untersuchungsgegenstand Daten erhoben. Panels dienen dadurch allgemein der zeitnahen Erfassung von Veränderungen, z. B. in Bezug auf die Absatzentwicklung und die Marktanteile der eigenen Produkte (und die der Konkurrenz) oder hinsichtlich der Einschaltquoten bei Fernsehfilmen und TV-Werbung. Auf der Basis von Paneldaten lassen sich auch Erfolgskontrollen von Marketing-Maßnahmen (z. B. Produktneueinführungen) durchführen. Wegen der hohen Kosten für den Aufbau und die Betreuung von Panels wird Panelforschung in aller Regel von darauf spezialisierten Instituten durchgeführt, die die erhobenen Daten einem größeren Kreis von Unternehmen anbieten.

Von dem klassischen Panel zu unterscheiden ist das sog. (Online-)**Access-Panel**; hier erfolgt die Datenerhebung nicht regelmäßig und vor allem nicht immer zu dem

2.3 · Methoden der Datenerhebung

Abb. 2.1 Spontane Verpackungspräferenz in einem Online-Test

gleichen Thema. Ein solches Panel besteht aus einer größeren Gruppe von registrierten Personen, die sich bereit erklärt haben, häufiger an (meist online durchgeführten) Marktforschungs-Studien teilzunehmen. Bei solchen Auskunftspersonen-Pools ist allerdings mit einer gewissen „Befragungsmüdigkeit" zu rechnen.

Mit **Marketing-Instrumentetests** wird versucht, die Wirkung einzelner Marketing-Maßnahmen auf das Kundenverhalten im Vorfeld ihres Einsatzes auf dem Gesamtmarkt abzuschätzen, indem diese unter kontrollierten Versuchsbedingungen in kleinem Rahmen „ausprobiert" werden. **Produkttests** bspw. sollen Aufschluss darüber geben, ob ein neu entwickeltes Produkt auf dem Markt bestehen kann und wie es zielgruppengerecht zu gestalten ist, um das hohe Flop-Risiko bei der Produkteinführung zu verringern. **Preistests** untermauern demgegenüber die Festlegung marktnaher Preise für neue Leistungsangebote oder versuchen, die Wirkungen von Preisänderungen vorhandener Angebote abzuschätzen. Häufig getestet werden ferner **Werbemittel** (z. B. Anzeigenentwürfe) und **Verkaufsförderungs-Aktionen**. Eine große Bedeutung hat die Testmarktforschung auch bei **Verpackungen**, wie das folgende Beispiel zeigt.

Beispiel: Online-Tests als Entscheidungshilfe für das Verpackungs-Design

Die Verpackung ist bei Produkten des täglichen Bedarfs ein zentraler Erfolgshebel im Marketing, weil die meisten Verbraucher erst im Geschäft entscheiden, welche konkrete Marke sie kaufen [107] und weil im Handel heute die Selbstbedienung dominiert. Dadurch muss die Verpackung die Aufgabe des Verkaufens praktisch allein übernehmen, Aufmerksamkeit wecken und durch eine attraktive Gestaltung Impulskäufe auslösen. Weil Entscheidungen über die Verpackung außerdem meist langfristiger Natur sind (ein dauernder Wechsel des Verpackungsdesigns würde die Verbraucher verwirren) ist man im Produktmarketing sehr daran interessiert, wie alternative Verpackungsvarianten in der Verbrauchergunst abschneiden.

◘ Abbildung 2.1 zeigt das (Teil-)Ergebnis eines Tests, bei dem es um die spontane Anmutungsqualität von zwei alternativen Verpackungsentwürfen ging. Der Test wurde aufgrund der niedrigen Kosten und der schnellen Durchführbarkeit online durchgeführt. Bei dem genutzten Online-Befragungstool kann außerdem der Fragetyp „Bildfrage" mit einer Zeitbegrenzung verknüpft werden, die es erlaubt, das spontane Entscheidungsverhalten zwischen verschiedenen Verpackungen grob zu simulieren („Sie sehen gleich zwei Bilder von Verpackungen. Beide verschwinden nach 5 Sekunden. Bitte schauen Sie sich diese an und klicken Sie auf das Bild, welches Ihnen spontan besser gefällt"). Haptische und ggf. vorhandene geruchsmäßige Eigenschaften der Verpackung können freilich in einem Online-Test nicht auf ihre Kundenpräferenzen hin untersucht werden, sondern nur visuell darstellbare Elemente.

Instrumentetests können unter „künstlichen" Bedingungen online oder in einem Marktforschungsstudio durchgeführt werden, aber auch als „Feldexperiment" in einem natürlichen Umfeld stattfinden (als sog. **Storetest**). Dabei wird in ausgewählten, für den Test angeworbenen Handelsgeschäften untersucht, inwieweit z. B. neu entwickelte Produkte, Preisänderungen oder Verkaufsförderungsmaßnahmen beim Verbraucher ankommen. Diese Methode hat den Vorteil, dass der Verbraucher meist gar nicht (womöglich aber die Konkurrenz!) bemerkt, dass ein Test stattfindet, die Befunde lassen sich eher generalisieren, und man kann die Maßnahmenwirkung in „harten" Verkaufszahlen erfassen. Andererseits können hier Störfaktoren wie z. B. Konkurrenzaktivitäten die Ergebnisse verzerren. Wenn etwa in den Testgeschäften geprüft werden soll, wie sich eine Preissenkung für ein bestimmtes Produkt auswirkt, kann deren Wirkung dadurch überlagert werden, dass zeitgleich ein Wettbewerber genau dort eine Verkaufsförderungs-Aktion durchführt.

2.3.3 Mobile Marktforschung

Die Entwicklung von Mobilgeräten (z. B. Smartphones, Tablet-PCs) hat in den vergangenen Jahren erhebliche Fortschritte gemacht, und mit einem ähnlich hohen Tempo hat sich auch die Nutzung dieser Geräte intensiviert. So gab es im 3. Quartal 2014 über 117 Millionen Mobilfunkverträge in Deutschland [8], was einer Marktdurchdringung von 145 Prozent entspricht. Deutlich nach oben tendiert den Ergebnissen der ARD/ZDF-Onlinestudie 2014 zufolge auch die „Unterwegs-Nutzung" des Internets: Lag der Anteil der „Onliner", die unterwegs Netzinhalte abrufen, 2012 noch bei 23 Prozent, stieg er bis 2014 auf 50 Prozent [154, S. 385]. Dieser Trend hat für die Marktforschung zu neuen Möglichkeiten und Herausforderungen geführt, denn das „mobil sein" korrespondiert unmittelbar mit der Erreichbarkeit der Besitzer mobiler Endgeräte – auch für die Marktforschung.

2.3 · Methoden der Datenerhebung

> **Merke!**
>
> **Mobile Marktforschung** zeichnet sich dadurch aus, dass die Datenerhebung über mobile Endgeräte erfolgt, d. h. unter Nutzung leicht tragbarer elektronischer Geräte für Daten-, Sprach- und Bildkommunikation, Navigation und/oder mobile Computing [108]. Zu den Mobilgeräten werden typischerweise Smartphones und Tablets gezählt, aber auch sog. wearable devices oder kurz **Wearables**, d. h. Endgeräte, die am Körper getragen werden und die einen Daten- bzw. Informationsaustausch ermöglichen, z. B. (Fitness-)Armbänder, Uhren bzw. „Smartwatches" oder Brillen [57, S. 34; 148].

Mobil durchgeführte Studien weisen gegenüber traditionellen Erhebungsformen einige Vorzüge auf. Smartphones beispielsweise sind sehr oft **ständige Begleiter**, wodurch besonders mobile Probanden beinahe überall und praktisch jederzeit (und in ihrem gewohnten Umfeld!) befragt oder beobachtet werden können. Bei Befragungen, die in engem zeitlichen Zusammenhang mit dem Untersuchungsgegenstand durchgeführt werden (z. B. nach Kaufabschlüssen, Beratungsgesprächen oder Restaurantbesuchen), gewinnt man dadurch ein **unmittelbares, nicht durch Vergessens-Effekte geprägtes Meinungsbild** – auch ohne dass dazu ein Interviewer anwesend sein müsste. Mobilgeräte verfügen zudem über **Features, die für das Marketing zusätzliche Erkenntnisgewinne liefern können**. Hierzu gehört die Erhebung ortsbezogener Daten durch die GPS-Funktionalität oder via iBeacon, das eine Geräteortung auch in geschlossenen Räumen ermöglicht, sowie die Foto-, Audio- und Video-Aufnahmefunktionen, die es erlauben, den Kontext der Erhebungssituation sowie situationsspezifische Emotionen mit zu erfassen, wie z. B. den Gesichtsausdruck der Probanden [49; 99, S. 79].

Mit zunehmendem Alter nimmt die Besitz- und Nutzungshäufigkeit von Mobilgeräten allerdings deutlich ab [154, S. 384f.], weswegen mobile Erhebungen **für ältere Zielgruppen (noch) weniger gut geeignet** sind. Ferner lassen sich mobile Studien in der Regel **nicht anonym** durchführen – auch wenn die erhobenen Daten anonymisiert ausgewertet werden, fühlen sich die Probanden nicht anonym. Eine Ausnahme bilden hier (interviewer-unterstützte) CAPI-Befragungen, die auch im Freien und z. B. auf Messen stattfinden können; als Mobilgeräte kommen dabei meist Tablet-PCs zum Einsatz.

Auf Smartphones bieten Fragebögen nur **eingeschränkte Möglichkeiten der Fragendarstellung**. Mit dem limitierten Fragebogen-Design hängt zusammen, dass mobile Befragungen, bei denen der Proband selbst die Fragebögen ausfüllt, eine oftmals **hohe „Non Response- bzw. Drop out-Quote"** aufweisen [88] – auch deshalb, weil das Ausfüllen von Fragebögen mit anderen, oft als interessanter empfundenen Aktivitäten konkurriert, für die das mobile Gerät genutzt werden kann. Mobile Befragungen sollten deshalb kurz und wenig komplex gehalten werden (vgl. [56, S. 34; 86, S. 40]).

Beispiele für konkrete Anwendungen der mobilen Marktforschung sind:

- Befragungen zur **Wirkung mobiler Online-Werbekampagnen** können ohne Medienbruch unmittelbar über denselben Kommunikationskanal durchgeführt werden [134, S. 48 f.].
- Einladungen zu mobilen Studien können direkt am Ort des marktforschungsrelevanten Geschehens über sog. **Quick Response(QR)-Codes** erfolgen. Über diese grob schwarz-weiß gepixelten Quadrate gelangt der Nutzer nach Abfotografieren des Codes mit dem Mobilgerät und einen QR-Code-Reader direkt zum Fragebogen [49]. Solche QR-Codes können bspw. an exponierten Stellen am Ausgang nach Veranstaltungen, auf Displays in Handelsgeschäften oder auch direkt auf Produktverpackungen platziert werden. Nachteilig ist der selbst-selektive Charakter dieser Erhebungsform, d. h. es nehmen meist nur besonders motivierte Personen (z. B. besonders zufriedene und sehr unzufriedene Kunden) an der Befragung teil.
- Um solche kontextbezogenen Erhebungen zu realisieren, kann auch die GPS-Funktionalität von Mobilgeräten genutzt werden; der Nutzer wird dann zur Teilnahme an einer Erhebung gebeten, wenn er sich z. B. in einem bestimmten Geschäft oder vor einer Plakatanschlagsstelle befindet. Hierbei müssen die Probanden freilich der Nutzung der Standort-Daten zustimmen [86, S. 41].
- **Mobile Tagebuch-Studien** sind eine bereits bewährte qualitative Methode und dienen dazu, das Lebens- und Konsumumfeld sowie die Verhaltensweisen von Zielgruppen näher zu erforschen. Über das Mobilgerät können die Probanden das eigene Verhalten leicht in Text, Bildern und Videos dokumentieren und auch spontan emotionale Momente festhalten – auch unterwegs, und bei Bedarf kann der Marktforscher zeitnah Nachfragen stellen [156, S. 41 f.].

Eine weitere für die mobile Marktforschung nutzbare Technologie, deren volles Informations-Potenzial sich großteils erst noch zeigen muss, sind die **Wearables**. Je nach Gerät erfassen diese z. B. biometrische Daten wie Pulsfrequenz und Wegstrecken und/oder umweltbezogene Daten. Damit erhoffen sich die Marktforscher, das tatsächliche Erleben z. B. einer Kaufentscheidung näher zu ergründen, etwa indem emotionale Reaktionen auch ohne aktives Zutun (und damit z. T. unbewusst) erfasst werden. Neue Erkenntnispotenziale lässt auch die in den Medien sehr kontrovers diskutierte Datenbrille „Google Glass" erwarten, die in ihrem Brillenrahmen einen Micro-Computer enthält. Mit ihr kann der Nutzer unter Anderem Informationen über seine Umgebung abrufen und direkt in das Sichtfeld projizieren; diese Daten können auch über das Internet ausgetauscht werden. So lassen sich Fragen auf „Glass" übermitteln, die flexibel und auch unterwegs gestellt werden können. Betrachtet z. B. ein Proband mit Google Glass eine Anzeige in einer Zeitschrift oder ein Plakat am Busbahnhof, könnte er prinzipiell genau dann zu einer kurzen Befragung zu diesem Werbemittel aufgerufen werden. Dabei liefern die in der Brille gespeicherten persönlichen Daten (zumindest theoretisch) die dazugehörigen Zielgruppenmerkmale gleich mit [89, S. 33].

Fragen des Datenschutzes, die schon seit Langem ein Dauerthema in der empirischen Forschung sind, werden bei alledem freilich eine weiter wachsende Relevanz haben (vor allem infolge von Bedenken hinsichtlich der Wahrung der Privatsphäre ist auch die Zukunft des Projekts „Google Glass" – Stand April 2015 – fraglich). Ein gewissenhafter Umgang mit den persönlichen Daten sollte deshalb künftig „oberstes Gebot" für die Marktforschung sein [99, S. 80].

2.4 Lern-Kontrolle

Kurz und bündig
Die Marketing-Forschung liefert die Wissensbasis für die in den folgenden Buchkapiteln behandelte strategische und operative Marketing-Planung. Konkret besteht ihre Aufgabe darin, dem Management inhaltlich relevante, umfassende und aktuelle Informationen zur Fundierung von Marketing-Entscheidungen mit vertretbarem Aufwand bereitzustellen. Dabei sollten die erfassten Informationen möglichst frei von Zufallsfehlern und systematischen Verzerrungen (die z. B. aus nicht neutral formulierten Fragen in Interviews resultieren können) sein.

Für die Beschaffung der Informationen steht der Marketing-Forschung ein breite Palette an Informationsquellen und Erhebungsmethoden mit jeweils spezifischen Vor- und Nachteilen zur Verfügung, die in diesem Kapitel erläutert wurden und aus denen es im Bedarfsfall diejenigen auszuwählen gilt, die sich für die Unterstützung der anstehenden Entscheidung am besten eignen. Die stark gestiegene Nutzung von Social Media- und mobilen Kommunikationskanälen hat dabei die Möglichkeiten der Erkenntnisgewinnung für das Marketing in den letzten Jahren erheblich erweitert.

❓ Let's check
1. Erörtern Sie die Vor- und Nachteile von Social Media Monitoring als Erhebungsmethode in der Marketing-Forschung.
2. Zeigen Sie drei typische Anwendungsfelder der mündlich-persönlichen Befragung auf.
3. Wodurch kann es bei Befragungen zu einem Interviewereffekt kommen – und wie lässt sich diesem Problem entgegenwirken?
4. Welche Grundregeln sind bei der Formulierung von Fragen und beim Aufbau eines Fragebogens zu beachten?
5. Stellen Sie typische Anwendungsfelder von Beobachtungsmethoden dar.
6. Erläutern Sie die erweiterten Potenziale der Erkenntnisgewinnung, die die mobile Marktforschung gegenüber klassischen Erhebungsmethoden bietet.

❓ Vernetzende Aufgaben

1. Die FMCG AG, ein Unternehmen der Lebensmittelindustrie, vertreibt ihre Produkte in vielen Ländern Europas und Asiens. Mit einer Konsumenten-Befragung soll herausgefunden werden, wo die Verbraucher Lücken im Sortiment sehen. Ein Mitarbeiter aus dem Rechnungswesen schlägt vor, diese Befragung aus Kostengründen in nur einem Land mit 30–40 Auskunftspersonen durchzuführen. Was halten Sie von diesem Vorschlag? Nehmen Sie bei Ihrer Antwort auf die allgemeinen Gütekriterien der empirischen Forschung Bezug.
2. Die aCADemia AG, ein auf die Entwicklung von Computer-Aided Design (CAD-) Software spezialisiertes IT-Unternehmen, möchte im Vorfeld einer Marketing-Kampagne genauer wissen, wo die Anwender Probleme bei der Nutzung der Software haben und Ideen für deren Weiterentwicklung gewinnen. Diese Informationen sollen durch persönliche Interviews mit den Anwendungsexperten bzw. Konstrukteuren auf Kundenseite gewonnen werden. Würden Sie diese Befragungs-Aktion in standardisierter oder in nicht standardisierter Form durchführen – und warum?

ℹ️ Lesen und Vertiefen

- Als Marktforscher/in sollte man nicht nur die Anwendungsvoraussetzungen, Einsatzmöglichkeiten und Restriktionen alternativer Erhebungs- und Auswertungsmethoden verstehen, sondern sich auch mit dem zu lösenden Problem bzw. den Untersuchungsobjekten gut auskennen und zudem das für die Datenauswertung genutzte Software-Tool (z. B. SPSS) beherrschen. Ein Lehrbuch, das diese drei Komponenten berücksichtigt bzw. anhand von Beispielen miteinander verknüpft, haben Janssen und Laatz [64] vorgelegt.
- Einen detaillierten Einblick in die Möglichkeiten der mobilen Marktforschung gibt das „Handbook of Mobile Market Research" von Poynter, Williams und York [123].

Strategische Marketing-Planung

Michael Froböse

3.1 Marketing-Oberziele – 61

3.2 Zielmarkt-Festlegung – 64
3.2.1 Bedeutung und Arten von Zielmärkten – 64
3.2.2 Identifikation von Zielmärkten – 66
3.2.3 Bewertung von potenziellen Zielmärkten – 70
3.2.4 Zielmarkt-Strategien – 70

3.3 Marktbeeinflussungs-Strategien – 73

3.4 Positionierung – 76

3.5 Markenführung – 80
3.5.1 Begriff und Bedeutung von Marken – 80
3.5.2 Aufgaben und Erfolgsfaktoren der Markenführung – 82
3.5.3 Grundlegende strategische Optionen der Markenführung – 84

3.6 Lern-Kontrolle – 87

M. Froböse, M. Thurm, *Marketing*, Studienwissen kompakt,
DOI 10.1007/978-3-658-05693-3_3, © Springer Fachmedien Wiesbaden 2016

Lern-Agenda

Nach dem Studium dieses Kapitels sollten Sie

- Funktionen von Marketing-Oberzielen kennen und wissen, was man bei der Planung von Zielen beachten muss,
- mögliche Kriterien zur Segmentierung von Business-to-Consumer- und Business-to-Business-Märkten benennen können,
- die Anforderungen an Ansätze zur Abgrenzung von potenziellen Zielmärkten erklären können,
- in der Lage sein, die möglichen Ausprägungen der Zielmarkt-, Marktbeeinflussungs- und Marken-Strategien voneinander abzugrenzen und anhand von Beispielen zu erläutern,
- die Möglichkeiten, Chancen und Risiken der verschiedenen Marketing-Strategien darstellen können,
- wissen, unter welchen Rahmenbedingungen die einzelnen Marketing-Strategien mehr bzw. weniger sinnvoll sind,
- ein Verständnis für das Wesen der Positionierung und die dabei anfallenden Teilaufgaben entwickelt haben,
- den Stellenwert von Marken im Rahmen des unternehmerischen Marketing sowie die Aufgaben und Erfolgsfaktoren der Markenführung aufzeigen können.

Nachdem mit Hilfe der im vorherigen ▶ Kap. 2 dargestellten Marketing-Forschung Klarheit über die Ausgangslage des Unternehmens (v. a. im Markt- und Wettbewerbsumfeld) geschaffen wurde, geht es bei der in diesem Kapitel behandelten strategischen Marketing-Planung darum, einen groben Handlungsrahmen zu erarbeiten, der den nachfolgend zu planenden operativen Marketing-Maßnahmen (die im 4. Buchkapitel behandelt werden) eine einheitliche Linie vorgibt. Dieser Handlungsrahmen wird durch die Oberziele und durch Marketing-Strategien abgesteckt.

Marketing-Strategien beinhalten mittel- bis langfristig ausgerichtete Basisentscheidungen in Bezug auf Marktwahl und -bearbeitung. Sie fungieren dadurch als Bindeglieder zwischen den (Ober-)Zielen einerseits und den operativen Marketing-Maßnahmen andererseits: Die gewählten Strategien müssen (ebenso wie die Maßnahmen) zielführend sein, und es sollten nur solche Marketing-Maßnahmen ergriffen werden, die strategiekonform sind. Dadurch kanalisieren Strategien die Maßnahmen auf die Erreichung der Ziele hin und verringern so die Komplexität der operativen Marketing-Planung erheblich. Sie geben im Sinne eines Orientierungsrahmens grundsätzliche Wege vor, die im Marketing zu beschreiten sind, und zwar dadurch, dass die in folgender Darstellung aufgeworfenen Fragen beantwortet werden.

3.1 Marketing-Oberziele

Unternehmerisches Handeln kann nur dann konsequent sein, wenn klar definierte Ziele verfolgt werden. Die Festlegung von Zielen bildet daher eine unverzichtbare Handlungsbasis für alle (Marketing-)Planungen.

> **Merke!**
>
> Unter dem Begriff **Ziel** versteht man gemeinhin ein für die Zukunft gewünschtes Ergebnis der Unternehmenstätigkeit. Bei **Marketing-Zielen** handelt es sich um den Teil der Unternehmensziele, die auf den Markt bezogen sind (z. B. Umsatz, Marktanteil, Kundenzufriedenheit) und die durch die Umsetzung von Marketing-Strategien und -Maßnahmen erreicht werden sollen.

Neben ihrer allgemeinen **Orientierungsfunktion** haben Ziele folgende weitere Aufgaben zu erfüllen:

- Ziele sind die Kriterien, anhand derer die Wahl geeigneter Strategien und Maßnahmen erfolgen kann, denn letztlich muss man sich bei jeder Entscheidung fragen (nicht nur im Marketing), ob diese zielführend ist (Selektions- bzw. **Entscheidungsfunktion**).
- Die **Koordinationsfunktion** von Zielen trägt dem Marketing-Leitprinzip der integrativen und koordinierenden Wirkung Rechnung, indem klare Zielfestlegungen dabei helfen, dass Führungskräfte und Mitarbeiter „in die gleiche Richtung laufen".
- Ziele sollen Führungskräften und Mitarbeitern Anreize zur Leistungserfüllung geben (**Motivationsfunktion**).

- Schließlich sind Ziele auch der Maßstab für Erfolgskontrollen, weil die (selbst gesteckten) Ziele die Maßstäbe darstellen, an denen ein Unternehmen seinen Erfolg festmacht (**Kontrollfunktion**).

Ziele lassen sich unter verschiedenen Aspekten systematisieren. Aus strategischer Perspektive von Interesse sind allen voran die **Marketing-Oberziele**, die als solche einen längeren Zeithorizont haben, die das Unternehmen insgesamt betreffen und die in der Regel vom Top-Management festgelegt bzw. verantwortet werden. Beispiele für solche strategischen Oberziele sind:

- Erschließung der drei größten Ländermärkte in Südamerika in den nächsten 5 Jahren,
- kontinuierliches Wachstum unter Beibehaltung der unternehmerischen Unabhängigkeit,
- Positionierung als derjenige Anbieter im Markt, der von den Kunden als der zuverlässigste wahrgenommen wird.

Beispiel: Wandel von Marketing-Oberzielen im Zeitablauf
Ein weiteres typisches Marketing-Oberziel ist das lange Zeit von VW in den Vordergrund gestellte Bestreben, in den nächsten Jahren den „Erzrivalen" Toyota zu überholen und Weltmarktführer hinsichtlich der Zahl der verkauften Autos zu werden. Auch solche Ziele (und deren Priorität) sind aber nicht zwingend bis zu ihrem Erreichen „in Stein gemeißelt" und können an veränderte Rahmenbedingungen oder neue Ideale angepasst werden. So erläutert Kröger [81], wie bei der Volkswagen AG Führungskräfte und Mitarbeiter auf neue Ziele eingeschworen werden; anstelle von dem rein quantitativen Ziel der höchsten Zulassungszahlen ist nun primär von qualitativem Wachstum als neuem Oberziel die Rede, das über die beiden Teilziele „grüner werden" sowie der Steigerung der Profitabilität pro verkauftem Pkw realisiert werden soll. Bei der Umweltverträglichkeit strebt VW dabei an, bis 2018 globaler Marktführer bei nachhaltiger Mobilität zu werden. Die Abgas-Manipulationsaffäre Ende September 2015 könnte diese Ambitionen jedoch vorerst „ausbremsen".

Ein **Marketing-Unterziel** könnte dagegen bspw. lauten: Reduktion der produktbezogenen Beschwerden im Geschäftsbereich A um 20 % gegenüber dem Vorjahr. Solche Unterziele sollen im Sinne einer Ziel-Mittel-Relation zur Realisierung der Marketing-Oberziele beitragen; sie werden in ▶ Kap. 4 im Kontext mit den jeweiligen Marketing-Instrumenten (z. B. bei der Preis- und Distributionspolitik) als Instrumentalziele behandelt.

Neben Ober- und Unterzielen lassen sich **Haupt- und Nebenziele** differenzieren. Ersteren kommt eine höhere Bedeutung zu, während Nebenziele mit geringerer Priorität verfolgt werden. Praktisch bedeutsam ist auch die Unterscheidung zwischen **ökonomischen und außerökonomischen Zielen;** ◘ Tab. 3.1 listet nach diesem inhaltlichen Kriterium einige häufig angestrebte Marketing-Ziele auf. Ökonomische Ziele lassen sich in „harten" Zahlen in Mengen- oder Geldeinheiten messen. Außerökonomische

3.1 · Marketing-Oberziele

Tab. 3.1 Typische Zielgrößen des Marketing

Ökonomische Zielgrößen	Außerökonomische Zielgrößen
– Absatz-/Umsatzzahlen – Gewinn, Deckungsbeitrag – Kundenwert/-profitabilität – Marktanteil – Umsatzrendite	– Bekanntheitsgrad – Image – Kundenzufriedenheit – Kundenbindung – Ansehen in der Öffentlichkeit

Ziele knüpfen oftmals an psychologischen Größen an, die dem wirtschaftlichen Erfolg vorgelagert und schwerer zu messen sind.

Da für das Marketing der Kunde die wichtigste Bezugsgröße und auch die relevante Erfolgsquelle darstellt, kommt den direkt kundenbezogenen Zielen (Kundenzufriedenheit, -bindung, -wert) eine besondere Rolle zu. Diese Basis-Zielgrößen des Marketing wurden bereits in ▶ Abschn. 1.4 behandelt.

> **Auf den Punkt gebracht:** Damit Ziele die (oben aufgeführten) Aufgaben der Orientierung, Entscheidungsfindung, Koordination, Motivation und Kontrolle tatsächlich erfüllen können, bedarf es einer vollständigen bzw. operationalen Zielsetzung, bei der Inhalt, Zeitbezug, Quantität, Zielmarkt und Zielregion definiert sind – d. h. es muss festgelegt werden, was genau bis zu welchem Zeitpunkt in welchem Ausmaß bei wem und wo erreicht werden soll.

Keineswegs ausreichend ist es etwa, als Ziel für einen Weiterbildungs-Dienstleister „mehr Seminarteilnehmer" anzugeben. Eine operable Zielfestlegung könnte dagegen lauten: „Steigerung der Teilnehmer-Zahl an unseren Marketing-Seminaren am Hauptstandort Stuttgart im laufenden Jahr um 10 % gegenüber dem Vorjahr." Schwierigkeiten kann dabei mitunter der Zielinhalt (also die Zielgröße) bereiten, denn auch psychologische Ziele wie Image oder Kundenloyalität müssen klar definiert und quantifiziert werden (z. B. anhand eines speziellen Kundenzufriedenheit-Indexes, vgl. [151, S. 338 ff.]). Andernfalls gilt das Sprichwort: „Was man nicht messen kann, kann man auch nicht managen" (und damit auch nicht gezielt verbessern).

Bei der Planung von Zielen gilt es außerdem, folgende weitere Aspekte zu beachten:

- Gerade für Ziele gilt das in ▶ Abschn. 1.2 erörterte Marketing-Leitprinzip, dass sie **realistisch** sein sollten. Ziele sollten zwar schon ambitioniert sein, um den Wettbewerbsgeist im Unternehmen zu „befeuern" und das Leistungsvermögen des Personals auszuschöpfen, andererseits müssen sie aber auch erreichbar bleiben, sonst kehrt sich der gewünschte Motivationseffekt in Frustration um.

- Wie bereits in ▶ Abschn. 1.1.3 erwähnt, gibt es neben den Kunden noch weitere Anspruchsgruppen (z. B. Mitarbeiter, Umwelt-Organisationen, allgemeine Öffentlichkeit), die den Markterfolg des Unternehmens mitbestimmen. Die daraus resultierenden **gesellschaftlichen und sozialen Verpflichtungen** des Unternehmens sollten deshalb Bestandteil von Zielkatalogen sein (z. b. die Förderung sozialer und gesellschaftlicher Anliegen).
- Ebenso sollte ein Unternehmen nicht ausschließlich ökonomische Ziele anstreben, sondern auch **psychologische Zielgrößen berücksichtigen** (wie Image oder Kundenzufriedenheit), über die der wirtschaftliche Erfolg im Vorhinein beeinflusst werden kann. Weniger sinnvoll ist es nämlich, erst auf der Basis von unbefriedigenden wirtschaftlichen Zahlen Verbesserungsmaßnahmen einzuleiten; „Vorbeugen ist besser als Heilen", heißt es dazu analog in der Medizin.
- Werden (wie dies die Regel ist) mehrere Ziele gleichzeitig verfolgt, gilt es eventuelle **Zielbeziehungen** zu **berücksichtigen**; z. B. sind Unterziele so auszuwählen, dass sie die Erreichung der dazugehörigen Oberziele begünstigen. Stehen Ziele in Konflikt zueinander (wie z. B. ein hoher Marktanteil und ein exklusives Image) sind Prioritäten zu setzen, d. h. es ist zwischen Haupt- und Nebenzielen zu unterscheiden.

3.2 Zielmarkt-Festlegung

3.2.1 Bedeutung und Arten von Zielmärkten

Als Marketer braucht man eine möglichst klare Vorstellung davon, **für wen** man Marketing betreibt. Eine fundamentale Aufgabe bei der Entwicklung eines Marketing-Konzepts besteht deshalb darin, die für das eigene Unternehmen erfolgsträchtigsten Kunden bzw. Kundengruppen als **Zielmarkt** auszuwählen.

> **Merke!**
>
> Der Zielmarkt eines Unternehmens besteht aus der Gesamtheit der aktuellen und potenziellen Kunden, die mit den (Marketing-)Aktivitäten angesprochen werden sollen. Soweit die Marketing-Maßnahmen dabei nicht individuell für **einzelne Zielkunden** konzipiert werden, sondern auf (in sich möglichst homogene) Gruppen von Nachfragern abzielen, spricht man auch von **Zielgruppen**.

Wenn das Marketing auf die spezifische Bedarfssituation einzelner Abnehmer zugeschnitten wird (wie dies häufig im Business-to-Business-Sektor vorkommt), besteht

3.2 · Zielmarkt-Festlegung

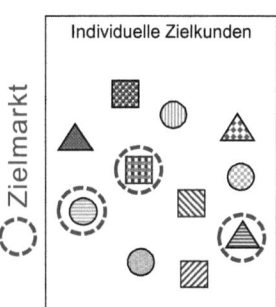 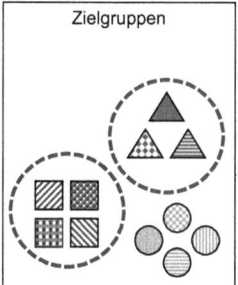 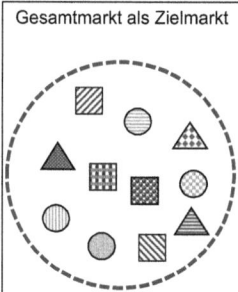

◘ Abb. 3.1 Arten von Zielmärkten

der Zielmarkt aus **individuellen**, dem Unternehmen in der Regel persönlich bekannten **Nachfragern**. Im anderen, eher seltenen Extrem kann auch eine große, inhomogene Masse von Kunden den Zielmarkt darstellen – nämlich dann, wenn das Unternehmen ein Massenmarketing betreibt bzw. versucht, den **Gesamtmarkt** (z. B. alle Autofahrer) anzusprechen. Am häufigsten jedoch adressieren Unternehmen mit ihren Marketing-Maßnahmen **Zielgruppen**. Dazu muss der Gesamtmarkt zunächst in Teile (**Marktsegmente**) zerlegt werden, d. h. solche Gruppen von aktuellen und potenziellen Käufern, die sich hinsichtlich ihrer Präferenzen und in ihrem Kaufverhalten ähneln, um daraus geeignete Segmente als Zielgruppen auszuwählen. In ◘ Abb. 3.1 wird die Ähnlichkeit der Nachfrager innerhalb der Marktsegmente durch gleiche Formen und Farben, aber unterschiedliche Muster illustriert.

> **Auf den Punkt gebracht:** Die Anforderungen und Wünsche des Zielmarkts haben weitreichende Konsequenzen für alle Instrumentalbereiche des operativen Marketing:
> 1. Die Angebotsleistungen sollten so ausgestaltet werden, dass sie bei beim Zielmarkt auf einen Kaufwunsch bzw. auf Nachfrage stoßen,
> 2. die Preise müssen für den Zielmarkt akzeptabel und zahlbar sein,
> 3. man muss in den Distributionskanälen (z. B. in bestimmten Handels-Betriebsformen oder bei konkreten Online-Händlern) vertreten sein, die auch die Zielkunden bzw. -gruppen nutzen, und
> 4. im Bereich der Kommunikation gilt es, sowohl die inhaltliche Ausgestaltung als auch die mediale Verbreitung der Botschaften an den Bedürfnissen bzw. dem Informationsverhalten des Zielmarkts zu orientieren.

Die Zielmarkt-Festlegung hat also den Charakter einer typischen **strategischen Marketing-Entscheidung**: Sie ist langfristig angelegt und trägt dem Leitprinzip der **integrativ-**

koordinierenden Wirkung des Marketing Rechnung, weil der definierte Zielmarkt als Orientierungsrahmen für alle Instrumente gleichermaßen eine Vorgabe darstellt und deshalb zu einem aufeinander abgestimmten Maßnahmeneinsatz beiträgt.

3.2.2 Identifikation von Zielmärkten

Basis für die Identifikation der „richtigen" Zielmärkte sind geeignete **Segmentierungskriterien**, die eine Abgrenzung der erfolgversprechenden von den weniger chancenreichen Kunden(-Gruppen) erlauben. Diese Trennvariablen unterscheiden sich danach, ob das Unternehmen auf Endverbraucher-(B2C-) oder auf gewerblichen (B2B-)Märkten agiert (vgl. ◘ Tab. 3.2); im letztgenannten Fall besteht der Zielmarkt aus (privatwirtschaftlichen) Unternehmen und/oder aus öffentlichen Organisationen.

Häufig werden bei der Zielmarkt- bzw. Zielgruppen-Definition unterschiedliche Kriterien kombiniert eingesetzt, um der Vielschichtigkeit der Abnehmer Rechnung zu tragen und um mehr Anhaltspunkte für einen zielmarkt-orientierten Einsatz der Marketing-Instrumente zu erhalten. So werden im Rahmen der Zielgruppenforschung auf B2C-Märkten häufig Verbrauchergruppen identifiziert, die sich jeweils durch eine charakteristische Ausprägungskombination einer ganzen Reihe von Segmentierungsmerkmalen auszeichnen.

Die wohl bekanntesten Verbrauchergruppen dieser Art sind die **Milieutypen** des Heidelberger SINUS-Instituts, die auf umfassenden Lebenswelt-Studien basieren und 2015 in einer aktualisierten Variante vorgestellt wurden (vgl. ◘ Abb. 3.2).

Der SINUS-Ansatz teilt die deutschen Verbraucher nach ihren Wertprioritäten und Lebensstilen in zehn Gruppen Gleichgesinnter ein. Neben diesen psychologisch orientierten Segmentierungskriterien wird auch die Demografie in die Typenbildung einbezogen: Je weiter oben das entsprechende Milieu in ◘ Abb. 3.2 angesiedelt ist, desto gehobener sind Beruf, Bildung und Einkommen der Typen. Auf der Werteachse befinden sich demgegenüber die Milieutypen umso weiter rechts, je moderner ihre sozio-kulturelle Grundorientierung ist [109].

Ein weiterer kostensparender Weg der Identifikation von Marktsegmenten, der ebenfalls ohne eigene Zielgruppen-Forschung auskommt, ist der Rückgriff auf Trendgruppen, die man etwas überpointiert auch als **„Gesellschaftsumbruch-Zielgruppen"** kennzeichnen könnte. Vor allem in der Marketing-Praxis erfahren solche Marktsegmente, deren verstärktes Aufkommen als deutlicher Trend wahrgenommen wird, große Beachtung [50, S. 9 f.]. Prototypen dieser Art von Zielgruppe sind die „klassischen" **Dinks** (Double Income, no Kids) und vor allem die **Yuppies** (Young Urban Professional People) – junge, beruflich erfolgreiche, materialistisch orientierte Großstadt-Bewohner, deren Lebensstil von Hektik und demonstrativem Konsum geprägt ist. Neueren Datums und auch heute noch vielbeachtet sind die als anspruchsvoll geltenden **Lohas** (Lifestyle of Health and Sustainability, vgl. [70]).

3.2 · Zielmarkt-Festlegung

Tab. 3.2 Kriterien zur Segmentierung von B2C- und B2B-Märkten

Endverbraucherbezogene Kriterien	Organisationsbezogene Kriterien
Sozio-demographische Kriterien (z. B. Alter, Einkommen, Schulbildung, Beruf, Geschlecht, Kinderzahl, Familienstand)	**Organisationale Merkmale der Unternehmen** (z. B. Branche, Standort, Größe, Bestellmengen, verwendete Technologien)
(Mikro-)geografische Kriterien (z. B. Nation/Land, Bundesland, Stadt/Gemeinde, Ortsteil, Wohngebiet/Straßenzug)	**Merkmale der Beschaffungs-Organisation und der Einkaufsgremien** (z. B. zentraler/dezentraler Einkauf, Auftragsvergabe- bzw. Kaufkriterien [worauf legt der B2B-Kunde Wert?], Lieferantentreue)
Psychologische Kriterien (z. B. Wünsche, Lebensstile, Kaufmotive, Interessen, Präferenzen [z. B. bzgl. Design, Sicherheit, Sportlichkeit beim Autokauf])	**Persönliche Merkmale der an der Kaufentscheidung beteiligten Personen** (z. B. Beruf, Kaufmotive, Risikobereitschaft, Innovationsorientierung)
Verhaltensbezogene Kriterien (z. B. Kaufhäufigkeit/-volumen, Produktart-Wahl, Markenwahl, Preisklassen-Wahl, Mediennutzung, Einkaufsstättenwahl)	

Unabhängig davon, ob man bei der Zielmarktfestlegung auf solche „vorgefertigten" Marktsegmente zurückgreift oder eine eigene Zielmarkt-Studie durchführt, gilt es zu prüfen, inwieweit der gewählte Ansatz folgende **Anforderungen** erfüllt:

- Die ermittelten Abnehmer(-Gruppen) sollten sich hinsichtlich ihrer Reaktion auf die Marketing-Maßnahmen des Unternehmens möglichst deutlich voneinander unterscheiden. Nur wenn eine solche unternehmensspezifische **Kaufverhaltensrelevanz** der Segmentierungsmerkmale vorliegt, kann eine differenzierte Marktbearbeitung zu einem (im Vergleich zum undifferenzierten Vorgehen) höheren Marketing-Erfolg führen. Dazu ein sehr einfaches (Gegen-)Beispiel: Wenn man seinen Markt nur in Männer und Frauen einteilt, sind diese Teilmärkte in sich bzgl. des Merkmals „Geschlecht" völlig homogen und voneinander sehr klar unterscheidbar. Wenn sich jedoch beide Gruppen in gleichem Maße vom Leistungsangebot und den Marketing-Aktivitäten des Unternehmens angesprochen fühlen, macht es wenig Sinn, sich speziell auf eines der beiden Geschlechter zu fokussieren – es sei denn, man schafft es, sein Angebot so erfolgreich auf die Anforderungen einer der beiden Gruppen auszurichten, dass der Effekt der Halbierung des Zielmarktes überkompensiert wird. Wesentlich einfacher ist es demgegenüber, wenn die Marktsegmente von vornherein ein unterschiedliches Nachfrageverhalten gegenüber dem unternehmerischen Angebot an den Tag legen.

Kapitel 3 · Strategische Marketing-Planung

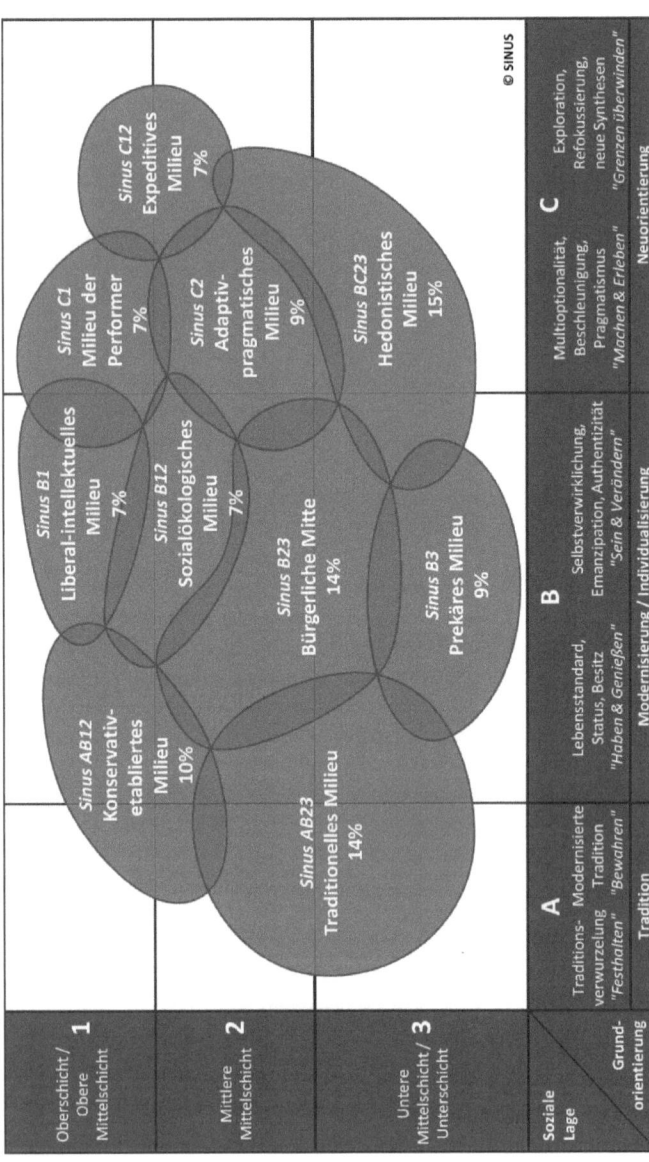

Abb. 3.2 Die SINUS-Milieutypen in Deutschland 2015 [109], Bildrechte: Sinus Markt- und Sozialforschung, Heidelberg 2015

3.2 · Zielmarkt-Festlegung

- Eine weitere Anforderung an Segmentierungsverfahren ist die **Messbarkeit** der zur Wahl stehenden Trennkriterien. Zwar lässt sich diese Forderung an sich immer erfüllen. Allerdings sind psychologische Konstrukte wie Kaufmotive oder Lebensstile (von denen man sich einen engen Bezug zum relevanten Kaufverhalten erhofft) nur aufwändig zu erheben, während sich demografische und geografische Segmentierungskriterien durch eine leichte Erfassbarkeit auszeichnen. Andererseits sind Demografie und Geografie oft wenig kaufverhaltensrelevant, speziell was die Markenebene betrifft. So kann z. B. das Einkommen erklären, warum Jemand eher ein teures Auto kauft – aber nicht, warum er einen BMW gegenüber einem Mercedes vorzieht.
- Ferner ist es vorteilhaft, wenn die Marktbearbeitungs-Maßnahmen wirksam auf die ausgewählten Zielmärkte konzentriert und somit sog. **Streuverluste** reduziert werden können. Die damit angesprochene Anforderung der **selektiven Erreichbarkeit** der Zielgruppen ist insb. dann gut erfüllt, wenn die Kontaktdaten der Zielpersonen bekannt sind oder wenn die Marktsegmente geografisch definiert wurden. Bei der geografischen Segmentierung werden allerdings – vor allem bei einer großräumigen Marktaufteilung – Nachfrager mit z. T. stark unterschiedlichen Bedürfnissen und Verhaltensweisen zusammengefasst.
- Je besser der gewählte Segmentierungsansatz die Forderung der Zugänglichkeit der Zielkunden erfüllt, desto eher wird er seiner strategischen Aufgabe der Steuerung der Marketing-Instrumente gerecht. Dies gilt auch für die Forderung nach der **Aussagefähigkeit** der gewählten Trennvariablen bzw. Segment-Beschreibungen **für den Marketing-Instrumenteneinsatz**. Bspw. lassen sich die Produktgestaltung und die kommunikative Ansprache in der Regel leichter für die eigene Zielgruppe „maßschneidern", wenn diese auf Basis ihrer Wünsche und Interessen definiert wurde, während demografische Segmentbeschreibungen hierfür meist nur indirekte Hinweise liefern.
- Eine ebenfalls aus strategischer Sicht bedeutsame Anforderung ist die **Stabilität** der ausgewählten Zielmärkte, die für den Zeithorizont der Umsetzung und Wirkung der geplanten Marketing-Maßnahmen beständig bleiben sollten.
- Schließlich sollten die Kunden-Zielsegmente groß genug sein bzw. **ein ausreichendes Marktpotenzial** eröffnen, **das eine spezifische Bearbeitung finanziell rechtfertigt**.

Die zuletzt aufgeführte Anforderung verweist implizit auf eine übergeordnete Anforderung an Segmentierungsansätze: die **Wirtschaftlichkeit** (die gleichzeitig ein wesentliches Leitprinzip des Marketing im Allgemeinen darstellt). Hierbei verhält es sich so, dass die spezifische Bearbeitung ausgewählter Zielkunden(-Segmente) zwar in aller Regel zu einer besseren Ausschöpfung dieser Zielmärkte führt, aber auch mit Zusatzkosten aus der Differenzierung der Marketing-Maßnahmen einhergeht. Der rechnerische Nachweis der wirtschaftlichen Tragfähigkeit einer Zielmarkt-Festlegung lässt sich indessen a priori kaum erbringen. Allerdings hängen die bereits erörterten Anforderungen eng mit der Wirtschaftlichkeit zusammen: Je besser die Kaufverhaltensrelevanz und die Messbarkeit der Abgrenzungskriterien einzuschätzen ist und je zugänglicher, aussagefähiger, zeitstabiler und größer die Zielsegmente sind, desto eher ist auch die Wirtschaftlichkeit der Zielmarkt-Festlegung gegeben.

3.2.3 Bewertung von potenziellen Zielmärkten

Nachdem sich das Unternehmen für einen Segmentierungsansatz entschieden hat, gilt es im nächsten Schritt, die einzelnen Teilmärkte systematisch zu bewerten, um die für das Unternehmen erfolgsträchtigsten Kunden(-Gruppen) als Zielmarkt auswählen zu können. Als Bewertungsfaktoren spielen dabei zunächst, wie bereits angedeutet, unmittelbar wirtschaftliche Faktoren eine Rolle, nämlich das Kauf- bzw. **Marktvolumen** sowie das **Wachstumspotenzial** und die **Preisbereitschaft** der Segmente. Ferner gilt es zu prüfen, ob das Unternehmen über die nötigen **Ressourcen** verfügt, um in dem jeweiligen Teilmarkt Erfolg zu haben; im Idealfall sollte man speziell für die Zielkunden einen besonderen, einzigartigen Kundennutzen bieten können. Nicht zuletzt ist auch die **Wettbewerbssituation** in den ins Auge gefassten Zielmärkten zu untersuchen. So sind potenzielle Zielmärkte für ein Unternehmen weniger attraktiv, wenn sie schon von starken und aggressiven Wettbewerbern bearbeitet werden [72, 224 f.].

Die konkrete Durchführung der Segmentbewertung kann, nachdem die Bewertungskriterien aufgelistet und evtl. auch gewichtet wurden, mit einem Scoring-Verfahren erfolgen (ähnlich wie bei der Bestimmung des Kundenwerts in ◘ Tab. 1.1). Anders als bei der Kundenbewertung werden hier aber nicht nur vorhandene, sondern auch potenzielle Abnehmer bewertet, und zumeist sind Kunden**gruppen**, d. h. Marktsegmente Gegenstand der Bewertung – und nicht die einzelnen, namentlich bekannten Kunden [34, S. 55 ff.].

3.2.4 Zielmarkt-Strategien

Mit der Zielmarkt-Strategie legt ein Unternehmen seinen Zielmarkt nach Umfang sowie nach der Differenziertheit der Marktbearbeitung fest. Kombiniert man diese beiden Aspekte, lassen sich sechs verschiedene Strategien unterscheiden (s. ◘ Tab. 3.3).

Wenn ein Unternehmen die – heute seltene – Strategie des **Massenmarketing** verfolgt, ist die oben angesprochene Identifikation der Unterschiede zwischen den Kunden(-Gruppen) und deren anschließende Attraktivitätsbewertung an sich gar nicht nötig. Dieser (in ◘ Abb. 3.1 rechts dargestellte) Ansatz strebt eine vollständige Marktabdeckung an und fokussiert sich darauf, was den Abnehmern gemeinsam ist – und nicht, was sie unterscheidet. Er manifestiert sich in dem Angebot von Standard-

3.2 · Zielmarkt-Festlegung

Tab. 3.3 Zielmarkt-Strategien

Markt-abdeckung	Differenzierungsgrad der Zielmarkt-Bearbeitung		
	Undifferenziert	**Zielgruppenspezifisch**	**Kundenindividuell**
Vollständig	Massenmarketing (Beispiel: Nivea Creme)	Zielgruppen-Marketing auf dem Gesamtmarkt (Beispiel: Accor)	One-to-One-Marketing auf dem Gesamtmarkt (Beispiel: Amazon)
Teilweise	konzentriertes bzw. Nischen-Marketing (Beispiel: Body Shop)	Selektiv-differenziertes Zielgruppen-Marketing (Beispiel: BMW)	Klassisches One-to-One-Marketing (z. B. im Anlagenbau)

produkten, die für den Durchschnittsbedarf einer breiten Abnehmerschaft konzipiert sind. Ein klassisches Beispiel für diese Strategie bietet der VW Käfer, der früher als „klassenloses" Auto galt (für den neueren VW Käfer trifft dies nicht zu!). Als Massenmarke kann auch Nivea Creme gelten – ein klassisches Konsumprodukt für jeden Hauttyp und für viele Verwendungszwecke (Pflege, Schutz, Tag & Nacht, [7, S. 238 ff.]). Eine solche Marke ist heute eine Ausnahme in einem Markt, der von Spezialprodukten für verschiedene Hauttypen, Altersgruppen, Anspruchsniveaus usw. dominiert wird.

Da die Abnehmer sich heute zunehmend hinsichtlich ihrer Wünsche, Interessen, Verhaltensweisen und Kaufkraft unterscheiden, ist es allerdings meist nicht sinnvoll, alle potenziellen Käufer anzusprechen – jedenfalls nicht mit einem einheitlichen bzw. undifferenzierten Marketing-Konzept. Deshalb ist das Massenmarketing zugunsten einer zielgruppenspezifischen oder gar kundenindividuellen Marktbearbeitung zunehmend unpopulär geworden. Zumindest für Newcomer auf dem Markt scheint diese Strategie eher wenig empfehlenswert, während etablierte Anbieter von den Kostenvorteilen des Massenmarketing und dem über viele Jahre aufgebautem Kundenvertrauen profitieren können.

Ein Beispiel für ein differenziertes **Zielgruppen-Marketing auf dem Gesamtmarkt** bietet die Hotelkette Accor mit ihren weltweit ca. 150.000 Mitarbeitern, die fast die ganze Breite der Ansprüche unterschiedlichster Hotelgäste abdeckt. So erstreckt sich die Hotelmarken-Vielfalt von Accor von den einfachen bzw. Low-Budget-Hotels F1 und Ibis Budget über Thalasso- und Spa-Hotels bis hin zu den Premium- und Luxushotels der Marken Sofitel, Pullman und Grand Mercure [110].

Wohl einzigartig ist die von Amazon praktizierte Zielmarkt-Strategie des **One-to-one-Marketing auf dem Gesamtmarkt**. Mit seiner extrem umfassenden Angebotspalette spricht der Online-Versender praktisch alle Käufergruppen und Bedürfnisse an – und das in individualisierter Form. Auf der Basis von Kaufverhaltens-bezogenen Segmentierungskriterien, die Amazon aus den früheren Recherchen und Käufen der User im Online-Shop gewinnt und mit dem Kauf- und Informationsverhalten anderer Amazon-Kunden vergleicht, werden dem Kunden individuelle Kaufempfehlungen unterbreitet bzw. spezielle Inhalte angeboten [77, S. 36, 109 ff.].

Der Trend zum „Segment-of-One-Marketing", bei dem jeder Abnehmer als ein einzelnes Marktsegment betrachtet wird, kommt jedoch nicht nur in einer personalisierten Kommunikation zum Tragen. So helfen Produktkonfiguratoren und moderne Fertigungsverfahren wie der 3D-Druck dabei, eine kostengünstige Massenproduktion mit der Individualisierung der Produkte zu verbinden (**Mass Customization**). Oftmals funktioniert dies nach Art eines Baukastensystems, bei dem es ein Basismodell eines Produktes gibt, das der Kunde selbst individualisieren kann, z. B. die Duftvariation beim Parfüm, die Ausstattung beim Pkw oder die Zutaten beim Müsli [25; 66].

Das kundenindividuelle Marketing kommt dem Marketing-Leitprinzip der konsequenten Kundenorientierung am nächsten. Einschränkend sei darauf hingewiesen, dass sich auch heute noch manche Marketing-Instrumente nicht für jeden Nachfrager individuell gestalten lassen (z. B. die Radio- und TV-Werbung oder die Distribution über Handelspartner). Insoweit sind die Übergänge zwischen dem Zielgruppen- und dem One-to-One-Marketing fließend.

Was den Umfang der Marktabdeckung anbelangt, verfügen nur wenige Unternehmen über die Fähigkeiten und Ressourcen, um den gesamten Markt zu bedienen. Die meisten Unternehmen verfahren nach dem Prinzip, es nicht allen potenziellen Kunden recht machen zu wollen, weil sie es nicht können – und weil eine angestrebte vollständige Marktabdeckung damit einhergeht, praktisch überall und mit verschiedensten Anbietern im Wettbewerb zu stehen. Sinnvollerweise konzentriert man sich deshalb auf die lukrativsten und solche Zielmärkte, in denen man den Kunden einen vergleichbaren oder höheren Kundennutzen anbieten kann als die Konkurrenten. Aus diesen Gründen ist die deutliche Mehrheit der Unternehmen mit ihren Zielmarkt-Strategien im Bereich der teilweisen Marktabdeckung von ◘ Tab. 3.3 angesiedelt.

Fokussiert sich die Zielmarkt-Festlegung auf ein einzelnes Marktsegment, spricht man häufig von einem **Nischen-Marketing**. Als Beispiel hierfür kann das Unternehmen „The Body Shop" gelten, das sich mit seinem Angebot an solche Verbraucher wendet, die großen Wert auf natürliche Produkte und die Einhaltung ethischer Grundsätze legen (z. B. Tier- und Umweltschutz, fairer Handel). Ein weiteres Beispiel ist Ferrari, das sich ganz auf (gut situierte) Sportwagen-Fahrer spezialisiert hat.

Das Nischen-Marketing bietet gerade für kleinere Unternehmen die Chance, sich bei einer Gruppe von Abnehmern zu profilieren, die möglicherweise von großen Konkurrenten vernachlässigt wird. Problematisch hierbei ist jedoch die hohe Abhängigkeit des Unternehmens von dem einzelnen Segment (insb. bei plötzlich stagnierender Nachfrage oder dem Auftreten neuer Wettbewerber).

Beim **selektiv-differenzierten Zielgruppen-Marketing** spricht das Unternehmen dagegen ausgewählte Abnehmergruppen (mit jeweils eigenen Marketing-Konzepten) an, was eine Risikostreuung ermöglicht, aber auch mit einem höheren Marketing-Aufwand einhergeht. So bedient die BMW Group mit den Pkw-Marken BMW, Mini, Rolls Royce und den neuen Elektromodellen i 3 und i 8 unterschiedliche Zielgruppen – lässt aber das große „Economy-Segment" mit geringeren Ansprüchen unberücksichtigt.

Das **klassische One-to-One-Marketing** schließlich ist vor allem bei Investitionsgütern und bei investiven Dienstleistungen (wie sie z. B. Werbeagenturen und Unternehmensberatungen erbringen) seit jeher üblich. Der Kunde wirkt hier bei der Planung und/oder Gestaltung der von ihm gewünschten (Auftrags-)Leistung mit, die dann im Ergebnis ein „Unikat" repräsentiert.

Abschließend sei darauf hingewiesen, dass die Zielmarkt-Festlegung im Vergleich zu früher deutlich anspruchsvoller geworden ist. Besonders im Business-to-Consumer-Bereich lassen sich manche Verbraucher (vor allem langfristig) nur schwer einem Zielmarkt zuordnen, z. B. weil sie verschiedene Konsumstile gleichzeitig pflegen oder weil sich ihre Präferenzen schnell ändern. Deshalb gilt es, die eigene Zielmarkt-Festlegung permanent zu überprüfen und ggfs. an aktuelle Entwicklungen anzupassen [7, S. 291 ff.].

3.3 Marktbeeinflussungs-Strategien

Während im Rahmen der Zielmarkt-Festlegung definiert wird, welche Abnehmer mit dem eigenen Marketing-Konzept überhaupt angesprochen werden sollen, geht es bei den Marktbeeinflussungs- bzw. Marktstimulierungs-Strategien darum, auf welche grundsätzliche Art und Weise die ausgewählten Abnehmer(-Gruppen) zum Kauf stimuliert werden sollen.

Auf einen kurzen Nenner gebracht besteht das Anliegen darin, in der Wahrnehmung der Nachfrager entweder günstiger oder aber besser bzw. nützlicher als die Wettbewerber zu sein. Im erstgenannten Fall spricht man von der Discount- bzw. **Preis-Mengen-Strategie**, im anderen Fall von der Qualitäts- bzw. **Präferenz-Strategie**.

Denkbar ist darüber hinaus, eine **Mittellagen-Strategie** in der Weise zu verfolgen, dass jeweils ein durchschnittliches Preis- und Leistungsniveau angeboten wird. Mitunter führt auch diese Strategie zum Erfolg, wenn sie die Bedürfnisse der Nachfrager trifft. Sie ist allerdings mit einem eher unscharfen Profil im Markt verbunden.

> **Auf den Punkt gebracht:** Die Preis-Mengen-Strategie zielt darauf ab, die Leistungen durch niedrig kalkulierte Preise in großen Mengen (und vornehmlich an preisbewusste Käufer) abzusetzen.

Primär wird die Preis-Mengen-Strategie von größeren Unternehmen verfolgt, die entsprechende Absatzmengen realisieren können und die oft einen besseren Zugang zu kostengünstigen Produktionsfaktoren haben. Neben solchen Kostenvorteilen wird eine erfolgreiche Umsetzung der Preis-Mengen-Strategie durch verschiedene **Rationalisierungs-Maßnahmen** begünstigt bzw. überhaupt erst ermöglicht, z. B. durch:

- Beschränkung der Angebotsbreite und -tiefe,
- Verzicht auf kostenintensive Beratungs- und Serviceangebote,
- Einbindung des Kunden in die Leistungserstellung (z. B. übernimmt in einem Büffet-Restaurant der Kunde die Platzsuche, Bedienung und Essens-Zusammenstellung selbst, [20, S. 49]),
- Automation und Standardisierung von Produktions- und Dienstleistungs-Prozessen,
- Just-in-Time-Systeme,
- Verlagerung der Fertigung in Niedriglohn-Länder,
- ständige konsequente Kostenkontrolle.

Dass diese Marktbeeinflussungs-Strategie oft auch als „Discount-Strategie" bezeichnet wird, liegt daran, dass sie besonders im Handel verbreitet ist (bei der preisaggressiven Betriebsform der Discounter). Typische Vertreter sind Netto, Penny, Tedi, KiK und Takko. Ein ausgeprägtes Preisgünstigkeits-Image hat auch die große Fluggesellschaft Ryanair, die besonders kompromisslos Kosten einspart, z. B. durch die Beschränkung auf einen Flugzeug-Typ mit niedrigem Kraftstoffverbrauch, weitestgehenden Verzicht auf Services und die Streichung unrentabler Flugrouten.

Die Vorzüge der Preis-Mengen-Strategie liegen darin, dass sich niedrige Preise leicht vermarkten lassen und dass diese Strategie weniger präferenzbildende Marketing-Maßnahmen erfordert. Andererseits ist die Kundenbindung durch die Fokussierung auf den Preis oftmals eher schwach ausgeprägt. Deshalb sind Preis-Mengen-Anbieter gegenüber neuen preisaggressiven Konkurrenten anfällig bzw. unterliegen der Gefahr ruinöser Preiswettkämpfe.

Marketing-Praktiker kritisieren mitunter, dass es sich bei der Preis-Mengen-Strategie um eine einfallslose Variante des Marketing handelt. Allerdings lässt sich auch diese Marketing-Strategie kreativ vermarkten. Die französische Hotelkette B&B etwa, die seit 1998 auch in Deutschland Hotels eröffnet, profiliert sich mit Werbe-Slogans wie in ◘ Abb. 3.3 dargestellt. Ähnlich selbstbewusst präsentiert sich auch die preiswerte Auto-Marke Dacia mit ihrer Kampagne „Das Statussymbol für alle, die kein Statussymbol brauchen".

Diese Beispiele zeigen bereits, dass man heute **auch bei der Preis-Mengen-Strategie**, die die Preispolitik in den Mittelpunkt des Marketing-Handelns rückt, kaum noch ohne eine gewisse **präferenz-strategische Komponente** auskommt. Dies gilt auch für den Handel. Netto bspw. profiliert sich als der Marken-Discounter, und Aldi und Lidl gelten zwar nach wie vor als Discounter, haben ihr früheres Image als reine

3.3 · Marktbeeinflussungs-Strategien

◘ **Abb. 3.3** Kampagne der B&B-Hotels im Rahmen der Preis-Mengen-Strategie, Bildrechte: B&B Hotels GmbH, Wiesbaden

„Billigheimer" bzw. „Arme-Leute-Läden" aber längst erfolgreich abgestreift und führen auch Feinkost-Marken im Sortiment.

> **Auf den Punkt gebracht:** Als Gegenpol zur Preis-Mengen-Strategie bezweckt die Präferenz-Strategie, durch den gezielten Einsatz nicht-preislicher Marketing-Maßnahmen die Leistungsangebote in den Augen der Abnehmer einzigartig erscheinen zu lassen und dadurch eine Vorzugsstellung (d. h. Präferenz) im Markt zu erreichen. Damit werden solche Käufergruppen angesprochen, die willens und auch fähig sind, einen höheren Preis zu zahlen.

Wenn diese Marktbeeinflussungs-Option auch als Qualitäts-Strategie bezeichnet wird, so ist damit nicht etwa die rein technische Qualität gemeint (z. B. im Sinne von 100 % fehlerfreien Teilen in der Produktion). Vielmehr liegt hier ein **marktorientiertes Qualitätsverständnis** zugrunde, das sich auf die Erfüllung der Bedürfnisse und Anforderungen des Kunden bezieht [155, S. 198].

Für große Unternehmen ist es durchaus denkbar, über eine differenzierte Organisationsstruktur verschiedene Marktbeeinflussungs-Strategien gleichzeitig umzusetzen und somit an mehreren oder allen Marktschichten zu partizipieren. Ein Beispiel hierfür bietet die bereits in ▶ Abschn. 3.2 erwähnte Hotelkette Accor, die mit vielen unterschiedlichen Marken von hote F1 und Ibis Budget bis hin zu Sofitel Luxury Hotels sowohl die Preis-Mengen- als auch die Mittellagen- und Präferenz-Strategie verfolgt.

Ähnlich wie beim Preis-Mengen-Konzept müssen auch bei der Präferenz-Strategie gewisse **Erfolgsvoraussetzungen** erfüllt sein. Das Unternehmen sollte über besondere Ressourcen, z. B. technologische und/oder Marketing-Fähigkeiten verfügen, mit denen die Vorzugsstellung bei den Abnehmern aufgebaut und auch langfristig verteidigt werden kann. Die Präferenz-Strategie erfordert ferner in aller Regel einen hohen Mittel-Einsatz, z. B. für die Entwicklung innovativer Leistungsangebote – und es müssen genügend Kunden bereit sein, entsprechende Präferenzen und Zahlungs-Bereitschaften zu entwickeln.

Im Erfolgsfalle allerdings kann die Präferenz-Strategie zu einer Art **Alleinstellung** im Markt führen, z. B. dann, wenn das eigene Motorrad „zwingend" eines der Marke Harley-Davidson sein muss oder wenn die Kunden kein anderes Handy als ein iPhone akzeptieren. Mitunter geht die Markenpräferenz hier so weit, dass sich Anhänger der Marke das Harley-Davidson-Logo auf den Körper tätowieren lassen oder Apple-Fans die Nacht vor dem Apple-Shop verbringen, um am nächsten Morgen als eine der Ersten das neueste iPhone-Modell zu erwerben [62, S. 28]. Apple hat mit seiner ausgeprägten Präferenz-Strategie Ende 2014 den bis dato höchsten Quartalsgewinn aller Zeiten erzielt [75]. Auch wenn diese Beispiele Extremfälle darstellen: Anders als bei der Preis-Mengen-Strategie kann mit dem Präferenz-Konzept eine „echte" Kundenbindung aufgebaut werden, die mit größeren Preisspielräumen einhergeht und die Nachfragemacht der Handelspartner eindämmt, weil diese faktisch nicht umhin kommen, das präferierte Produkt im Sortiment zu führen.

Wie im Einzelnen beim Aufbau einer Präferenz-Position vorgegangen werden kann, ist Gegenstand der beiden folgenden Abschnitte. Dabei beschäftigt sich die Positionierung mit der Definition der konkreten Nutzenkomponenten, anhand derer sich das eigene Angebot von Wettbewerber-Leistungen abheben soll (▶ Abschn. 3.4). Daneben ist die Markenführung (▶ Abschn. 3.5) der Haupt-Anknüpfungspunkt für die Umsetzung der Qualitäts-Strategie, weil Marken Schlüsselfaktoren des präferenzstrategischen Vorgehens darstellen [7, S. 182, 188 ff.].

3.4 Positionierung

Die Positionierung knüpft an einer der Kernaufgaben des Marketing an: dem Aufbau von Wettbewerbsvorteilen. Konkret geht es bei der Positionierung darum, das Unternehmen bzw. die Marken klar und eigenständig im Bewusstsein des Zielmarkts zu verankern, um im vergleichenden Urteil der Abnehmer möglichst oft die „erste Wahl" zu sein.

> **Merke!**
>
> Unter **Positionierung** wird hier die Planung und Umsetzung von Maßnahmen verstanden, die darauf abzielen, das Unternehmen und/oder dessen Leistungsangebote in der Psyche der Zielkunden klar von der Konkurrenz zu differenzieren, um in der Folge eine dauerhaft profitable Stellung im Wettbewerb zu erreichen (ähnlich [131, S. 514]).

3.4 · Positionierung

Objekt der Positionierung können sowohl Unternehmen als auch Produkte oder Dienstleistungen sein. Da die Positionierung einer Firma eine höhere Bedeutung besitzt als die Positionierung einzelner Leistungsangebote [127, S. 1], geht es in diesem Abschnitt nur um solche Ansätze, bei denen das gesamte Unternehmen das Objekt der Positionierung darstellt – vor allem auch deshalb, weil dies der Instrumente-übergreifenden Grundaufgabe von Marketing-Strategien entspricht, einen Orientierungsrahmen bzw. eine integrierende Klammer für **alle** Marketing-Instrumente (also auch für die Leistungspolitik) bereitzustellen. Dessen ungeachtet hat ein Unternehmen auch die Möglichkeit, einzelne Angebotsleistungen (z. B. einzelne Produktmarken) unterschiedlich zu positionieren, insb. um sich in verschiedenen Zielmärkten mit jeweils speziellen Ansprüchen unterschiedlich aufzustellen. Beispiele für solche auf einzelne Leistungen bezogene Positionierungen finden sich in ▶ Abschn. 4.1.1.

> **Auf den Punkt gebracht:** Grundsätzlich ist bei der Festlegung derjenigen Faktoren, anhand derer man sich positionieren will, darauf zu achten, dass
> - sie den anvisierten Zielgruppen wichtig sind,
> - diese Abnehmer ein wirtschaftlich ausreichendes Potenzial verkörpern,
> - die Positionierung glaubwürdig ist und
> - man sich bei diesen Merkmalen gegenüber den Wettbewerbern (auch langfristig!) profilieren kann, d. h. dass sie idealerweise bereits mit den Stärken des Unternehmens korrespondieren (vgl. hierzu auch [119, S. 102 f.]).

Erst bei der Erfüllung dieser Voraussetzungen kann man von einem Wettbewerbsvorteil sprechen. An welchen konkreten Differenzierungs-Dimensionen man dabei ansetzen kann, zeigen die in ◘ Tab. 3.4 dargestellten Instrumente und deren Ausprägungen.

Je nach Branche kommen hier noch weitere Differenzierungsmöglichkeiten hinzu. Beispielsweise können sich Hotels u. a. durch die Einzigartigkeit ihrer Lage, das Ambiente und den Komfort positionieren [39, S. 96].

Der Slogan eines Unternehmens fasst häufig die Positionierung prägnant zusammen; Kotler und Armstrong [72, S. 238] sprechen hierbei von einem „**Positioning Statement**". Beispiele hierfür sind „Engineered Reliability" (beim Technologiekonzern Voith), „Vorsprung durch Technik" (Audi) oder „Freude am Fahren" (BMW).

Freude ist eine typische Emotion; dementsprechend handelt es sich bei BMW um ein Beispiel für eine **emotionale Positionierung**, die durch eine entsprechende Gestaltung des Kommunikationsstils unterstützt wird. Das in ◘ Abb. 3.4 dargestellte Werbemotiv bringt dies bildlich, aber auch durch den verkürzten Sprachgebrauch zum Ausdruck, der gleichsam auf eine verdichtete Erlebnis-Intensität hinweist. Das Beispiel BMW verdeutlicht im übrigen (gemäß dem Marketing-Leitprinzip der strategischen Denkens) den langfristigen Charakter der Positionierung in beeindruckender Weise, denn der Slogan „Freude am Fahren" wird bereits seit einigen Jahrzehnten

Tab. 3.4 Typische Differenzierungsinstrumente für die Positionierung eines Unternehmens. (Angeregt durch [73, S. 407 ff.])

Differenzierungs-Instrumente	Typische Ausprägungen
Übergreifende Merkmale des Angebotsprogramms	Z. B. hohe Qualität, besonderes Design, „Alles aus einer Hand", Modernität/Aktualität, außergewöhnliches Serviceniveau
Mitarbeiter	Z. B. Zuverlässigkeit, Fachkompetenz, Vertrauenswürdigkeit
Preisniveau	Preise in Relation zur wahrgenommenen Leistung (und im Verhältnis zu den Wettbewerbern)
Distribution	Schnelligkeit der Leistungserbringung, (Überall-)Erhältlichkeit der Leistungen
Werte und Identität	Z. B. Nachhaltigkeitsorientierung, soziale Werte bzw. Verantwortung
Image	Inszenierung des Unternehmens, Vermittlung emotionaler Erlebnisse, Statussymbole

verwendet – und er ist Verpflichtung auch für die kleineren BMW-Modelle. Ein häufiger und vor allem „drastischer" Wechsel der Positionierung unterliegt demgegenüber der Gefahr, unglaubwürdig zu sein. Davon abgesehen sind die Kunden in der Regel nicht bereit und in der Lage, dem Unternehmen ständig neue Positionen in ihrem Bewusstsein einzuräumen. Ebenso wenig sollte man versuchen, in möglichst vielen kaufentscheidenden Faktoren besser als die Konkurrenz zu sein, denn dies übersteigt in aller Regel die eigenen Möglichkeiten und würde zu einer unscharfen Positionierung im Markt führen. Vielmehr sollte man sich auf nur wenige Faktoren konzentrieren.

Was die Marketing-Instrumente anbelangt, mit denen die gewünschte Position des Unternehmens in den Köpfen der Nachfrager verankert werden kann, steht meist die Gestaltung der Leistungsangebote noch mehr im Vordergrund als die Kommunikation. Kotler und Armstrong [72, S. 233, 235] bemerken in diesem Kontext treffend: „Solid positions cannot be built on empty promises. (…) If Ritz-Carlton means quality, this image must be supported by everything the company says and does."

In Branchen wie der Tabakwarenindustrie erscheint es indessen schwerer, wettbewerbs-differenzierende Produkt-Besonderheiten mit einem speziellen Kundennutzen zu finden. Dennoch gelingt es manchen Unternehmen auch hier, einen eigenständigen Platz im Kopf des Kunden langfristig und wirtschaftlich erfolgreich zu besetzen. Dies erfolgt insb. durch die Inszenierung von Erlebniswelten in der Kommunikation, mit

3.4 · Positionierung

Abb. 3.4 Beispiel für eine emotional ausgerichtete Positionierung. (Quelle: ▶ http://www.treffseiten.de/bmw/info/Pressebilder/2008/11/hrzrsn/02.jpg, Abruf 19.6.2015)

denen die Produkte „emotional aufgeladen" werden, z. B. durch „Freiheit und Abenteuer" bei Marlboro [46, S. 3].

Letzten Endes ist es für den wirtschaftlichen Erfolg ja auch nicht entscheidend, tatsächlich besser zu sein als die Konkurrenz, sondern es kommt darauf an, einen höheren **Kundennutzen** zu bieten – bei dem es sich um etwas sehr Subjektives handelt und der nicht immer auf den allerersten Blick zu erkennen ist. Und schließlich sollte man keinesfalls versuchen, es Jedem recht zu machen, sondern sich bei der Positionierung allein an den Anforderungen des Zielmarkts orientieren.

Beispiel: Die Positionierung von Starbucks

Nicht ganz einfach zu erklären ist z. b. der Erfolg der Kaffeehaus-Kette Starbucks, die besonders in den USA überaus stark verbreitet ist (in Deutschland ist Starbucks allerdings vergleichsweise schwach vertreten). Offensichtlich polarisiert Starbucks die „Gemüter". So wundern sich die Gegner darüber, warum die Starbucks-Kunden oft lange Schlange stehen, um für eine Kaffee im Pappbecher einen recht hohen Preis zu zahlen, und monieren z. B. die starke Vereinheitlichung, die Allgegenwärtigkeit der Kaffeehäuser (über 20.000 weltweit) und dass man häufig bei der Bestellung nach seinem Vornamen gefragt wird (dieser wird auf den Getränke-Becher notiert, damit es keine Verwechslungen bei der Ausgabe gibt).

Bei Starbucks geht es jedoch keineswegs nur darum, Kaffee zuzubereiten und zu verkaufen, sondern um die „Starbucks Experience", die das Leben der Kunden bereichern will. So sollen die Gerüche, die zischenden Dampfdüsen der Kaffeemaschinen und das bequeme Mobiliar für ein angenehmes Ambiente sorgen. Starbucks positioniert sich als gemütlicher Ort („third place") zwischen daheim und unterwegs bzw. dem Arbeitsplatz, der „entschleunigend" wirken und Genuss in der Alltags-Hektik bieten soll. Dabei kann gerade die starke Verbreitung der Starbucks-Häuser bei Menschen, die häufig Wohn- und Arbeitsort wechseln, zu einer gewissen Beständigkeit im Leben beitragen. Ferner weist der Besuch einer Starbucks-Filiale oft ein gemeinschaftliches Element auf: Viele Starbucks-Kunden gehen täglich zu ähnlichen Zeiten in „Ihr" Café und knüpfen dort Kontakte zu Gleichgesinnten. Dadurch gewinnt die Marke Starbucks deutlich an Relevanz für die Kunden. Außerdem scheint es für junge Leute einen gewissen „Trend-Faktor" zu bieten, sich mit einem Starbucks-Pappbecher in der Hand sehen zu lassen (Quellen: [27; 62, S. 30; 72, S. 249; 85, S. 280; 111]).

3.5 Markenführung

Die Markenführung hängt eng mit der im vorangegangenen ▶ Abschn. 3.4 dargestellten Positionierung zusammen, weil die Positionierung de facto immer über Marken erfolgt. Dabei hat eine Marke die Aufgabe, beim Abnehmer als Synonym für die Leistungsfähigkeit des Angebots wahrgenommen zu werden [17, S. 144] und damit den durch die Positionierung angestrebten Kundennutzen zu transportieren; sie ist sozusagen der Anknüpfungspunkt der Positionierung, aufgrund der sich der Abnehmer für das eigene Angebot entscheiden soll.

Analog zu den Positionierungsansätzen für Unternehmen einerseits und Produkte bzw. Dienstleistungen andererseits gilt auch hier, dass Marken vornehmlich dann von strategischer Bedeutung sind, wenn es sich um Unternehmens- bzw. Firmenmarken (z. B. BMW, Dr. Oetker) handelt. Denn soweit ein Unternehmen Produkt- und/oder Dienstleistungs-Marken führt, müssen diese mit der Positionierung der Unternehmensmarke harmonieren. Die Firmenmarke bildet deshalb einen strategischen Handlungsrahmen für alle im Unternehmen angebotenen Einzelmarken. Hinzu kommt, dass die Marken-Profilierung des ganzen Unternehmens länger Bestand hat und in der Regel nur langfristig verändert wird, während z. B. Produktmarken mitunter nur kurze Zeit auf dem Markt erhältlich sind.

Ursprünglich waren es nur Konsumgüter, die im Fokus der Markenführung standen. Seit geraumer Zeit werden jedoch auch Investitionsgüter, Dienstleistungen, Unternehmen bzw. Organisationen aller Art, Städte/Regionen/Länder und sogar Menschen (insb. Prominente) als Marken interpretiert und entsprechend geführt.

3.5.1 Begriff und Bedeutung von Marken

In **juristischer Hinsicht** repräsentiert eine Marke ein **(Waren-)Zeichen**, das die Herkunft des Produkts (oder auch einer Dienstleistung) signalisiert und für das der Markeninhaber ein exklusives Nutzungsrecht besitzt. Unter diese sehr weit gefasste Definition fallen nahezu alle angebotenen Produkte, außerdem z. B. auch „Hör- bzw. Klangmarken" wie die akustischen Signale der Telekom oder von Audi und die spezielle Flaschenform der Limonadenmarke Orangina [30, S. 199].

3.5 · Markenführung

Diese mehr formale Perspektive, die auf die rechtliche Schutzfunktion von Marken abstellt, entspricht jedoch nicht dem Marketing-Leitprinzip der konsequenten Kundenorientierung; sie berücksichtigt nicht die Reaktion der Abnehmer auf Marken bzw. deren Einfluss auf die Kaufentscheidung, auf den es für den wirtschaftlichen Erfolg der Markenführung ankommt. Deshalb dominiert im Marketing heute eine engere, **wirkungsbezogene** (aber zugegebenermaßen wenig eindeutige) **Interpretation des Markenbegriffs**, die sich auf die **Assoziationen der Kunden** bezieht:

> **Merke!**
>
> Unter einer **Marke** sollen hier die in der Psyche der Abnehmer verankerten Assoziationen bzw. Vorstellungen (z. B. in Bezug auf Unternehmen oder Produkte) verstanden werden, die eine Differenzierungs- und Identifikationsfunktion übernehmen und das Kaufverhalten prägen (vgl. ähnlich [30, S. 200]).

Eine so verstandene Marke entsteht also nicht allein dadurch, dass sie beim Patent- und Markenamt angemeldet wird, bzw. nur ein Teil der „formaljuristisch" markierten Artikel fällt unter den wirkungsbezogenen Markenbegriff. Bei dem anderen, meist größeren Teil der „Markenartikel" verhält es sich so, dass viele Menschen diese gar nicht kennen oder auch nichts Besonderes mit ihnen verbinden.

Gerade sog. **starke Marken** sind jedoch für den Anbieter von erheblicher wirtschaftlicher Bedeutung und ein zentraler, wenn nicht gar der wichtigste Anknüpfungspunkt im Marketing, um profitable Kundenbeziehungen aufzubauen. Starke Marken zeichnen sich durch einen hohen Bekanntheitsgrad sowie durch eindeutige und besonders positive Vorstellungen aus, die sie bei den Abnehmern hervorrufen. Apple etwa steht u. a. für ausgeprägte Modernität, Selbstsicherheit und Weltoffenheit [62, S. 29], Mercedes bei vielen Abnehmern für Sicherheit, Hochwertigkeit, Prestige, Tradition und eine besondere Fahrkultur.

Dadurch, dass der Kunde anhand verschiedener Erkennungszeichen (Name, Logo u. a.) eine Marke von anderen unterscheiden kann, hilft sie ihm bei der Orientierung. Er erkennt das Angebot schnell wieder und sein Kaufrisiko verringert sich, wenn er mit der Marke positive Erfahrungen gemacht hat. Zudem können insb. höherwertige Markenartikel der Vermittlung von Erlebniswerten und der sozialen Selbstdarstellung des Käufers dienen [59, S. 617].

Eine erfolgreiche Markenpolitik führt deshalb zu einer ausgeprägten Kundentreue und insb. auch zu **einer höheren Zahlungsbereitschaft**. Durch starke Marken lassen sich dauerhafte **Wettbewerbsvorteile** erzielen, denn die positiven Assoziationen, die die Kunden mit einer Marke verbinden, entstehen in aller Regel nicht von heute auf morgen, sondern in einem oft jahrelangen Prozess. Hinzu kommt, dass starke Marken mit einer hohen Verhandlungsstärke gegenüber den Distributionspartnern einhergehen, weil diese selber kaum umhinkommen, begehrte Marken in ihrem Sortiment zu führen.

Ein mitunter verkannter Faktor, der den hohen wirtschaftlichen Stellenwert der Markenführung unterstreicht, besteht darin, dass eine starke Marke nicht nur für die Nachfrager, sondern auch **für die Mitarbeiter attraktiv** ist. Dadurch erleichtert sie u. a. die Gewinnung qualifizierten Personals und wirkt auch nach innen. Die Markenführung betrifft eben nicht nur die Kommunikation und das äußere Erscheinungsbild, sondern „… den Kern, das Herz, die Seele des Unternehmens" [32, S. 75].

3.5.2 Aufgaben und Erfolgsfaktoren der Markenführung

Eine Marke ist umso „stärker", je höher ihr Bekanntheitsgrad und je ausgeprägter die Markenpräferenz ist. Der Markenführung kommt deshalb einerseits die Aufgabe zu, die Marken bekannt zu machen, und andererseits für die Marken des Unternehmens ein Markenbewusstsein aufzubauen, d. h. im Bewusstsein der Zielkunden ein **positives und prägnantes Meinungsbild zu verankern**, das die Marke begehrlich macht, die Kaufbereitschaft weckt und den Preis als Kaufhindernis in den Hintergrund rückt.

Mit dem Bekanntmachen ist in erster Linie die Marktkommunikation angesprochen (vgl. ▶ Abschn. 4.4). Im Idealfall allerdings übt die Marke (z. B. ein Ferrari) von sich aus eine große Anziehungskraft aus, so dass das Unternehmen Gelder für die massenmediale Kommunikation einsparen kann – v. a. deshalb, weil sich positive Erfahrungen teilweise von selber im sozialen Umfeld der Marken-Käufer weitertragen.

Für die Schaffung eines positiven Meinungsbildes kommt es in hohem Maße darauf an, **Vertrauen** bei den Kunden aufzubauen und **glaubwürdig** zu sein. Dies erreicht man u. a. dadurch, dass sich alle Mitarbeiter im Unternehmen dem Marken-Versprechen verpflichtet fühlen bzw. sich daran binden. Denn aus der Perspektive des Käufers haben Marken eine wichtige Risiko-Reduktions-Funktion, weswegen Marken dem Kunden Sicherheit und Beständigkeit bzgl. der Leistungsqualität bieten sollten. Besonders bei sozial auffälligen Produkten (z. B. Bekleidung) sollten Marken dem Käufer noch eine andere Art von Sicherheit (**soziale Sicherheit**) bieten, d. h. im persönlichen Umfeld in einer gewünschten Art und Weise eingeschätzt zu werden – was bereits für Kinder auf dem Schulhof von großer Bedeutung ist [120, S. 237].

Als eine wichtige Grundlage der Markenführung fungiert die **Markenidentität**, d. h. das Selbstbild einer Marke. Die Markenidentität legt fest, für was die Marke in den Augen der Abnehmer stehen soll. Demgegenüber verkörpert das Markenimage das **Fremdbild**, d. h. die Summe der Vorstellungsinhalte, die von der Zielgruppe tatsächlich mit der Marke verbunden werden. Hier ist es die Aufgabe der Markenführung, dass – falls Abweichungen bestehen – das Markenimage so verändert wird, dass es sich mit dem Selbstbild möglichst weitgehend deckt.

3.5 · Markenführung

Daneben hängt die Frage nach der Etablierung und Führung einer erfolgreichen Marke eng mit den anderen Marketing-Instrumenten zusammen, durch die sich die Marke entfaltet. Um der Marke zu einem erfolgreichen Marktauftritt zu verhelfen, sind im Sinne des Leitprinzips der gewünschten integrativ-koordinierenden Wirkung des Marketing **alle Marketing-Instrumente auf das Nutzenversprechen der Marke hin abzustimmen.** So bedarf eine exklusive Marke – wenn es sich um ein Konsumprodukt handelt – einer Verpackung, die diese Exklusivität ausstrahlt, und auch einer entsprechenden Präsentation im Handel; andernfalls werden widersprüchliche Signale an die Kunden gesendet. Ferner kann es sich als sinnvoll erweisen, im Rahmen der Kommunikation den besonderen Markennutzen über geeignete **symbolische Brücken** zu vermitteln. Ein Beispiel hierfür ist der „Fels in der Brandung" der Württembergischen Versicherung als Symbol für Sicherheit.

Eine besondere Herausforderung der Markenführung liegt darin, einen ständigen **Spagat zwischen** der erforderlichen **Aktualität und** der **Konstanz** der Marke vollführen zu müssen. Bliebe sie völlig unverändert, wäre die Marke irgendwann unattraktiv und würde früher oder später vom Markt verdrängt. Gleichzeitig muss die Marke aber weiterhin „typisch" auftreten, denn sonst wird sie nicht wiedererkannt und gibt dem Abnehmer keine Orientierung mehr [163, S. 14]. Deshalb sollte der Markenauftritt, v. a. das „look & feel", **selbstähnlich** sein, d. h. bestimmte prägnante Elemente sollten beibehalten werden, um die Marke wiedererkennbar zu machen. So ist z. B. bei jeder neuen Version des VW Golf dieser immer noch auf Anhieb als ein Golf zu erkennen. Dabei kann es sich bei den Marken-prägenden Elementen durchaus auch um „einfache" Markensymboliken handeln, wie die Dreieckigkeit von Toblerone oder die Farbe Magenta der Telekom.

Ein wichtiger Erfolgsfaktor der Markenführung ist es schließlich auch, den **Fokus der Marke** zu **begrenzen.** Werden zu viele beliebige Leistungen unter ein und demselben Markennamen angeboten, steht die Marke am Ende für nichts Konkretes mehr. Neue Leistungsangebote sollten nur dann unter dem Namen einer bereits etablierten Marke eingeführt werden, wenn sie zu dem damit verknüpften Vorstellungsbild passen, das die Abnehmer mit der Marke verbinden (z. B. mit der Ernährungsphilosophie der Marke „Du darfst").

Die Forderung nach Marken-Fokussierung ist besonders bei der Vergabe von **Markenlizenzen** zu berücksichtigen. Hierbei verkauft ein Anbieter, dessen Marke einen guten Namen hat, Nutzungslizenzen an andere Unternehmen, die unter der für sie fremden Marke – in aller Regel handelt es sich hier um eine Dachmarke – eigene Produkte herstellen und vertreiben. Bekannte (und zugkräftige) deutsche Lizenzmarken sind bspw. Porsche, Boss, Joop und Jil Sander, unter deren Namen die unterschiedlichsten Lizenzprodukte, z. B. Brillen, Uhren, Kosmetik und Haushaltswaren, vermarktet werden [29, S. 480].

So reizvoll diese Form der Vermarktung für den Lizenzgeber ist, so genau ist auch darauf zu achten, dass die „Folgeprodukte" dem qualitativen und/oder image-bezogenen Anspruch der Marke gerecht werden. Zu viele Lizenzprodukte, besonders wenn sie unterschiedliche Zielgruppen ansprechen oder gar unterschiedliche Qualitätsniveaus aufweisen, würden das definierte Bild der Marke verwischen.

3.5.3 Grundlegende strategische Optionen der Markenführung

Unter dem Aspekt des **Geltungsbereichs einer Marke**, d. h. der Zahl der unter einem Markennamen angebotenen Leistungsangebote, lassen sich eine Reihe von Markenstrategien unterscheiden. ◘ Tabelle 3.5 erläutert diese Strategien bzw. Markentypen und listet Praxisbeispiele zu jedem Strategietyp auf.

Mit der **Einzelmarken-Strategie** schafft ein Unternehmen für jedes seiner Leistungsangebote eine eigene Marke. Der Anbieter der Marke bleibt dabei im Hintergrund. So kann man jede Leistung klar und speziell profilieren und dadurch den Anforderungen unterschiedlicher Zielmärkte gerecht werden. Ferner kommt es bei einem Flop oder Imageschaden oft zu keiner wesentlichen negativen Ausstrahlung auf die anderen Marken des Unternehmens. Andererseits muss eine Einzelmarke sämtliche Investitionen in die Marke allein tragen und kann nicht von einem positiven Image-Transfer zwischen den Marken profitieren. Deshalb wird diese Markenstrategie vornehmlich von Großunternehmen wie Procter & Gamble, Unilever und Ferrero verfolgt, deren einzelnen Leistungsangebote bzw. Monomarken ein hohes Umsatzvolumen aufweisen.

Wenn mehrere Einzelmarken in **ein und demselben** Leistungsbereich angeboten werden, liegt eine **Mehrmarken-Strategie** vor. Die einzelnen Marken unterscheiden sich bei diesem Konzept oft bewusst stark in ihrer Positionierung und sollen so die Vorlieben unterschiedlicher Käufergruppen speziell ansprechen. Multibrands können allerdings auch gleiche oder ähnliche Zielmärkte adressieren (Beispiel: Unilever mit den Margarinemarken du darfst, becel und Lätta). Besonders bei dieser Strategie-Variante besteht die Gefahr, dass man sich verzettelt und seine Ressourcen auf zu viele Zielgruppen verteilt. Zudem sind **Kannibalisierungseffekte** in Kauf zu nehmen, d. h. die Marken nehmen sich gegenseitig Käufer ab. Andererseits geht ein Mehrmarken-Konzept mit einem insgesamt höheren Marktanteil einher, man kann die Leistungen noch „spitzer" auf ganz spezielle Kundenbedürfnisse zuschneiden und im Konsumgüter-Bereich einen höheren Anteil an den Regalplätzen des Handels belegen [72, S. 274]. Dadurch reduziert sich der Platz für Konkurrenten bzw. deren Marktpräsenz. Nicht zuletzt bleiben Markenwechsler dem Unternehmen z. T. erhalten – nämlich dann, wenn sie zu einer der „Parallelmarken" greifen. Mehr noch als die Einzelmarken-Strategie eignet sich dieses Markenkonzept primär für große, finanzstarke Unternehmen.

3.5 · Markenführung

Tab. 3.5 Markenstrategien

Markentyp	Kennzeichnung	Beispiele
Einzelmarke (Monobrand)	Für jede Leistung wird eine eigene Marke entwickelt	hanuta, tic tac, duplo, Yogurette, … (Ferrero); Merci, nimm2, Knoppers, Toffifee, … (Storck)
Mehrmarke (Multibrand)	Variante der Einzelmarken-Strategie, bei der mehrere selbständige Marken in ein und demselben Leistungsbereich bzw. derselben Produktart parallel angeboten werden	Persil, Weißer Riese, Spee, Perwoll, Vernel (Henkel); Lätta, Du darfst, Becel (Unilever)
Familienmarke	mehrere Leistungen (bzw. eine Produktgruppe) werden unter einer Marke geführt	Aspirin (plus C, effect, …); Pritt Klebeserie; Auto-, Sport-, Computer-BILD, …
Dachmarke (Firmenmarke)	Alle Leistungen des Unternehmens werden unter einer Marke geführt	Allianz, McDonalds, BASF, IKEA, Avis, Rügenwalder Mühle, Siemens

Beispiel: Mehrmarkenstrategie auf Betriebstypen-Ebene
Ein besonders interessantes Anschauungsbeispiel für die Mehrmarkenstrategie auf der Handelsebene liefert in diesem Zusammenhang die Media-Saturn-Unternehmensgruppe. Trotz der mutmaßlichen starken Kannibalisierungseffekte zwischen beiden Vertriebslinien werden die Elektronik-Fachmärkte nicht unter einer Marke gebündelt, sondern in die Betriebstypenmarken Media Markt und Saturn differenziert – auch wenn mitunter gemutmaßt wird, beide Vertriebslinien unterscheiden sich objektiv eigentlich nur durch die Farbe (rot vs. blau). Beide Elektronik-Fachmärkte sprechen allerdings partiell unterschiedliche Kunden an (manche lieben Saturn und mögen Media Markt nicht – und umgekehrt), und außerdem sind die „Imagewelten" unterschiedlich. Vor allem aber ist der unternehmensinterne Wettbewerb gewollt, denn beide Betriebstypenmarken führen das stationäre Elektronik-Geschäft an und erschweren es anderen Konkurrenten ungemein, eine marktrelevante Position zu erlangen [137, S. 22 f.].

Bei einem weiteren markenstrategischen Konzept, der **Familienmarken-Strategie**, werden mehrere Leistungen, z. B. eine Produktgruppe, unter einer gemeinsamen Marke geführt. Mitunter finden sich dabei differenzierte Markennamens-Bestandteile, z. B. Nivea Men, Nivea Sun, Nivea Baby usw. Ebenso verhält es sich bei der Hotelmarke Ibis, die vor einiger Zeit in die drei unterschiedlich positionierten Marken ibis (ohne Zusatz), ibis Styles und ibis budget aufgespalten wurde.

Im Vergleich zu den beiden bisher erläuterten Markenstrategien haben Markenfamilien einige Vorzüge aufzuweisen. So lassen sich mit diesem Ansatz Synergien bezüglich des Images, des Bekanntheitsgrads und der Vermarktungskosten der einzelnen Leistungen realisieren. Werbemaßnahmen beispielsweise kommen teilweise der gesamten Markenfamilie zugute. Ferner erlangen neu eingeführte Angebote eine rasche Bekanntheit und profitieren vom Vertrauensvorschuss des Markennamens, wodurch sich das Floprisiko bei Neueinführungen reduziert, und im positiven Falle kann der „Familiennachwuchs" selbst dazu beitragen, das Image der Markenfamilie zu stärken. Wird aber umgekehrt ein „Familienmitglied" zum Misserfolg, ist mit (negativen) Ausstrahlungseffekten auf die anderen Leistungsangebote der Markenfamilie zu rechnen. Ferner besteht die Gefahr der Verwässerung der Familienmarke durch ihre Submarken, wenn diese ein anderes Qualitätsniveau aufweisen, ein anderes Lebensgefühl vermitteln oder artfremd sind, d. h. nicht zum Image der Familienmarke passen. Deshalb ist darauf zu achten, dass das „Markenprofil" bzw. die gemeinsame Nutzenklammer im Laufe der Zeit nicht durch zu viele unterschiedliche Einzelmarken verwässert wird. Erreichen kann man dies durch eine gemeinsame Markenphilosophie, die die Markenfamilie als Ganzes ausmacht. Beispiele hierfür sind das „Dudarfst-Ernährungskonzept" und die „Nivea-Pflegephilosophie" [7, S. 199].

Wenn alle Leistungen eines Unternehmens – ungeachtet ihrer Heterogenität – unter demselben Markennamen vermarktet werden, spricht man von einer **Dachmarken-Strategie**. Im Regelfall stimmen hierbei Unternehmens- und Markenname überein (dann handelt es sich um eine Unternehmens- bzw. Firmenmarke).

Die Dachmarkenstrategie weist im Vergleich zu den bereits benannten Strategien klare Vorteile hinsichtlich der Kosten und der Markenbekanntheit auf, insb. gegenüber der Einzel- und Mehrmarken-Strategie. Besonders im Investitionsgütersektor und in der Dienstleistungsbranche (Beispiele: TUI, Avis, Accenture) ist die Firmenmarken-Strategie weit verbreitet. Sie basiert auf der Überlegung, dass sich das Vertrauen der Abnehmer in das Unternehmen insgesamt, also zum Beispiel in die technische Leistungsfähigkeit oder die Designkompetenz, auf alle angebotenen Leistungen übertragen soll.

Was die Nachteile anbelangt, hat die Dachmarken-Strategie mit besonders starken negativen Ausstrahlungseffekten zu kämpfen, wenn eine Angebotsleistung des Unternehmens in Schwierigkeiten gerät. Eine zielgruppenspezifische Ausrichtung der einzelnen Produkte bzw. Dienstleistungen ist mit der Dachmarken-Strategie außerdem nicht möglich. Für die Markenpositionierung kann dementsprechend auch nur eine eher allgemeine, unspezifische Position gewählt werden [7, S. 198]. Aus diesem Grund verknüpfen viele Unternehmen ihre Dachmarke mit Familien- und/oder Einzelmarken; ◘ Abb. 3.5 zeigt hierzu ein anschauliches Beispiel. Solche Kombinationen von verschiedenen Markenebenen sind vor allem in der Automobilbranche üblich (Beispiele: Porsche Boxster/Porsche 911, VW Golf, VW Polo …), wobei die Firmenmarke jeweils den – für alle Produkte erhobenen – allgemeinen Kompetenzanspruch des Unternehmens kommunizieren soll.

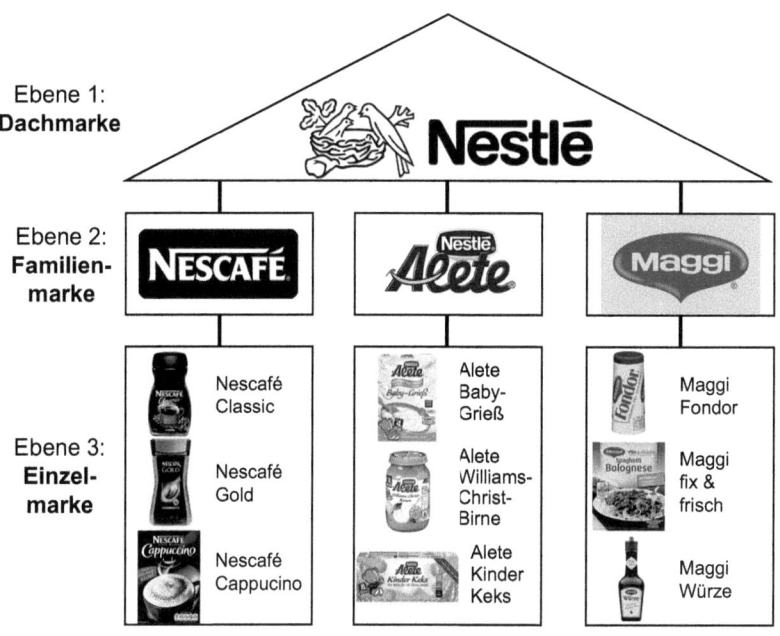

○ Abb. 3.5 Kombination von Markenstrategien bei Nestlé. (Quelle: [59, S. 628])

3.6 Lern-Kontrolle

Kurz und bündig

In der strategischen Marketing-Planung werden langfristig wirksame und grundsätzliche Entscheidungen gefällt. Dabei geht es zunächst um die **Definition der (Ober-)Ziele**, die als anzustrebende Sollzustände einen unverzichtbaren Ausgangspunkt jeder unternehmerischen Tätigkeit darstellen. Ebenfalls von großer Tragweite ist die **Festlegung von Zielmärkten**. Hierbei gilt es, die Strukturen in der Abnehmerschaft zu identifizieren, um dann die für das Unternehmen erfolgsträchtigsten Teile des Gesamtmarkts als Zielgruppen bzw. -kunden auszuwählen.

Bei der Bearbeitung der ausgewählten Zielmärkte ist sodann über die geeignete **strategische Marktbeeinflussungs-Variante** zu entscheiden, d. h. auf welche Weise die Abnehmer vom Angebot überzeugt werden sollen: primär durch günstige Preise (**Preis-Mengen-Strategie**) oder aber durch besondere Leistungsvorteile (**Präferenz-Strategie**). Daran anknüpfend wird im Rahmen der **Positionierung** konkreter festgelegt, anhand welcher kaufentscheidenden Merkmale man sich gegenüber der Konkurrenz profilieren will. Die **Markenführung** schließlich hat die Aufgabe, kauffördernde Assoziationen mit der

Marke in den Köpfen der Abnehmer zu verankern (z. B. das Gefühl von Sicherheit oder der Aufwertung der eigenen Persönlichkeit beim Kauf einer bestimmten Pkw-Marke).

❷ Let's check
1. Was muss eine operationale Zieldefinition beinhalten?
2. Welche Merkmale können zur Segmentierung von Business-to-Business-Märkten herangezogen werden?
3. Anhand welcher Kriterien lässt sich die Attraktivität potenzieller Zielmärkte beurteilen?
4. Erläutern Sie die Erfolgsvoraussetzungen der Präferenz- sowie der Preis-Mengen-Strategie und zeigen Sie deren Vor- und Nachteile auf.
5. Worauf ist bei der Festlegung von Faktoren bzw. Merkmalen, mit denen man sich positionieren will, besonders zu beachten?
6. Welche Vorteile können einem Unternehmen aus der erfolgreichen Etablierung einer „starken" Marke erwachsen?
7. Nennen Sie die Vorzüge und Nachteile der Dachmarken- gegenüber der Einzelmarken-Strategie.

❷ Vernetzende Aufgabe
1. Erläutern Sie den Zusammenhang zwischen Positionierungsentscheidungen und der Markenführung.

❶ Lesen und Vertiefen
Für eine vertiefende Auseinandersetzung mit Fragen der strategischen Marketing-Planung insgesamt ist besonders das Werk von Becker [7] zu empfehlen.

Operative Marketing-Planung

Michael Froböse

4.1 Leistungspolitik – 91
4.1.1 Angebotsleistungen als Mittel der Nutzenstiftung – 91
4.1.2 Gestaltungsparameter von Leistungsangeboten – 93
4.1.3 Entwicklung neuer Leistungsangebote – 95
4.1.4 Management des Leistungsprogramms – 100

4.2 Preispolitik – 107
4.2.1 Stellenwert der Preispolitik im Marketing – 107
4.2.2 Bestimmungsgrößen der Preispolitik – 108
4.2.3 Abnehmerorientierte Instrumente der Preispolitik – 112
4.2.4 Grundkonzepte der dynamischen Preisgestaltung – 117

4.3 Distributionspolitik – 119
4.3.1 Grundaufgaben und Bedeutung der Distributionspolitik – 119
4.3.2 Direkter und indirekter Absatz – 120
4.3.3 Aufgabenträger der Distributionspolitik (Distributionsorgane) – 123
4.3.4 Verzahnung von Distributionskanälen im Multi-Channel-Marketing – 129

4.4 Kommunikationspolitik – 131
4.4.1 Prozess der Kommunikationsplanung – 132
4.4.2 Instrumente der klassischen medialen Kommunikation – 139
4.4.3 Verkaufsförderung als Kommunikationsinstrument – 142
4.4.4 Instrumente der persönlichen Kommunikation – 144
4.4.5 Instrumente der Online-Kommunikation – 146

4.5 Lern-Kontrolle – 150

M. Froböse, M. Thurm, *Marketing,* Studienwissen kompakt,
DOI 10.1007/978-3-658-05693-3_4, © Springer Fachmedien Wiesbaden 2016

Kapitel 4 · Operative Marketing-Planung

Lern-Agenda

Nach dem Studium dieses Kapitels sollten Sie
- einen Überblick über die wichtigsten Instrumente des Marketing in den vier Instrumentalbereichen der Leistungs-, Preis-, Distributions- und Kommunikationspolitik gewonnen haben,
- wissen, welche Faktoren bei verschiedenen Entscheidungen im operativen Marketing zu berücksichtigen sind,
- alternative Marketing-Maßnahmen hinsichtlich ihrer Möglichkeiten und Grenzen einschätzen können,
- exemplarisch aufzeigen können, unter welchen Rahmenbedingungen sich welche Handlungsmöglichkeit im operativen Marketing mehr bzw. weniger anbietet,
- in der Lage sein, konkrete Praxisbeispiele für einen gelungenen Einsatz der Marketing-Instrumente zu erläutern,
- erklären können, welche neuen Handlungsmöglichkeiten in den einzelnen Instrumentalbereichen des Marketing aus neuen technologischen Entwicklungen (insb. im Bereich des Internets) resultieren.

Nachdem ein Unternehmen die Entscheidungen auf der Ebene der strategischen Marketing-Planung getroffen hat, gilt es, im Rahmen der operativen Marketing-Planung als weiteres Element eines Marketing-Konzepts (vgl. ◘ Abb. 1.7) die Marketing-Instrumente auszugestalten. Erst auf dieser Marketing-Konzeptebene kann die Realisierung der Marketing-Ziele bewirkt werden. Das vielfältige Spektrum an möglichen Maßnahmen, das den Unternehmen hierfür zur Verfügung steht, wird in diesem Kapitel (gemäß einer gängigen Einteilung) den Instrumentalbereichen der Angebots-, Preis-, Distributions- und Kommunikationspolitik zugeordnet.

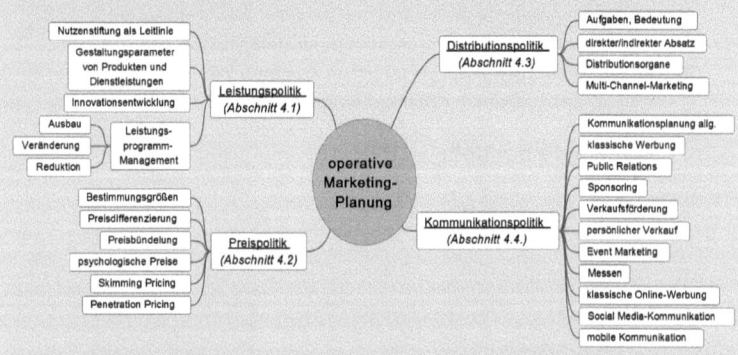

4.1 Leistungspolitik

Die Entwicklung neuer und die Verbesserung vorhandener Leistungsangebote ist von enormer Bedeutung für den Erfolg eines Unternehmens. Firmen, die zu lange unverändert an ihren bisherigen Angeboten festhalten und sich nicht auf Marktveränderungen einstellen, haben auf längere Sicht keine Chance, im Wettbewerb zu bestehen. Außerdem müssen sich die übrigen Marketing-Instrumente an der Art der zu vermarktenden Leistungen orientieren; z. B. beziehen sich Preisforderungen und die meisten Kommunikationsmaßnahmen unmittelbar auf die Angebotsleistungen. Aus diesen Gründen nimmt die Leistungspolitik unter den Marketing-Instrumenten eine hervorgehobene Stellung ein.

> **Merke!**
>
> Die Angebots- bzw. **Leistungspolitik** umfasst alle Entscheidungen und Handlungen, die die marktgerechte Gestaltung des Leistungsangebots (d. h. der Produkte und/oder Dienstleistungen) eines Unternehmens betreffen. Hierzu gehören insb. die Verbesserung bestehender und Entwicklung neuer Angebote sowie die Strukturierung des gesamten Leistungsprogramms.

4.1.1 Angebotsleistungen als Mittel der Nutzenstiftung

Produkte und Dienstleistungen sind Grundlage jeden wirtschaftlichen Handelns – und dementsprechend auch Objekte der unternehmerischen Vermarktungstätigkeit. Während man Dienstleistungen durch die Art der Verrichtung (z. B. Haare schneiden, Unternehmen beraten) kennzeichnen kann, lassen sich Produkte von ihrer stofflich-materiellen und technisch-konstruktiven Seite her charakterisieren. Bereits in ▶ Abschn. 1.5 wurde jedoch darauf hingewiesen, dass aus der Perspektive des Marketing die Angebotsleistung als ein Mittel zur Schaffung eines Kundennutzens interpretiert werden muss, also als ein „Vehikel" zur Lösung von Kundenproblemen. So werden Gesichtspflege-Produkte gekauft, um die Haut geschmeidig zu halten und um das Aussehen des Benutzers zu verbessern bzw. dessen Attraktivität zu erhöhen. Und ein Automobil verkörpert mehr als ein Bündel von Metall, Glas und Kunststoff und auch mehr als ein bloßes Fortbewegungsmittel; vielmehr verkauft der Anbieter seinen Kunden gleichzeitig Prestige, Seriosität, Image, Fahrspaß u. ä. ◻ Tabelle 4.1 stellt diese beiden Sichtweisen, d. h. die klassisch-eigenschaftsbezogene und die nutzenorientierte Definition der Angebotsleistung, anhand von weiteren (fiktiven) Beispielen direkt gegenüber.

Tab. 4.1 Beispiele für eigenschafts- und nutzenorientierte Interpretationen von Angebotsleistungen. (Aus [55, S. 9; 73, S. 92, 95])

Eigenschaftsbezogene Interpretation	Nutzenorientierte Interpretation
Wir stellen Computer her	Wir ermöglichen Kommunikation
Wir produzieren Medikamente	Wir tragen zur Gesundheit bei
Wir bauen Wein an	Wir liefern Lebensgenuss
Wir produzieren Düngemittel und Schädlingsvernichter	Wir verbessern die landwirtschaftliche Produktivität und lindern den Hunger in der Welt
Wir stellen Staubsauger her	Wir verbessern die Wohnraumhygiene
Wir versichern in Rechtsangelegenheiten	Wir verhelfen den Kunden zu ihrem Recht
Wir verleihen Geld und legen es an	Wir „machen den Weg frei" durch die Finanzierung der Projekte unserer Kunden

Beispiel: Die Imagekampagne des Handwerks

In der Imagekampagne des Handwerks der Jahre 2013/14 kommt die lösungs- bzw. nutzenorientierte Interpretation von Angebotsleistungen besonders klar zum Ausdruck. In ◘ Abb. 4.1 sind zwei Plakatmotive dieser Kampagne dargestellt. Ähnlich sind die Botschaften der anderen, ebenfalls am Arbeitsplatz aufgenommenen Motive formuliert: Die Frisörin z. B. schneidet nicht einfach nur Haare, sondern rettet das nächste Date. Der Automechaniker repariert keine Motoren, sondern lässt Herzen wieder schlagen. Der Konditor macht mit seinen Kuchen-Kreationen nicht satt, sondern selig. Und der Kirchenbaumeister zieht letztlich keine Mauern hoch, sondern baut Gott ein Haus [105].

Die Kampagne soll nicht nur das Image des Handwerks in der Bevölkerung verbessern, sondern auch die Gewinnung von Auszubildenden unterstützen. Indem sie die Bedeutung der Angebotsleistungen für das Leben und Wohlbefinden der Mitmenschen aufzeigt, interpretiert sie Handwerk mehr als Berufung denn als Beruf und vermittelt so den Sinn einer handwerklichen Ausbildung. Ferner kann die Nutzenorientierung auch **positiv nach innen wirken**, indem sie zu einer höheren Motivation der Mitarbeiter (bzw. zum Berufsstolz der Handwerker) beiträgt.

Dass es in allen genannten Beispielen um mehr geht als nur um wohlklingende Worte für ein und denselben Sachverhalt, beruht auch darauf, dass die Kundennutzen-Orientierung **mehr Anhaltspunkte für** leistungspolitische und andere **Marketing-Maßnahmen** bietet als die eigenschafts-orientierte Interpretation des Angebots. Außerdem zeugt die Nutzenorientierung insofern von mehr Weitsicht, als die Produkte und die

4.1 · Leistungspolitik

Abb. 4.1 Kundennutzen-Orientierung in der Imagekampagne des deutschen Handwerks [105]

dahinterstehende Technik sich sehr schnell wandeln können, die **Grundbedürfnisse** aber **bestehen bleiben**. Sieht sich ein Unternehmen einfach als Produzent von Sach- oder Dienstleistungen, kann es leichter in Schwierigkeiten geraten, wenn Wettbewerber in den Markt eintreten, die den Kundennutzen besser oder aber kostengünstiger erfüllen (vgl. [74, S. 45]). Die insgesamt rückläufigen Auflagenzahlen von Printmedien z. B. haben nichts mit einem Rückgang von Informations- und Unterhaltungsbedürfnissen der Zielgruppen zu tun, sondern mit der zunehmenden intermedialen Konkurrenz. Schließlich ermöglicht es die Kundennutzen-Orientierung, die eigenen Leistungen in den Augen der Kunden **von den Konkurrenten abzugrenzen**, indem man sich auf die Erfüllung bestimmter Kundennutzen-Faktoren (oder eine Kombination daraus) kapriziert (vgl. ▶ Abschn. 3.4).

> Auf den Punkt gebracht: Die Leistungsangebote (Produkte und/oder Dienstleistungen) sind der Hauptanknüpfungspunkt, um der Marketing-Leitidee der konsequenten Kundenorientierung Rechnung zu tragen.

4.1.2 Gestaltungsparameter von Leistungsangeboten

Als konkrete Ansatzpunkte, um die eigenen Leistungen mit verschiedenen Nutzenkomponenten „auszustatten" und dadurch Kaufimpulse auszulösen, bieten sich **bei Sachgütern** vor allem die folgenden Gestaltungsparameter an (vgl. hierzu auch [157, S. 313 ff.]):

- Technisch-physikalische Eigenschaften, die den „**Produktkern**" und die funktionale Qualität bzw. die Zwecktauglichkeit ausmachen und damit für den Abnehmer den Grundnutzen darstellen (ein Kuli muss z. B. schreiben, ein Pullover wärmen und eine Uhr die aktuelle Zeit anzeigen). So wird z. B. durch Materialart und die Konstruktion die Funktionstüchtigkeit, aber auch

die Haltbarkeit, Störungssicherheit, Verwendungsbequemlichkeit („Usability") usw. bestimmt.
- Optische Eigenschaften/**Design** (Form- und Farbgebung, Größe, Oberflächenbeschaffenheit).
- **Garantieleistungen** (die über die gesetzliche Gewährleistungspflicht hinausgehen).
- Ökologische Qualität/**Umweltfreundlichkeit** (z. B. Recyclingfähigkeit, Nachfüllbarkeit).
- **produktbegleitende Dienstleistungen** (z. B. Beratung, Wartung, Ersatzteilservice, Garantien).
- „**symbolische" Eigenschaften** wie z. B. das Gefühl, attraktiv oder „in" zu sein, die vor allem über die Marken- und Imagepolitik vermittelt werden (vgl. hierzu ▶ Abschn. 3.5). Dieser Anknüpfungspunkt der Leistungsgestaltung bietet sich freilich auch bei Dienstleistungen an (z. B. durch Vermittlung eines Gefühls der Sicherheit beim Abschluss einer Versicherung).
- Bei vielen Konsumgütern spielt als produktpolitischer Gestaltungsparameter ferner die **Verpackung** eine große Rolle. So ist die Attraktivität z. B. von Parfüm, Körperpflegeprodukten und Getränken, vor allem beim Erstkauf, in hohem Maße auf die Verpackung zurückzuführen. Diese muss die Bedürfnisse der Zielgruppe wirkungsvoll ansprechen; insb. sollte das Verpackungsdesign die Eigenschaften des Inhalts widerspiegeln (z. B. Frische, Geschmack, Hochwertigkeit) und den Abnehmerwünschen in Bezug auf Größe, Form, Handhabbarkeit usw. Rechnung tragen.

In gewissem Rahmen kann zudem über die Größe der Verpackung einen Einfluss auf die Verwendungsintensität genommen werden. So löst eine große Chipstüte bei manchen Verbrauchern die Angst aus, dass man sich nicht zurückhalten kann, bis die Tüte leer ist. Verkleinerungen und Einzelverpackungen (wie z. B. bei Ritter Sport Mini) können hier mitunter Abhilfe schaffen, weil sie viele Verbraucher glauben lassen, beim Konsum eher die Kontrolle über sich selbst zu behalten, da man jede Mini-Schokolade einzeln auspacken muss [141, S. 141].

Je nach Produktart können auch noch weitere wichtige Gestaltungsparameter hinzukommen. Beispiele hierfür sind der **Geschmack** und **Geruch** bei Lebensmitteln oder der „**Sound**" von Motor und Auspuff bei Autos. So werden mitunter spezielle Duftstoffe eingesetzt, um das Produkterlebnis für die Käufer zu intensivieren und um eine Marke auch geruchsmäßig im Gedächtnis zu verankern [54, S. 43, 60]. In ähnlicher Weise können Düfte (ebenso wie Farben) in den Verkaufsräumen eines Dienstleisters (z. B. eines Friseurs, Händlers oder Restaurants) eine „Wohlfühlatmosphäre" schaffen.

Bei dem damit bereits angesprochenen **Dienstleistungs-Marketing** geht es bei der Angebotsgestaltung primär um die (Weiter-)Entwicklung von **Dienstleistungs-**

4.1 • Leistungspolitik

potenzialen, -prozessen und -ergebnissen [92, S. 271 f.]. Diese wiederum werden von Faktoren wie der Schnelligkeit und Zuverlässigkeit der Leistungserbringung, der Fachkompetenz und der Kundenorientierung der Mitarbeiter determiniert.

Abgesehen von solchen Diensten, die aus der Ferne telefonisch oder elektronisch erbracht werden, kommen Anbieter und Kunde bei der Erstellung einer Dienstleistung persönlich zusammen – sehr oft in dem Räumen des Unternehmens. In diesen Fällen resultiert der Kundennutzen in hohem Maße aus dem materiellen Umfeld beim Dienstleister, so dass Gestaltungsparametern wie Außen- und Innendesign, Beschilderungssystemen, Beleuchtung usw. im Rahmen der Leistungspolitik eine wichtige Rolle zukommt; man denke etwa an Hotels und Freizeiteinrichtungen aller Art. Dieses spezielle Instrument im Dienstleistungs-Marketing wird häufig als **Ausstattungspolitik** bezeichnet (vgl. hierzu im Detail [51, S. 253 ff.]).

4.1.3 Entwicklung neuer Leistungsangebote

Durch die Entwicklung neuer Leistungsangebote werden **Innovationen** auf den Markt gebracht. Dabei kann es sich entweder um Betriebs- bzw. **Unternehmensneuheiten** handeln, die lediglich für den betreffenden Anbieter eine Neuheit darstellen, oder aber um **Marktneuheiten**, d. h. um „echte" Innovationen, die auch für die Abnehmer neuartig sind.

> **Merke!**
>
> Unter dem Begriff **Innovation** soll hier ein Leistungsangebot verstanden werden, das Abnehmerbedürfnisse auf neue Weise oder mit einem besseren Preis-Leistungs-Verhältnis löst (ähnlich [22, S. 1 f.]).

Das Management von Innovationen gehört für Unternehmen zu den **wesentlichen Erfolgshebeln** im Wettbewerb. Innovative Leistungsangebote tragen veränderten Abnehmer-Ansprüchen Rechnung, ermöglichen eine zumindest zeitweise Differenzierung von der Konkurrenz und bieten enorme Wachstums- und Ertragschancen – sind aber alles andere als „Selbstläufer". So sind nach einer Untersuchung der Gesellschaft für Konsumforschung (GfK) im Schnitt 40 Prozent aller Güter des täglichen Bedarfs bereits nach drei Monaten aus den Regalen des Einzelhandels verschwunden [138]. In solchen Fällen erweist sich das Innovations-Engagement als Fehlinvestition; hinzu kommen mögliche Imageschäden bei den Abnehmern und den Distributionspartnern. Aus diesen Gründen ist es nötig, die **mit der Leistungsentwicklung verbundenen Arbeiten sorgfältig zu planen**.

> Auf den Punkt gebracht: Manchen Anbietern (z. B. Apple, Ferrero) gelingt es besser als anderen, neue Produkte am Markt durchzusetzen. Dies liegt zum Teil daran, dass Innovationen einen **hohen Stellenwert im Zielsystem** dieser Unternehmen einnehmen. Weitere Faktoren, die die Erfolgswahrscheinlichkeit von Neueinführungen steigern, sind eine **fehlertolerante Unternehmenskultur**, eine **bewusst kalkulierte Risikobereitschaft**, die **Kundeneinbindung in Innovationsprozesse** und der Einsatz von geeigneten Methoden der **Marktforschung** [126, S. 111 ff.; 131, S. 295]. Schließlich haben auch die **finanziellen Mittel** und die **Marktmacht** ebenso wie eine **professionelle Projektplanung** mit klar geregelten Verantwortlichkeiten einen positiven Einfluss auf den Innovationserfolg.

Innovationsprozesse lassen sich in die Phasen der Ideengewinnung, Ideenprüfung und Ideenrealisierung einteilen, die im Folgenden näher erläutert werden.

Ideengewinnung Ideen für innovative Angebotsleistungen können aus vielerlei unternehmensinternen und -externen Quellen entspringen (vgl. ◘ Tab. 4.2). Unternehmensexterne Vorschläge sind oftmals innovativer, insb. wegen des Problems der „Betriebsblindheit". Interne Quellen stehen dafür in der Regel schneller und kostengünstiger zur Verfügung [59, S. 559].

Die Einbeziehung von Kunden in den Entwicklungsprozess neuer Leistungsangebote ist ein probates Mittel, um das Marketing-Leitprinzip der konsequenten Kundenorientierung umzusetzen. Ein relativ neuartiges Instrument hierfür verkörpert das in ◘ Tab. 4.2 aufgeführte **Crowdsourcing**, bei dem eine unbekannte Personenmasse (die Crowd) in aller Regel über das Internet aufgerufen wird, Lösungsvorschläge für Innovationen zu unterbreiten, um deren „Schwarmintelligenz" zu nutzen.

Beispiel: Das Crowdsourcing-Projekt „connect+develop" von Procter & Gamble

Eine der bekanntesten Initiativen, wenn es um Crowdsourcing bzw. Open Innovation geht, ist das connect+develop-Programm des weltweit tätigen Konsumgüter-Konzerns Procter & Gamble. 2001 beschritt das Unternehmen damit neue Wege: Nicht nur Verbraucher, sondern auch Unternehmen, Wissenschaftler und private Erfinder werden seitdem eingeladen, als Partner Ideen z. B. für neue Produkte, Designs oder Verpackungen zu liefern. Auf diese Weise sind z. B. die Oral-B Pulsonic Zahnbürste, die Swiffer „Staubmagneten" und die Febreze Duftkerzen entstanden. Das Programm hat bei Procter & Gamble zu sinkenden Produktentwicklungskosten, steigenden Erfolgsquoten bei Innovationen und zu einer offeneren Unternehmenskultur geführt. Künftig sollen drei Mrd. Dollar des jährlichen Umsatzwachstums bei Procter & Gamble von Produkten kommen, an deren Entwicklung externe Ideenlieferanten beteiligt sind (vgl. [72, S. 288 f.; 112]).

4.1 • Leistungspolitik

◘ Tab. 4.2 Typische Ideenquellen für Leistungsinnovationen

Unternehmensinterne Quellen	Unternehmensexterne Quellen
– Betriebliches Vorschlagswesen – Qualitätszirkel – Sekundärinformationen (z. B. dokumentierte Reklamationen und Anregungen) – Mitarbeiter aus dem Forschungs- und Entwicklungsbereich – Mitarbeiter mit häufigem Kundenkontakt (z. B. Außendienstler, Call Center-Personal)	– Kunden: Anregungen/Beschwerden, Befragung (z. B. von Fokusgruppen oder Kundenbeiräten), virtuelle Ideenwettbewerbe (z. B. in Form von Crowdsourcing) – Andere Geschäftspartner (insb. Händler, Absatzhelfer, Lieferanten) – Konkurrenten (z. B. durch Messebesuche und die Analyse der Konkurrenzprodukte) – Erfinder, Lizenzgeber, Patentanwälte

Ein weiterer Ansatzpunkt, um „eingefahrene" Problemlösungswege zu verlassen, ist der gezielte Einsatz von **Kreativitätstechniken**. Dabei unterscheidet man intuitiv-kreative Verfahren, die auf spontanen Eingebungen basieren, und systematisch-logische Verfahren, bei denen analytisch vorgegangen wird. Einige wichtige Varianten dieser Ideengewinnungs-Methoden werden nachfolgend kurz skizziert.

Bei dem intuitiv-kreativen Verfahren des **Brainstorming** arbeiten in einer zwanglosen Sitzung fünf bis acht Personen bei der Entwicklung von Ideen zusammen, um spontane Vorschläge für eine vorgegebene Problemstellung zu äußern und diese „weiterzuspinnen". Dabei werden die Teilnehmer bewusst unter (meist kreativitätsfördernden) Zeitdruck gesetzt. Ferner ist darauf zu achten, dass die Beteiligten aus unterschiedlichen Abteilungen stammen [17, S. 133] und etwa der gleichen Hierarchieebene angehören; andernfalls besteht die Gefahr, dass sich Sitzungsteilnehmer nicht mehr ungezwungen äußern. Wichtigste Leitidee beim Brainstorming ist, dass Quantität wichtiger ist als Qualität, und jede noch so abwegig erscheinende Idee darf nicht kritisiert werden.

Etwas anders gelagert ist das Vorgehen beim **Brainwriting**. Hierbei haben sechs Personen an einem runden Tisch die Aufgabe, innerhalb von fünf Minuten drei Ideen für neue Leistungen auf einem Formular zu notieren. Danach werden die Formulare noch fünf Male für jeweils fünf Minuten im Uhrzeigersinn weitergereicht, damit die Empfänger diese Ideen weiterentwickeln, variieren oder – falls ihnen nichts mehr einfällt – neue Ideen ergänzen. Tab. illustriert dieses Verfahren an einem Beispiel, bei dem drei der insgesamt sechs „Runden" absolviert sind. Bezeichnet wird dieser Ansatz, der Spannungen zwischen den Teilnehmern reduziert, auch als **Methode 635** (6 Teilnehmer – 3 Ideen – 5 Minuten), wobei die Methode im Grunde auch mit anderer Personen- und Ideenzahl bzw. Zeitvorgabe funktionieren würde.

Tab. 4.3 Brainwriting am Beispiel der Aufgabenstellung: „Welchen zusätzlichen Service können wir als Möbelspedition unseren Kunden anbieten?" (Quelle: [5, S. 80])

Name	Idee 1	Idee 2	Idee 3
A. M.	Reinigen der Möbel	Transportservice für Haustiere	Bewachung wertvoller Gegenstände
F. M.	Bei Bedarf neue Möbel anbieten / vermitteln	Pension für Haustiere eröffnen	24 h-Umzugsservice anbieten
C. K.	Möbelverleih betreiben	Typspezifische Umzüge, z. B. für Manager, Familien	Sofortservice anbieten
W. O.	…	…	…
S. T.	…	…	…
M. R.	…	…	…

Die **Morphologie** verfolgt – anders als Brainstorming bzw. -writing – einen analytischen Ansatz, indem man ein Produkt in einzelne Gestaltungsparameter bzw. Komponenten zerlegt, deren Ausgestaltungsmöglichkeiten tabellarisch aufgelistet werden. Durch systematisches Durchspielen der Kombinationsmöglichkeiten versucht man anschließend, neuartige Lösungen zu kreieren. ◘ Abbildung 4.2 zeigt hierzu ein einfaches Beispiel.

Der Begriff **„Bionik"** kennzeichnet ebenfalls eine systematisch-logische Kreativitätstechnik und setzt sich aus „Biologie" und „Technik" zusammen. Dieses Verfahren basiert auf der Überlegung, dass Konstruktionen und Verfahrensweisen der Natur, die sich im Laufe der Evolution bewährt haben, ein großes Potenzial für technische Problemlösungen aufweisen. Beispiele für solche Problemlösungen, bei deren Entwicklung die Biologie Pate stand, sind [41, S. 71; 98, S. 115; 119, S. 469 f.]:

- der Selbstreinigungseffekt von Lotusblättern, deren besondere Oberfläche dafür sorgt, dass das Wasser abperlt und dabei Schmutzpartikel mitnimmt,
- Klettenfrüchte als Vorbild für den Klettverschluss,
- Das Formprinzip von Bienenwaben als Modell zur effizienten Flächennutzung (z. B. für Mobilfunknetze),
- Das Orientierungs-System von Fledermäusen als Basis für die Entwicklung der Abstandssensorik,
- Kühlsysteme in Gebäuden, die die Prinzipien der Luftzirkulation von Termitenbauten nutzen,
- die als Winglets bezeichneten, gebogenen Enden an den Tragflächen von Flugzeugen, die in Anlehnung an die Schwungfedern von Vögeln entwickelt wurden.

4.1 · Leistungspolitik

Komponenten	Ausgestaltungsmöglichkeiten				
Fleischsorte	Schwein	Rind	Pute	„Veggie"	Lamm
Fettgehalt	15%		20%	30%	38%
Zutat	Ohne	Kräuter	Pfeffer	Käse	Curry	Chili
Form	Klassisch gekrümmt		Schnecke		Lang & dünn
Gewicht	70g		100g		120g

◻ **Abb. 4.2** Beispiel für eine morphologische Analyse: Bratwurst-Komponenten und deren mögliche Ausprägungen. (Ähnlich [96])

Ideenprüfung Als Ergebnis der Ideengewinnungsphase liegt in der Regel eine große Zahl von Vorschlägen vor, deren Weiterverfolgung im weiteren Verlauf des Innovationsprozesses mit überproportional ansteigenden Kosten verbunden ist. Hinzu kommt, dass man nach einer groben Faustregel über 1000 Ideen benötigt, um ein erfolgreiches Produkt zu generieren [132, S. 192]. Deshalb gilt es in dieser Phase des Innovationsprozesses zunächst, die Anzahl der gewonnenen Ideen mit Hilfe von einfach anwendbaren Vorauswahl-Verfahren auf eine überschaubare Größenordnung zu reduzieren. Für diese Grobauswahl (auch **Screening** genannt) eignen sich **Checklisten**, mit deren Hilfe die Vorschläge auf die Erfüllung von Grundanforderungen hin abgeprüft werden. Dies impliziert insb. die Beantwortung folgender Fragen:

- Lässt die Produkt- oder Dienstleistungsidee einen klaren Kundennutzen erkennen?
- Ist der anvisierte Absatzmarkt hinreichend groß?
- Wie ist die Konkurrenzfähigkeit zu beurteilen? Gibt es z. B. Möglichkeiten, die Leistung rechtlich zu schützen?
- Ist der Vorschlag mit dem Zielen und dem Image des Unternehmens vereinbar?
- Stehen die benötigten Ressourcen für die Umsetzung der Idee zur Verfügung (insb. personelles Know-how, technische Produktionsmöglichkeiten) – oder sind diese zumindest mit vertretbarem Aufwand zu beschaffen?

Weiterführend ist das bereits in ▶ Abschn. 1.4 erläuterte bzw. in ◻ Tab. 1.1 dargestellte **Scoring-Verfahren**, das im Anschluss an die Checkliste eingesetzt werden kann. Bei diesem Ansatz wird durch Gewichtungsfaktoren berücksichtigt, welche unterschiedliche Bedeutung die einzelnen Prüfkriterien (Erkennbarkeit des Kundennutzens, Absatzmarkt-Größe usw.) für das Unternehmen haben – und die Ideen werden anhand dieser Kriterien nicht absolut, sondern graduell anhand eines Punkteschemas bewertet (z. B. von 1 = sehr schlecht bis 6 = sehr gut). Hieraus wird dann ein Gesamtpunktwert für jede Idee ermittelt. Aus Erfahrungen mit der Anwendung dieses Bewertungsinstruments bei früheren Neueinführungen lässt sich zudem eine Mindest-Gesamtpunktzahl ableiten, die eine Idee erreichen sollte, um erfolgsträchtig zu sein.

Durch das Ideen-Screening fallen diejenigen Ideen heraus, die nicht förderungswürdig erscheinen. Für die verbleibenden Vorschläge werden anschließend in einer zweiten Phase der Ideenprüfung **Wirtschaftlichkeitsanalysen** durchgeführt, mit denen (im Sinne der Marketing-Leitprinzips der wirtschaftlichen Fokussierung) abgeschätzt werden soll, ob die neue Angebotsleistung die wirtschaftlichen Mindest-Erfolgserwartungen erreicht. Hierbei kommen Umsatz- und Kostenschätzungen sowie Methoden der Absatzprognose und der Investitionsrechnung zum Einsatz ([155, S. 298] sowie im Detail [118, S. 27 ff.]).

Ideenrealisierung Bei der Realisierung von Ideen geht es im Bereich der **Sachgüter** um die technisch-materielle Produktentwicklung, bei der die Produktidee in einen Prototypen umgesetzt wird, und um die detaillierte Ausrichtung auf den Markt (z. B. genaue Formgebung, Markenname, Verpackung). Ferner sind die nötigen produktionstechnischen Voraussetzungen zu schaffen. Vor der endgültigen Markteinführung wird außerdem das serienreif entwickelte Produkt häufig noch einem Produkt- oder Markttest unterzogen, um dessen Akzeptanz bei den Abnehmern realitätsnah zu überprüfen. Nicht zuletzt ist auch darauf zu achten, dass die Innovation durch gewerbliche Schutzrechte (Patente, Urheber-, Marken-, Gebrauchs- und Geschmacksmusterrecht) vor Imitatoren geschützt wird.

Bei **Dienstleistungsinnovationen** umfasst die Realisierungsphase die detaillierte Fixierung der Leistungsmerkmale, die Bereitstellung der für die reibungslose Leistungserbringung nötigen Ressourcen (Räumlichkeiten, Software, für die neue Aufgabe geschultes Personal) sowie ebenfalls die eigentliche Markteinführung. Was die Absicherung innovativer Dienstleistungen vor Nachahmern anbelangt, besteht allerdings aufgrund der Immaterialität und der fehlenden Patentierbarkeit von Dienstleistungen das Problem, dass Neuheiten leicht imitiert werden können. Gewisse Schutzmöglichkeiten gibt es aber auch hier; diese bestehen im Aufbau eines besonderen Know-hows, einer hohen Leistungsproduktivität und der Patentierung von im Leistungs-Erstellungsprozess eingesetzten Technologien (Beispiel: Diagnosesysteme für Reparaturen). Langfristig gesehen bietet ferner eine „starke" Marke die Möglichkeit, sich wirksam von den Wettbewerbern abzugrenzen [92, S. 175 f., 271; 159, S. 203].

4.1.4 Management des Leistungsprogramms

Das Leistungsprogramm eines Unternehmens besteht aus der Gesamtheit aller dem Markt angebotenen Produkte und Dienstleistungen. Bei Sachgüter produzierenden (Hersteller-)Unternehmen wird hierbei in der Regel vom Produktions- bzw. **Produktprogramm** und im Handel von einem **Sortiment** gesprochen. Hierüber sind vielfältige

4.1 · Leistungspolitik

Tab. 4.4 Leistungspolitische Wachstumsoptionen und deren Anknüpfungspunkte. (Eigene Darstellung in Anlehnung an [3, S. 109; 7, S. 148 ff.])

	Bereits bearbeitete Märkte	Neue Märkte
Jetzige Angebotsleistungen	**Marktdurchdringung [I]**	**Marktentwicklung [II]**
	Absatzsteigerung bei bisherigen Kunden	Neue regionale Märkte
	Abwerbung von Kunden der Konkurrenz	Neue Verwendungszwecke
	Aktivierung von latentem Bedarf	Neue Abnehmergruppen
Neue Angebotsleistungen	**Angebotsentwicklung [III]**	**Diversifikation [IV]**
	Echte Innovationen	Horizontale Diversifikation
	Quasi-neue Angebote	Vertikale Diversifikation
	Me-too-Angebote	Laterale Diversifikation

Entscheidungen zu treffen, die vor allem den **Ausbau, die Reduktion und die inhaltliche Veränderung der Angebotspalette** betreffen.

Ausbau des Leistungsprogramms Für Unternehmen mit Wachstumsambitionen entwickelte Ansoff schon vor geraumer Zeit (1965) eine Vier-Felder-Tafel, die die möglichen Stoßrichtungen der Programmpolitik aufzeigt. Diese sog. **Ansoff-Matrix** enthält vier grundlegende, auch kombiniert einsetzbare Optionen – je nachdem, ob sich der Anbieter auf von ihm bereits bearbeiteten oder auf neuen Zielmärkten mit jetzigen oder neuen Angebotsleistungen weiterentwickeln möchte (vgl. ◘ Tab. 4.4). In der Fachliteratur werden diese auch als **Marktfeld-Strategien** bezeichneten Wachstumsmöglichkeiten häufig im Kontext der strategischen Marketing-Planung behandelt. Hier werden sie der Leistungspolitik zugeordnet, da sich die in ◘ Tab. 4.4 dargestellten Anknüpfungspunkte der einzelnen Matrix-Felder schwerpunktmäßig der Gestaltung des Leistungsangebots-Programms zuordnen lassen (vgl. ähnlich [82, S. 181 f.; 103, S. 174]) und weil die Entscheidung über die zu bearbeitenden Märkte bereits in ▶ Abschn. 3.2 behandelt wurde.

Die **Marktdurchdringungsstrategie [I]** strebt an, die jetzigen Zielmärkte mit den gegenwärtigen Leistungsangeboten noch weiter auszuschöpfen. Hierfür gibt es folgende mögliche Ansatzpunkte (vgl. ◘ Tab. 4.4):
— Die **Absatzsteigerung bei bisherigen Kunden** zielt darauf ab, Anreize zu schaffen, öfter und/oder mehr zu kaufen, z. B. indem Gebinde größenmäßig differenziert werden (Beispiele: das Nutella 1000 g-Glas oder die Milka 300 g-Tafel zur

Intensivierung des Konsums im Haushalt; umgekehrt war damals die Einführung von Milka „Lila Pause" ein sehr großer Marketing-Erfolg und hat den Außer-Haus-Schokoladenkonsum erheblich gesteigert). Mit derselben Zielrichtung werden bei Wrigleys Airwaves-Kaugummis, die als Spontankauf-Produkte meist nicht bevorratet werden [135, S. 207], mehrere Packungen gebündelt. Auch kann man bspw. bei einem milden Shampoo die „Jeden-Tag-Verwendbarkeit" in der Werbung hervorheben [7, S. 150]. Eine weniger kundenfreundliche Maßnahme ist in diesem Kontext dagegen der Einbau von „Sollbruchstellen" in die Produkte („Build-in-Obsolescence"), der die Kauffrequenz erhöht. Ebenso kann eine Intensivierung der Distribution (z. B. über zusätzliche Online-Verkaufskanäle) die Marktpräsenz des eigenen Angebots erhöhen und damit zu einer weiteren Marktabschöpfung beitragen.
- Für die **Abwerbung von Kunden der Konkurrenz** gibt es ebenfalls einige Möglichkeiten. Typische Beispiele sind auf Wettbewerber-Angebote gerichtete Preissenkungen, vergleichende Werbung, der Einstieg in die Distributionskanäle der Konkurrenz oder die Übernahme der Kündigungs-Formalitäten beim Wechsel des Internet-Providers durch den neuen Anbieter.
- Die **Aktivierung von latentem Bedarf** beinhaltet die Gewinnung bisheriger Nicht-Verwender der Angebotsleistung, die einen besonderen Anreiz zur Erstverwendung benötigen. Dieser Fall liegt bspw. dann vor, wenn Fitness-Studios für eine gewisse Zeit den kostenlosen Besuch des Studios gestatten, Produktproben von Süßwaren verteilt werden oder wenn eine Fast Food-Kette in der Werbung herausstellt, dass ihre Produkte auch einer anspruchsvollen Ernährung gerecht werden.

Mit der Marktausweitung bzw. **Marktentwicklung [II]** wird unternehmerisches Wachstum dadurch angestrebt, dass bisherige Leistungsangebote auf neuen Märkten eingeführt werden. Auch hierfür stehen drei Möglichkeiten zur Verfügung:
- **Neue regionale Märkte** haben bspw. in den vergangenen Jahren Textildiscounter wie KiK durch die Erhöhung der Filialdichte erschlossen; aktuell ist – auch in Deutschland – der irische Textil-Discounter Primark mit neuen Filialen auf dem (Marktentwicklungs-)Vormarsch. Grundsätzlich sind räumliche Markterweiterungen in regionaler, nationaler und internationaler Hinsicht möglich.
- **Neue Verwendungszwecke** bzw. „new uses" resultieren daraus, dass bei den bestehenden Angeboten gezielte Funktionserweiterungen vorgenommen werden. Besonders populär ist hier das Beispiel Teflon, das ursprünglich für die Raumfahrt entwickelt wurde und erst anschließend durch gezielte Funktionsausweitung als Beschichtung für Küchengeschirr Anwendung fand. Ein erweiterter Einsatzzweck für das Leistungsangebot liegt auch dann vor, wenn ein Verlag z. B. eine Fachbuch-Reihe speziell für Manager zusätzlich im Hörbuch-Format anbietet, damit diese ihre Zeit unterwegs sinnvoll nutzen können [43, S. 744].

4.1 · Leistungspolitik

- Ähnlich wie bei dem „new uses-Konzept" ist auch das Adressieren **neuer Abnehmergruppen** (new users) meist mit Änderungen am Leistungsangebot verbunden. Bspw. sprechen Verlage die wenig Printmedien-affine, jüngere Zielgruppe verstärkt dadurch an, dass Zeitungs- oder Zeitschriften-Abonnements im sog. „Bundle" mit Tablet-PCs angeboten werden. Um eine recht weitgehende Marktentwicklung handelt es sich, wenn eine Restaurantkette ihr Angebot auf Catering für Großveranstaltungen erweitert – und dadurch einen speziellen Business-to-Business-Markt mit abdeckt. Ein besonders bemerkenswertes Beispiel bietet auch Jägermeister, der klassischerweise von einer älteren Zielgruppe als Verdauungslikör konsumiert wird und mittlerweile eine „Zielgruppenerweiterungs- bzw. Verjüngungskur" hinter sich hat. Mit der „Achtung Wild!"-Kampagne wurde Jägermeister erfolgreich für eine jüngere „Party-Zielgruppe" als Trendmarke positioniert [131, S. 201]. Bemerkenswert ist hierbei auch, dass Jägermeister dabei seine bisherigen Stammkäufer offenbar nicht verloren hat.

Bei der Leistungserweiterung bzw. **Angebotsentwicklung [III]** geht es darum, durch neue Leistungsangebote auf den bereits bearbeiteten Märkten Wachstum zu generieren. Dabei lassen sich nach dem Grad der Neuartigkeit drei Spielarten differenzieren:
- **Echte Innovationen** mit einer völlig neuen Nutzenstiftung für die Kunden (z. B. Arzneimittel mit neuen heilenden Wirkungen) – die als solche besonders große Chancen beinhalten, aber auch ein hohes Innovationsrisiko verkörpern (vgl. ▶ Abschn. 4.1.3),
- **Quasi-neue Angebote**, die zwar neuartig sind, aber auf der Grundlage bereits vorhandener Lösungen generiert wurden und insoweit eher Leistungsdifferenzierungen oder -ergänzungen darstellen (z. B. fettreduzierte Butter, neuartige Bier-Mixgetränke),
- **Me-too-Angebote** bzw. Betriebsneuheiten, die es in vergleichbarer Form auf dem Markt schon gibt und die nur für das betreffende Unternehmen neu sind (z. B. eine weitere Joghurt-Tafelschokolade).

Eine Angebotsentwicklung kann auch dadurch erfolgen, dass keine für das Unternehmen gänzlich neuen Leistungen angeboten werden, sondern neue Varianten zu einer bestehenden Leistungsangebots-Linie hinzugefügt werden (**Leistungsdifferenzierung**). Der Grund für eine solche Ergänzung des Leistungsprogramms kann z. B. darin liegen, dass man den Käufern mehr Abwechslung bieten möchte. So werden z. B. bei Lindt, Ritter Sport und Milka ständig neue Tafelschokolade-Varianten eingeführt.

Die **Diversifikation [IV]** beinhaltet die gleichzeitige Verfolgung zweier Wachstumsdimensionen, indem neue Angebote auf bisher nicht bearbeiteten Märkten platziert werden; sie verkörpert deshalb für das Unternehmen den höchsten Innovationsgrad. Mitunter wird eine solche erhebliche Ausweitung des Tätigkeitsfeldes aus eigener Kraft gestemmt, häufig aber auch über den Aufkauf von oder die Kooperation mit anderen Unternehmen gleichsam „sprunghaft" realisiert. Für eine Diversifikation können ganz verschiedene Gründe maßgebend sein, z. B. dass eine Wachstumsdimension allein keine hinreichenden Entwicklungspotenziale mehr verspricht, oder dass ein Risikoausgleich oder eine bessere Nutzung der eigenen Ressourcen angestrebt wird. Unabhängig von diesen Gründen lassen sich auch bei der Diversifikation drei Formen unterscheiden – je nachdem, in welchem Zusammenhang das neue mit dem bisherigen Betätigungsfeld steht:

- Charakteristisch für die **horizontale Diversifikation** ist es, dass die Angebotserweiterung innerhalb derselben Produktions- oder Wirtschaftsstufe stattfindet. Beispiele hierfür sind die Übernahme des Motorrad-Herstellers Ducati durch den VW-Konzern oder die Angebots-Erweiterung eine Bierbrauerei um alkoholfreie Getränke.
- Die **vertikale Diversifikation** zeichnet sich demgegenüber dadurch aus, dass die Ausdehnung des Leistungsangebots auf vor- oder nachgelagerte Beschaffungs-, Produktions- oder Absatzstufen erfolgt. Bei der Leistungserweiterung um vorgelagerte Stufen spricht man von **Rückwärtsintegration** (Beispiel: Immer mehr regionale Brauereien bauen selber spezielle Hopfen-Sorten an, um dem Bier eine besondere Würze zu verleihen, [129]). Bei der **Vorwärtsintegration** wird dagegen die Geschäftstätigkeit um nachgelagerte Wirtschaftsstufen erweitert, d.h. es erfolgt z. B. der Aufbau eines eigenen Vertriebsweges (Beispiel: Die Brauerei vertreibt ihr Bier über eigene Gaststätten). Der Aspekt der Risiko-Streuung kommt allerdings bei der vertikalen Diversifikation kaum zum Tragen, da bei einem Nachfragerückgang nach dem Endprodukt alle damit zusammenhängenden Wirtschaftsstufen negativ betroffen sind.
- Gar kein direkt erkennbarer Zusammenhang zwischen altem und neuem Tätigkeitfeld liegt bei der **lateralen Diversifikation** vor. Dieser Ansatz zeichnet sich durch ein besonders hohes Risiko aus. Ein klassisches Beispiel für eine fehlgeschlagene laterale Diversifikation ist der seinerzeit von VW unternommene Versuch, sich durch den Kauf von Triumph-Adler ein weiteres Standbein im Bereich der Bürokommunikation aufzubauen [7, S. 167]. Augenfällige Beispiele bieten im Kontext dieser Diversifikations-Variante auch die großen Handelsketten wie Aldi, Lidl und Rewe, die schon vor einiger Zeit in die Tourismusbranche eingestiegen sind.

Entscheidend für den Diversifikations-Erfolg ist es, dass **Synergien** genutzt werden können, d.h. dass durch das Zusammenwirken der Unternehmensbereiche eine höhere Effizienz erzielt wird als im getrennten Zustand. Möglich wird die Nutzung von Synergien dann, wenn das Unternehmen über besondere Stärken verfügt, die sich in dem neuen Betätigungsfeld nutzen lassen (z. B. eine schlagkräftige Vertriebsorganisation, Beziehungen, ein spezielles Wissen oder flexibel einsetzbare Produktionsanlagen). Porsche etwa hat mit der Gründung der Unternehmensberatungs-Tochter Porsche Consulting eine erfolgreiche (laterale) Diversifikation vollzogen, weil sich Porsche

4.1 · Leistungspolitik

selbst zuvor binnen kurzer Zeit vom (verlustreichen) Übernahme-Kandidaten zum weltweit rentabelsten Automobilhersteller gewandelt und dadurch ein beträchtliches Know-how in Sachen Krisenmanagement aufgebaut hatte.

Für welche der Wachstumsmöglichkeiten sich ein Unternehmen entscheiden sollte, hängt von seinen Ressourcen und seiner Risikobereitschaft ab. Es hat sich gezeigt, dass von der Marktdurchdringung über die Markt- und Angebotsentwicklung bis zur Diversifikation sowohl die Wachstumschancen als auch das Risiko zunehmen (entsprechend der römischen Zahlen in ◘ Tab. 4.4). Dabei bietet die Diversifikation die wenigsten Anknüpfungspunkte an bestehende produktionstechnische und Marketing-Erfahrungen. Deshalb gilt es gerade hier, das Marketing-Leitprinzip zu beachten, realistisch zu bleiben und sich nicht zu sehr von den Wachstumschancen im potenziellen neuen Geschäftsfeld blenden zu lassen.

Was die Anwendungsmöglichkeiten der Produkt-Markt-Matrix insgesamt anbelangt sei darauf hingewiesen, dass Ansoff selbst (vor dem Hintergrund der allgemeinen Boom-Situation in den 60er Jahren) bei seinem Ansatz eine Wachstumsorientierung unterstellt. Heute dagegen sind angesichts oftmals stagnierender Märkte viele Unternehmen gezwungen, den umgekehrten Weg zu beschreiten und sich auf ihr Kerngeschäft zu konzentrieren. Für solche gewollten Schrumpfungs-Prozesse lässt sich der Ansatz von Ansoff aber im Prinzip ebenfalls als Denkraster nutzen, da sich auch ein Rückzug letztlich auf Angebote und/oder Märkte bezieht. Wenn ein Unternehmen bspw. anstelle einer Diversifikation eine sog. **Konversifikation** betreibt, wird gleichzeitig eine Zielmarkt- und eine Angebots**straffung** vorgenommen, d. h. es werden einzelne Kundengruppen nicht mehr als Zielmarkt bearbeitet und bestimmte Leistungen aus dem Angebotsprogramm eliminiert [103, S. 174 f.]. In der Regel konzentriert sich das Unternehmen dabei auf die Schlüsselkunden, deren wichtigste Probleme gut mit seinen bisherigen Kernleistungen korrespondieren bzw. die gut zu den eigenen Kernkompetenzen passen [12]. Damit ist bereits eine zweite grundlegende Option der Programmpolitik, die Reduktion der Angebotspalette, angesprochen.

Elimination von Leistungsangeboten Im Sinne des Marketing-Leitprinzips der Fokussierung auf wirtschaftliche Zielsetzungen ist es für ein Unternehmen zwingend nötig, das eigene Leistungsprogramm öfter im Hinblick auf solche Angebote zu durchforsten, die den eigenen Ertragszielen nicht mehr dienlich sind (und die auch künftig hierfür kein Potenzial erwarten lassen). Bei der Entscheidung über eine mögliche Elimination von Leistungsangeboten sollten verschiedene Aspekte berücksichtigt werden:

- Bedeutsam sind zunächst die **Deckungsbeiträge**, die die einzelnen Leistungen erwirtschaften, und zwar insgesamt als auch im Verhältnis zu den eingesetzten Ressourcen (z. B. zur personellen oder zur Produktionskapazität). Leistungsangebote sind vor allem dann „eliminationsverdächtig", wenn sie bei hoher Ressourcenbeanspruchung nur geringe oder gar keine Deckungsbeiträge erbringen.

- Aktuell unbefriedigende wirtschaftliche Erfolgszahlen sind allerdings vor einer Eliminationsentscheidung auf ihre **Gründe** hin zu hinterfragen – auch dahingehend, ob an der unbefriedigenden Situation mit vertretbarem Aufwand etwas geändert werden kann. So könnte sich z. B. herausstellen, dass das Produkt oder die Dienstleistung gute Zukunftschancen hat, weil sie sich noch nicht auf dem Markt etabliert hat und die hohen Markteinführungs-Kosten negativ zu Buche schlagen.
- Geprüft werden sollte auch, ob die Elimination eines Leistungsangebots negative **Verbundwirkungen** auf den Verkauf anderer Teile des Angebotsprogramms entfaltet, weil es häufig gemeinsam mit anderen Leistungen gekauft wird.
- Ferner können auch mutmaßlich negative Einflüsse auf das Unternehmensimage oder soziale Gründe (Vermeidung von Entlassungen) gegen eine schnelle Elimination sprechen.

Inhaltliche Veränderung von Leistungsangeboten Um den sich wandelnden Kundenanforderungen Rechnung zu tragen und im Vergleich zur Konkurrenz aktuell zu bleiben, müssen die vorhandenen Leistungen verbessert bzw. „gepflegt" werden. Auch wenn ein Leistungsangebot bei der Überprüfung anhand wirtschaftlicher Kennzahlen schlecht abschneidet, aber über besondere Marketing-Potenziale wie einen hohen Bekanntheitsgrad verfügt, kann es geboten sein, anstelle einer Elimination das betroffene Leistungsangebot zu verändern. Grundsätzlich können dabei Weiterentwicklungen im Sinne eines kontinuierlichen Verbesserungsprozesses in kurzen, kleinen Schritten stattfinden – oder aber durch einen **Relaunch**. Bezweckt wird damit, im Rahmen eines gebündelten Optimierungskonzepts die „Lebensdauer" einer Angebotsleistung zu verlängern und deren Rentabilität zu verbessern [65, S. 32].

Die Vorgehensweise bei einem Relaunch besteht darin, dass man bewusst über einen längeren Zeitraum Verbesserungsansätze sammelt, um diese zu einem für die Kunden deutlich wahrnehmbaren, schlüssigen Neuauftritt des Leistungsangebots zu bündeln, der sich gegenüber den Abnehmern klar kommunizieren lässt. Zwar kann eine kontinuierliche Pflege des Leistungsangebots ebenso eine sinnvolle Vorgehensweise darstellen; nur reichen einzelne „kosmetische" Leistungsänderungen oftmals ebenso wenig aus wie neue Werbekampagnen oder Preissenkungen, um einem negativen Markttrend wirksam und längerfristig zu stoppen [35, S. 330 f.].

Von einem Relaunch zu unterscheiden ist das **Revival**, bei dem man ein Produkt, das bereits vor einer mehr oder weniger langen Zeit vom Markt genommen wurde, wieder neu aufleben lässt. Solche Reanimationen findet man im Bereich der Automobile z. B. beim MINI, beim VW Käfer und beim Fiat 500 und ebenso bei Motorrädern (z. B. Triumph Bonneville, Moto Guzzi V7 II), die als sog. **Retro-Modelle** zahlreiche optische Anleihen bei ihren Vorgängern nehmen. Aus dem Konsumgüter-Bereich sind Creme21, Ahoj Brause, TRi TOP, Bluna und Afri Cola als bekannte Retromarken-

Beispiele zu nennen [14, S. 147 ff.]. Lange vom Markt verschwunden war auch das 2012 wieder eingeführte Comic-Magazin YPS („mit Gimmick"), dessen Konzept darin besteht, die seinerzeit behandelten Themen inhaltlich und optisch auf die Lebenswelt der damaligen Leser zu übertragen.

4.2 Preispolitik

4.2.1 Stellenwert der Preispolitik im Marketing

Der Preis galt in früheren Zeiten als der deutlich wichtigste Handlungsparameter im Marketing – was auch auf den Einfluss der Mikroökonomie und der klassischen Preistheorie zurückzuführen ist. Mit zunehmendem Wohlstand und wachsender Relevanz anderer, z. B. marken- und kommunikationspolitischer Marketing-Instrumente nivellierte sich jedoch die Bedeutung der Preispolitik.

Dennoch sind Preisänderungen nach wie vor ein sehr wirkungsvolles Marketing-Mittel. Diese Wirkungsstärke resultiert zum einen daraus, dass niedrige Preise, besonders im Business-to-Consumer-Marketing, auf viele Kunden einen unwiderstehlichen Kaufreiz ausüben [41, S. 98]. Zum anderen können preisliche Maßnahmen im Vergleich zu anderen Marketing-Instrumenten sehr schnell, kostengünstig und flexibel umgesetzt werden; die oft mehrmals tägliche Änderung der Kraftstoffpreise an den Tankstellen zeigt dies deutlich.

Im Übrigen hat die Bedeutung der Preispolitik in jüngerer Zeit wieder zugenommen. Ein Grund hierfür liegt in der Zunahme preisaggressiver Konkurrenten aus Niedriglohnländern, die inländische Anbieter in Preiskämpfe verwickeln. Hinzu kommt, dass die leichte Vergleichbarkeit von Preisen mit Hilfe von Preissuchmaschinen wie ▶ www.billiger.de, ▶ www.idealo.de oder ▶ www. Geizkragen.de die Preissensitivität der Kunden erhöht hat [59, S. 659]. Schließlich dürfte auch eine Rolle spielen, dass die Unternehmen mit ihren oft stark preisorientierten Kommunikationsmaßnahmen (z. B. „Geiz ist geil") die Nachfrager selbst zu einem preisbewussten Verhalten anstiften.

Gemäß dem Leitprinzip der konsequenten Kundenorientierung kann der Terminus **„Preis" im weiteren Sinne** verstanden werden als die Summe aller Kosten und Mühen, die der Abnehmer aufzubringen hat, um das Produkt bzw. die Dienstleistung zu erwerben und um die damit verbundenen Vorteile nutzen zu können. Diese Interpretation des Preisbegriffs geht über das Verständnis des Preises als der in Geldeinheiten ausgedrückte Wert der Angebotsleistung (**Preis im engeren Sinne**, d. h. der monetäre Kaufpreis) hinaus und umfasst bspw. zusätzlich Fahrtkosten, psychische Anstrengungen beim Suchen nach der „richtigen" Kaufalternative oder Folgekosten bei der Nutzung eines Fahrzeugs [101, S. 735, 1302]. Dementsprechend soll hier der Begriff „Preispolitik" wie folgt definiert werden:

> **Merke!**
>
> Die **Preispolitik** umfasst alle Entscheidungen und Handlungen, die die Festlegung der Gegenleistungen betreffen, die der Kunde für die Inanspruchnahme einer Angebotsleistung zu entrichten hat.

Nach diesem Verständnis kann ein Unternehmen den Preis z. B. auch durch eine – zeitlich begrenzte – Übernahme der Wartungs- und Versicherungskosten beim Pkw-Verkauf oder die kostenlose Zustellung bestellter Produkte senken (was man auch als Leistungsverbesserung interpretieren könnte). Angebots- und Preispolitik sind jedenfalls sehr eng miteinander verknüpft, denn es gibt keinen „Preis an sich", sondern immer nur einen Preis für eine bestimmte Leistung.

Unter dem Aspekt des Marketing-Leitprinzips der wirtschaftlichen Fokussierung hat die Preisgestaltung eine besondere Relevanz, da sich Preisänderungen direkt auf die Ertragssituation eines Unternehmens auswirken (s. ◘ Abb. 1.3). Dies spiegelt sich auch in der Aufgabenstellung der Preispolitik wider:

> **Auf den Punkt gebracht:** Die Grundaufgabe der Preispolitik besteht darin, für die vom Unternehmen angebotenen Leistungen wirtschaftlich sinnvolle Preise festzulegen – die allerdings zwingend auch im Umfeld der Wettbewerber-Angebote für eine hinreichend große Zahl von Abnehmern akzeptabel sein müssen.

Darüber hinaus sind die – nachfolgend nicht näher betrachteten – **Konditionen** zu fixieren, die als **preisbegleitende Maßnahmen** bei einem Kauf Gültigkeit besitzen sollen (insb. Rabatte, Skonti und Absatzkredite).

4.2.2 Bestimmungsgrößen der Preispolitik

> **Auf den Punkt gebracht:** Wenn man von reglementierten Preisen absieht (z. B. durch das Tabaksteuergesetz oder durch vorgegebene Gebührenordnungen bei Ärzten, Notaren oder Steuerberatern), sind es allen voran drei Parameter, die das Unternehmen bei der Festlegung von Preisen zu beachten hat:
> - die (Selbst-)Kosten der angebotenen Produkte bzw. Dienstleistungen,
> - die Preise der Konkurrenzangebote,
> - die aktuellen und potenziellen Abnehmer (insb. deren Preiswissen, Preisbewusstsein und Preisverhalten).

4.2 · Preispolitik

In diesem Zusammenhang wird auch von dem „magischen Dreieck der Preispolitik" gesprochen (z. B. bei [162, S. 53 f.]). Das Gewicht, mit dem diese Faktoren bei Preisentscheidungen berücksichtigt werden, kann allerdings je nach Situation des Unternehmens variieren.

Die Kosten als preispolitische Einflussgröße In der Regel stellt die Analyse der eigenen Kostensituation den ersten Schritt bei der Preisfindung dar [140, S. 16]. Unternehmen, die auf lange Sicht keine (voll)kostendeckenden Preise erzielen, können im Wettbewerb nicht überleben – es sei denn, sie erhalten Subventionen. Die **langfristige Preisuntergrenze** für eine Leistung bzw. ein Produkt liegt deshalb dann vor, wenn zu diesem Preis die **gesamten Stückkosten** gedeckt werden.

Neben dieser langfristigen Untergrenze ist für Preisfestlegungen oftmals (insb. bei nicht voll ausgelasteten Produktionskapazitäten) auch die **kurzfristige Preisuntergrenze** relevant, die sich aus den **variablen Stückkosten** ableitet. Denn wirtschaftlich gesehen ist der Verkauf einer Angebotsleistung so lange sinnvoll, wie hierdurch noch ein zumindest geringfügig positiver **Deckungsbeitrag** (= Preis minus variable Stückkosten) erzielt wird, weil andernfalls der Fixkosten-Block vollständig durch die anderen Angebote des Unternehmens gedeckt werden müsste.

Mitunter wird in der Praxis aber auch diese Preisgrenze noch unterschritten. Sinn macht dies z. B. dann, wenn es sich bei der betreffenden Angebotsleistung um eine „Frequenzbringer" handelt, mit dem die Absatzzahlen und die Gewinne bei anderen Produkten forciert werden können. Im Handel z. B. werden einzelne Produkte mitunter unter Einstandspreis verkauft, wenn ein Nachfrageverbund zu anderen (höher kalkulierten) Produkten im Sortiment besteht, d. h. diese häufig gemeinsam gekauft werden. Bei einer solchen **Mischkalkulation** findet eine „Quersubventionierung", d. h. ein **Simultanausgleich** zwischen gewinn- und verlustbringenden Produkten statt. Ebenso kann es auch ökonomisch sinnvoll sein, Verluste für (die Hoffnung auf) spätere gewinnbringende Aufträge in Kauf zu nehmen; in diesem Fall würde ein zeitlicher bzw. **Sukzessivausgleich** vorliegen. In jedem Fall sollte man aber bei nicht (voll-)kostendeckenden Preisen Vorsicht walten lassen, denn Kunden können sich schnell an niedrige Preise gewöhnen und sind dann kaum bereit, spätere Preiserhöhungen zu akzeptieren [59, S. 736].

Auch aus **Imagegründen** wird mitunter ein negativer Deckungsbeitrag in Kauf genommen – z. B. dann, wenn eine Werbeagentur um einen neuen Kunden buhlt, der ein besonders hohes Weiterempfehlungs- oder Referenzpotenzial verkörpert und dadurch die Gewinnung weiterer Neukunden erleichtert. Auch hierbei handelt es sich um eine Art der „kompensatorischen" Kalkulation, die bei der Preisbildung Kostenüberlegungen bereits um (weniger sicher quantifizierbare) Aspekte der nachfrageorientierten Preispolitik ergänzt.

Eine allein auf den Kosten basierende Preisbildung (z. B. in Form eines Gewinnaufschlags auf die Selbstkosten) ist demgegenüber viel leichter und schneller anzuwenden.

Sie berücksichtigt aber weder die Reaktionen der Kunden auf preisliche Maßnahmen noch die der Wettbewerber, von denen es abhängt, ob der Preis in der kalkulierten Höhe auch durchgesetzt werden kann bzw. zu der gewünschten Absatzmenge führt. Ebenso können bei einer rein kostenorientierten Preisfindung Erlös- und Gewinnpotenziale ungenutzt bleiben, wenn der Markt höhere Preise verträgt. Aus diesen Gründen sollte man Kosten-Preise nur für die Bestimmung von Preisuntergrenzen heranziehen.

Die Abnehmer als preispolitische Einflussgröße Die zumeist wichtigste Bestimmungsgröße der Preisbildung ist das Preisverhalten der aktuellen und potenziellen Abnehmer. Denn ob die Nachfrager eine Angebotsleistung erwerben, ist weniger von den Herstellungskosten des Anbieters als vielmehr davon abhängig, ob der vom Kunden subjektiv erwartete Nutzen des Angebots größer ist als die mit dem Kauf verbundenen finanziellen (und sonstigen) Opfer [9, S. 147 f.]. Die durch diese Nutzenerwartung gegebene **Zahlungsbereitschaft** repräsentiert gleichzeitig die **Preisobergrenze**, d. h. denjenigen Preis, den der Kunde für die Leistung maximal zu zahlen willens und in der Lage ist. Die Zahlungsbereitschaft unterscheidet sich dabei freilich von Kunde zu Kunde.

Kumuliert man die individuellen Preisobergrenzen der Nachfrager, resultiert daraus die Preisresponse- bzw. **Preis-Absatz-Funktion** (s. ◘ Abb. 4.3). Sie bildet ab, wie viele Einheiten eines Produkts oder einer Dienstleistung bei verschiedenen Verkaufspreisen nachgefragt bzw. gekauft werden; ihre Kenntnis ist für unternehmerische Preisentscheidungen außerordentlich hilfreich.

Durch Methoden der Marketing-Forschung ist es möglich, den Verlauf der Preis-Absatz-Funktion (zumindest annähernd) empirisch abzuschätzen (vgl. hierzu im Detail [30, S. 319 ff.; 93, S. 494 ff.]). Die naheliegende direkte **Befragung der Abnehmer nach ihrer Preisbereitschaft** erweist sich hierbei jedoch als wenig valide, weil das Nennen eines Preises, den man maximal bezahlen würde, nicht mit einer Kaufverpflichtung bzw. finanziellen Konsequenzen einhergeht, so dass es zu einer Überschätzung der tatsächlichen Zahlungsbereitschaften kommt [59, S. 687]. Ob die Nachfrager das Angebot wirklich zu den angegebenen Preisen kaufen würden, lässt sich deshalb besser im Wege eines **realen Preisexperiments** ermitteln, bei dem z. B. in verschiedenen Handelsgeschäften oder Verkaufsgebieten der Preis variiert und die daraus resultierende Absatzmengen-Wirkung erfasst wird. Eine weitere, wesentlich kostengünstigere Ermittlungsmethode besteht in der **Analyse von Kaufdaten aus der Vergangenheit**, die angeben, zu welchen Preisen das interessierende Leistungsangebot früher gekauft wurde. Dieses Verfahren setzt allerdings voraus, dass genügend variierende Preis- und Absatzdaten aus der Vergangenheit vorliegen; außerdem lassen sich andere, d. h. nicht-preisliche Einflussgrößen auf die Absatzmenge kaum herausrechnen und die Befunde nur eingeschränkt auf die Zukunft übertragen. Als eine elegante Möglichkeit zur Ermittlung der Preisresponse-Funktion sei schließlich noch die **Analyse von Internet-Auktionen** genannt. Aus den (verbindlichen) Gebo-

4.2 · Preispolitik

ten der Käufer lässt sich automatisch ermitteln, wie viele Nachfrager das Angebot zu welchen Preisen kaufen würden. Die gewonnenen Daten besitzen allerdings nur für Online-Käufer Gültigkeit.

Für das tatsächliche Preisverhalten der Abnehmer, das in der Preisresponse-Funktion zum Ausdruck kommt, sind keineswegs nur „harte" Faktoren wie die Kaufkraft der Abnehmer verantwortlich, sondern auch verschiedene psychologische Faktoren. Für eine dem Marketing-Leitprinzip der konsequenten Kundenorientierung verpflichtete Preispolitik ist es essenziell, diese **Ursachen** des Preisverhaltens zu kennen. Dazu zählen u. a. die Preiswahrnehmung, das Preiswissen, das Preisbewusstsein sowie die Preisbeurteilung.

Unter „**Preiswahrnehmung**" wird hier der Prozess der Aufnahme, Verarbeitung und Interpretation von preisbezogenen Informationen verstanden. Im nachfolgenden ▶ Abschn. 4.2.3 wird anhand einiger Beispiele gezeigt, wie wissenschaftliche Erkenntnisse über die Wahrnehmung von Preisen nutzbringend in preispolitische Maßnahmen einfließen können.

Das **Preiswissen** bzw. die Preiskenntnisse beinhalten das verfügbare Wissen der Abnehmer über die Höhe von Preisen. Wenn dem Kunden das Preiswissen für eine Leistung fehlt, erkennt er weder ein objektiv besonders günstiges noch ein teures Angebot. Im erstgenannten Fall empfiehlt es sich, auf die Preise vergleichbarer Konkurrenzangebote hinzuweisen. Insgesamt ist das Preiswissen zwar als eher niedrig einzustufen [93, S. 454], aber anders als früher können Käufer heute ihr Preiswissen direkt vor dem Kauf rasch vergrößern, indem sie z. B. Preisvergleichs-Apps benutzen, mit denen man direkt im Handel den Barcode von Produkten einscannen und so den günstigsten Preis für den ins Auge gefassten Artikel herausfinden kann.

Das Preiswissen hängt zusammen mit dem **Preisbewusstsein**, das die Bedeutung des Preises als Kaufentscheidungs-Kriterium beschreibt: Je größer das Preisbewusstsein, desto wichtiger ist dem Abnehmer ein niedriger Preis und umso stärker ist sein Preisinteresse ausgeprägt. Deshalb haben preisbewusste Käufer in aller Regel auch ein großes Preiswissen.

Die **Preisbeurteilung** schließlich beschreibt die abnehmer-individuelle Beurteilung des Preisniveaus eines konkreten Produkt- bzw. Dienstleistungsangebots (z. B. einer Tafel Schokolade oder eines Haarschnitts); sie kann sich aber auch auf den Anbieter insgesamt beziehen. Bewertet ein Großteil der Nachfrager ein Unternehmen als preisgünstig, so verfügt dieses über ein gutes Preisimage. In diesem Fall prüfen die Kunden oft nicht mehr bei jeder einzelnen Leistung, ob sie diese bei der Konkurrenz billiger erwerben können [41, S. 115 f.] – was sich Unternehmen dadurch zunutze machen, dass sie nur bei bestimmten Artikeln („Eck- bzw. Schlüsselprodukte") günstige Angebote unterbreiten, bei denen das Preiswissen hoch ist und die bei der Marketing-Kommunikation in den Vordergrund gerückt werden. Im Gegensatz dazu werden auf andere, meist seltener gekaufte Leistungen, bei denen ein geringes Preiswissen vorherrscht, höhere Gewinnspannen aufgeschlagen.

Die Wettbewerber als preispolitische Einflussgröße Da die Abnehmer ihre Kaufentscheidungen meist erst auf der Basis eines Preisvergleichs von alternativen Angeboten treffen, spielen die Wettbewerbspreise eine wichtige Rolle für den Erfolg der eigenen preispolitischen Maßnahmen – auch deshalb, weil der Preis ein besonders gut vergleichbares Leistungsmerkmal darstellt. Dabei gilt es, all diejenigen Konkurrenzpreise bei der eigenen Preispolitik zu berücksichtigen, die im sog. **„Evoked Set"** der Käufer enthalten sind. Dabei handelt es sich um diejenigen Leistungsangebote bzw. Marken, die von den Kunden als vergleichbar bzw. als Kaufalternativen angesehen werden. Angesichts der oft starken „Reaktionsverbundenheit" ist es zudem wichtig (aber auch schwer zu realisieren), mögliche Reaktionen der Mitanbieter auf eigene preispolitische Aktivitäten abzuschätzen.

In Bezug auf die Orientierung an der Konkurrenz hat ein Unternehmen grundsätzlich drei Möglichkeiten: Man kann sich an die Preise der Wettbewerber anpassen, diese konsequent überbieten oder auch unterbieten. Bei einer **Preisanpassung** richtet sich der betreffende Anbieter an durchschnittlichen Preisen oder am Marktführer aus, was schnell und einfach zu realisieren ist und im Markt zu einer „preispolitischen Ruhe" beitragen kann, aber eben auch mit dem Verzicht auf ein wirksames Marketing-Instrument einhergeht. Die **Preisüberbietung** dagegen ist typisch für Unternehmen, die eine ausgeprägte Präferenz-Strategie (s. ▶ Abschn. 3.3) verfolgen; sie empfiehlt sich dann, wenn ein besonderer Image- oder Qualitätsvorsprung vorliegt. Um den eigenen Marktanteil zu erhöhen oder um in einem neuen Markt Fuß zu fassen, wird häufig eine systematische **Preisunterbietung** praktiziert. Hierbei kann es allerdings zu einem Preiskampf mit ungewissem Ausgang kommen. Außerdem dürfen bei dieser Strategie die Nachfrager keine Zweifel an der Leistungsqualität hegen, denn dann würde eine Preissenkung nur bedingt zu einer Absatzsteigerung führen. Verfolgt werden sollte diese Strategie deshalb nur dann, wenn der Anbieter über eine im Konkurrenzvergleich günstige Kostenstruktur verfügt und wenn es genügend preisbewusste Abnehmer gibt.

4.2.3 Abnehmerorientierte Instrumente der Preispolitik

Mit Blick auf die Kunden als wichtigste Bezugsgröße des Marketing werden in diesem Abschnitt einige wichtige Nachfrager-bezogene Instrumente der Preispolitik erläutert. Dabei geht es im Einzelnen um die Preisdifferenzierung, die Preisbündelung/-entbündelung sowie um verschiedene Möglichkeiten der psychologischen Preisgestaltung.

4.2 · Preispolitik

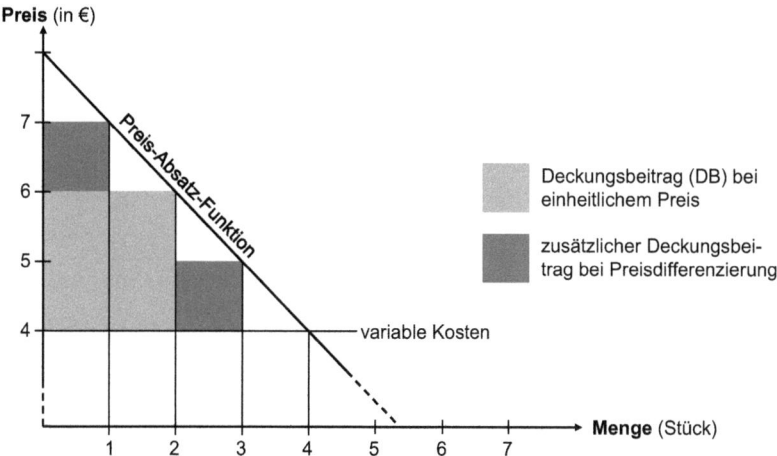

 Abb. 4.3 Preis-Absatz-Funktion mit Darstellung des Prinzips der Preisdifferenzierung. (In Anlehnung an [102, S. 118 f.])

Preisdifferenzierung

— **Merke!** —

Preisdifferenzierung liegt dann vor, wenn ein Unternehmen ein und dieselbe Leistung zu unterschiedlichen Preisen anbietet. In weiterem Sinne kann man auch dann von Preisdifferenzierung sprechen, wenn geringfügig unterschiedliche Leistungen zu vergleichsweise deutlich unterschiedlichen Preisen verkauft werden.

Die Preisdifferenzierung knüpft daran an, dass Zahlungsbereitschaften je nach Abnehmertyp, Region und Nachfragezeitpunkt oftmals erheblich schwanken. Verlangt ein Unternehmen in solchen Fällen einen einheitlichen Preis, gibt es in der Regel eine Reihe von Nachfragern, die einen höheren Preis zahlen würden. Zwar ist es praktisch meist nicht möglich, mit jedem Kunden den maximal erzielbaren Preis auszuhandeln. Durch eine geeignete Differenzierung der Preise z. B. nach Kundengruppen oder Marktgebieten ist es aber machbar, zumindest Teile dieser „Mehrzahlungsbereitschaft" (auch **Konsumentenrente** genannt) abzuschöpfen und so einen höheren Ertrag zu erzielen. Abbildung 4.3 illustriert die Abschöpfung der Konsumentenrente an einem vereinfachten Beispiel, bei dem der Markt nur aus drei Nachfragern mit einer unterschiedlichen Zahlungsbereitschaft (5, 6 und 7 €) besteht. Bei einem **Einheitspreis** würde hier ein Deckungsbeitrag von maximal 4 € realisiert (d. h. je 2 € von den beiden

Nachfragern mit der Zahlungsbereitschaft von 6 bzw. 7 €). Durch Preisdifferenzierung steigt der Deckungsbeitrag auf 6 €, was auch daran liegt, dass hierdurch ein Kunde hinzukommt (derjenige mit der Zahlungsbereitschaft von 5 €).

Eine erfolgreiche Umsetzung der Preisdifferenzierung setzt allerdings voraus, dass es für den Käufer nicht oder nur schwer möglich sein sollte, den vorgesehenen differenzierten Preis zu umgehen – etwa in der Weise, dass er in einen Teilmarkt, auf dem das Produkt günstiger angeboten wird, wechselt oder dass ein Weiterverkauf durch Abnehmer stattfindet, die den niedrigeren Preis bezahlt haben.

Folgende Varianten der Preisdifferenzierung lassen sich unterscheiden:

- Bei der **persönlichen Preisdifferenzierung** werden bestimmten Käufergruppen Ermäßigungen eingeräumt (z. B. Studenten, Schülern, Senioren). Diese Form der Preisdifferenzierung findet sich z. B. bei Fahr- und Eintrittspreisen oder beim vergünstigten Bezug von Software durch Hochschulen.
- Eine **zeitliche Preisdifferenzierung** bietet sich besonders dann, wenn Schwankungen in der Kapazitätsauslastung abgefedert werden sollen. Dies ist vor allem bei Dienstleistungen wichtig, die als solche nicht auf Lager produziert werden können. Ein typisches Beispiel hierfür stellen die nach Vor-, Haupt- und Nachsaison differenzierten Preise in der Touristikbranche dar. Preisdifferenzierungen mit kürzerem Zeithorizont sind bspw. Happy Hours in der Gastronomie oder die oft nach Wochentagen unterschiedlichen Preise für Hotelübernachtungen.
- Die **räumliche Preisdifferenzierung** zeigt sich in unterschiedlichen Preisforderungen auf geografisch abgegrenzten Teilmärkten eines Unternehmens. Oft geht es dabei darum, die Preisforderungen an regionale Einkommens-, Konkurrenz- oder steuerliche Gegebenheiten anzupassen. Diese Preisdifferenzierung-Variante ist z. B. bei den nach Ländern unterschiedlichen Preisen für identische Medikamente und Autos gegeben. Auch Handelsketten differenzieren mitunter in den einzelnen Filialen ihre Preise, um die unterschiedlichen Marktchancen in den Einzugsgebieten auszunutzen. Die wachsende Bedeutung des Online-Handels hat allerdings dazu geführt, dass die Durchsetzung räumlicher Preisdifferenzierungen schwieriger geworden ist [131, S. 356], da der elektronische Handel keinen regionalen Beschränkungen unterliegt.
- Von einer mengenbezogenen bzw. **quantitativen Preisdifferenzierung** spricht man, wenn sich die Preise pro verkaufter Einheit nach Abnahmemengen unterscheiden. Preisnachlässe werden dabei mit dem Ziel eingeräumt, die Einkaufsmenge, die Kundenbindung und/oder die Kundenzahl zu erhöhen. Als Beispiele hierfür seien die Vielflieger-Programme der Luftfahrtgesellschaften und Gruppenermäßigungen (z. B. beim Museumsbesuch) genannt. Im Grunde handelt es sich in all diesen Fällen um einen Mengenrabatt. Anstelle der Gewährung von Nachlässen können aber auch umgekehrt Mindermengenzuschläge verlangt werden, die der Käufer dann zu zahlen hat, wenn er ein vorgegebenes Einkaufs- bzw. Auftragsvolumen nicht erreicht.

4.2 • Preispolitik

- Für die **Preisdifferenzierung im weiteren Sinne** gilt, dass keine völlige Identität der Leistungsangebote vorliegt, für die die unterschiedlichen Preise verlangt werden. Dies liegt z. B. dann vor, wenn ein etabliertes Markenprodukt lediglich neu verpackt und unter einem anderen Namen als wesentlich billigere Zweitmarke verkauft wird.

Preisbündelung und -entbündelung

> **Merke!**
>
> **Preisbündelung** ist dann gegeben, wenn mehrere an sich auch einzeln vermarktbare Teilleistungen zu einem Bündel zusammengefasst und zu einem Paketpreis offeriert werden; in der Regel liegt der Gesamtpreis dabei unterhalb der Summe der Einzelpreise. **Preis-Entbündelung** beinhaltet demgegenüber das Herauslösen und separate Bepreisen von Einzelleistungen aus einem Leistungspaket.

Mit der Preisbündelung können mehrere Ziele verfolgt werden. Zum einen kann sie **Zusatzkäufe auslösen** und damit die Umsätze steigern; der Kunde soll Teilleistungen nicht bei der Konkurrenz erwerben. Ferner kann Preisbündelung dem Kunden auch bewusst die **Beurteilung der Preiswürdigkeit des Gesamtangebots erschweren**, denn Einzelleistungen lassen sich leichter zwischen verschiedenen Anbietern „preisvergleichen". Oft möchte der Anbieter durch das Paketangebot auch als Problemlöser bzw. **Systemanbieter** auftreten („Alles aus einer Hand") und dadurch die Kundenbindung erhöhen [26, S. 76].

Zumeist werden deshalb komplementäre Leistungen gebündelt. Man denke hier etwa an Wochenend-Angebote von Hotels in Verbindung mit Feinschmeckerlokal- und Opernbesuch, an Pauschalurlaube oder an den Verkauf kompletter Wohnzimmereinrichtungen. Einen demgegenüber völlig anders gelagerten Fall zeigt das folgende Beispiel.

Beispiel: Preisbündelung bei Media Markt
Media Markt bot im Mai 2015 ein Bündel von Samsung LED-Fernseher und DeLonghi-Kaffemaschine an. Hierbei handelt es sich um zwei Produkte, zwischen denen praktisch kein Bedarfszusammenhang besteht. Gerade deshalb dürfte diese Art der Preisbündelung in den meisten Fällen bei den Käufern eigentlich nicht vorgesehene Zusatzkäufe verursacht haben – und dazu geführt haben, dass viele Käufer jetzt in ihrem Haushalt nicht nur über einen neuen Fernseher, sondern auch über eine zusätzliche Kaffeemaschine verfügen.

Wenn bei der **Preis-Entbündelung** bislang in einem Leistungspaket enthaltene Leistungsbestandteile herausgenommen und separat verkauft werden, der Paketpreis aber derselbe bleibt, so handelt es sich de facto um eine Preiserhöhung – was der eine oder andere Kunden aber nicht bemerkt. Dies könnte z. b. dann der Fall sein, wenn bei einer Hausratsversicherung ein einzelner Leistungsbestandteil (z. B. Fahrraddiebstahl außerhalb des Versicherungsortes) neuerdings nicht mehr unter den Versicherungsumfang fällt. Ebenso ist bei der Entbündelung aber auch eine Verringerung des Preises denkbar. Wenn etwa bei einer Kreuzfahrt-Gesellschaft ab einem bestimmten Zeitpunkt zusätzlich Servicegebühren erhoben werden, könnte im Gegenzug dazu der eigentliche Kreuzfahrt-Preis reduziert werden. Dadurch wirkt dieser Preis für viele Kunden kleiner als er ist, soweit bei der Buchung der Kreuzfahrt die Folgekosten nicht berücksichtigt werden – ein Effekt, der allgemein bei zeitlich versetzten Ausgaben häufiger auftritt [63, S. 39].

Psychologische Preisgestaltung Der zuletzt genannte Aspekt der Wirkung von Preisen verweist bereits auf die Einsatzmöglichkeiten der Preispsychologie. Für die Erfolgswirkung von Preisen kommt es nämlich letztlich **nicht auf die tatsächliche Preishöhe an, sondern ob diese als hoch bzw. niedrig empfunden werden**. Speziell Endverbraucher zeigen öfter wenig rational anmutende Reaktionen auf Preise.

Eine psychologische Wirkung erhofft man sich z. B. von den besonders im Handel beliebten **gebrochenen Preisen** (z. B. 4,99 €, 398 €), die als solche knapp unterhalb eines „glatten" Preises liegen. Damit möchte man erreichen, dass die Preise günstig wirken, weil bestimmte Preisschwellen nicht erreicht werden; es wird angenommen, dass viele Abnehmer die Preisziffern von links nach rechts mit sinkender Intensität beachten. Dieser Effekt konnte allerdings nur in einem Teil der empirischen Untersuchungen hierzu nachgewiesen werden, so dass sich keine generelle Aussage über die Sinnhaftigkeit gebrochener Preise treffen lässt [93, S. 456]. Oft setzen Unternehmen auch bewusst glatte Preise ein, die oft als „ehrlicher" wahrgenommen werden und manchem Kunden indirekt das Gefühl vermitteln, dass man ihm nicht unterstellt, auf die gebrochenen Preise „hereinzufallen" [21, S. 278 f.]. Deshalb sollten Unternehmen, die eine Präferenz-Strategie verfolgen, eher auf dieses preispsychologische Instrument verzichten.

Ein weiteres Instrument der psychologischen Preisgestaltung ist das **Schaffen von Vergleichspreisen**. Wenn ein Produktprogramm um einen sehr teuren Artikel erweitert wird, erscheinen die ursprünglich teuren Produkte plötzlich als preiswerter und werden eher gekauft [42, S. 55]. Ein solcher Effekt der relativen Preiswahrnehmung ist z. B. dann zu erwarten, wenn in dm-Drogeriemärkten die Naturkosmetik-Eigenmarke alverde neben den Artikeln der teureren Herstellermarke Weleda platziert wird (wodurch die Eigenmarke noch günstiger erscheint). Ein Vergleichspreis kann ferner z. B. auch dadurch geschaffen werden, dass auf Preisschildern der frühere (höhere) Preis durchgestrichen wird.

Verbraucher neigen dazu, **Preisnachlässe relativ zu beurteilen**. Dementsprechend wirkt eine Preisreduktion von 20 auf 10 € als ein starker Kaufanreiz, während eine Reduktion von 99 auf 89 € für den Kunden psychologisch kaum ins Gewicht fällt. Bei

4.2 · Preispolitik

◘ Abb. 4.4 Beispiel für eine psychologische Preisreduktion. (Aus: [133, S. 96])

höherpreisigen Angeboten empfiehlt es sich deshalb, Nachlässe absolut auszuweisen (z. B. „Schuhe in dieser Woche 10 € billiger"), während bei niedrigpreisigen Angeboten die Angabe prozentualer bzw. relativer Abschläge (z. B. halber Eintrittspreis am Montag) anzuraten ist [41, S. 117].

Das Empfinden besonders günstiger Preise kann man ferner durch eine **auffällige Preisoptik** fördern, z. B. durch große rote Preisziffern, die oft in Verbindung mit Reizwörtern wie „Knüllerpreis" oder „saubillig" sowie Niedrigpreis-Symbolen (z. B. einem Sparschwein) präsentiert werden.

In eine ähnliche Richtung zielt auch das in ◘ Abb. 4.4 dargestellte Beispiel, bei dem untersucht wurde, welchen Einfluss bei einer Autowaschanlage die Gestaltung eines Bonus-Passes auf dessen Einlösung hat. Dabei zeigte sich, dass die Kunden mit dem zweifach „vorgestempelten" Waschpass diesen doppelt so häufig einlösten, obwohl in beiden Fällen acht (bezahlte) Autowäschen nötig waren, um in den Genuss einer Gratis-Autowäsche zu kommen. Denn die in ◘ Abb. 4.4 rechts dargestellte Variante der Bonuskarte wirkt wie ein Sonderangebot; der Kunde muss für die mit der Karte verbundene Leistung eine subjektiv gesehen reduzierte Gegenleistung (als Preis im weiteren Sinne) erbringen. Scheier et al. [133] selbst führen den positiven Kundenbindungs-Effekt der Kartengestaltung allerdings primär darauf zurück, dass die neue Stempelkarten-Variante eine anregende Wirkung insofern entfaltet, als sie beim Kunden eher das Ziel aktiviert, die restlichen acht Stempel auch noch zu erhalten – was bei dem erzielten Effekt sicherlich auch eine Rolle gespielt hat.

4.2.4 Grundkonzepte der dynamischen Preisgestaltung

Bei dynamischen Preiskonzepten steht bereits bei der erstmaligen Preissetzung, d. h. bei der Markteinführung einer neuen Angebotsleistung fest, dass der Preis später auf eine bestimmte Weise verändert werden soll [76, S. 286]. Als grundlegende Alternativen lassen sich dabei die Abschöpfungs- und die Penetrations-Preispolitik unterscheiden. Diese Preisabfolge-Muster werden auch als Skimming bzw. Penetration Pricing bezeichnet.

Beim **Skimming Pricing** wird bei der Einführung eines neuen Produkts oder einer Dienstleistung zunächst ein relativ hoher Preis gefordert, den insb. Neuheiten-affine Abnehmer (**Innovatoren**) zu zahlen bereit und in der Lage sind. Ist deren Bedarf gedeckt, so wird mit dem Ziel, weitere Käuferschichten zu gewinnen, aber auch aufgrund von aufkommender Konkurrenz der Preis stufenweise gesenkt. Dieses Vorgehen führt zu einer Zeitraum-bezogenen Abschöpfung der Konsumentenrente und damit auch zu höheren Umsätzen und Gewinnen. Außerdem können sich Entwicklungskosten so schneller amortisieren. Deshalb findet sich das Skimming Pricing häufig in Bereichen wie der Unterhaltungselektronik und bei modischen Produkten, die einer schnellen Veralterung unterliegen.

Die möglichen Probleme des Skimming Pricing liegen darin, dass der hohe Preis bzw. die guten Gewinnaussichten schnell Wettbewerber zum Markteintritt veranlassen können. Außerdem könnte aufgrund des hohen Einführungspreises der Absatz zu gering ausfallen. Deshalb eignet sich dieses Preisabfolge-Muster vornehmlich bei Leistungen mit stark innovativem Charakter, bei einer hinreichend großen, preisunempfindlichen Innovatoren-Zielgruppe und wenn vorgesehen ist, die eigene Produktionskapazität zunächst gering zu halten. Um dem Risiko des frühen Markteintritts von Konkurrenten entgegenzuwirken, können z. B. Patente oder ein spezielles Know-how als Markteintritts-Barrieren fungieren [135, S. 369 f.].

Als Gegenpol zur Abschöpfungs-Preispolitik zielt das **Penetration Pricing** darauf ab, durch einen sehr günstigen Einstiegspreis von vornherein eine große Nachfragerschaft zum Kauf zu motivieren. Man erhofft sich dadurch, rasch große Marktanteile zu gewinnen, Kostenvorteile aufzubauen und weitere potenzielle Konkurrenten von Markteintritt abzuhalten. Im Idealfall kann dann später (z. B. aufgrund des Ausscheidens von Wettbewerbern) der Preis angehoben werden.

Ein mit dem Penetration Pricing verbundenes Risiko ist es, dass Gewinne aufgrund einer langen Amortisationsdauer erst viel später eintreten als geplant (oder gar nicht). Ferner sollten die Abnehmer den niedrigen Preis nicht mit geringer Qualität in Verbindung bringen. Schließlich erweist es sich mitunter als schwierig, die geplante spätere Preiserhöhung gegenüber den Abnehmern durchzusetzen. Aus diesem Grund wählen viele Anbieter zu Beginn Bezeichnungen wie „Einführungspreis", um frühzeitig zu signalisieren, dass eine Preiserhöhung ansteht.

Im Sinne des Marketing-Leitprinzips der strategischen Ausrichtung des Marketing-Handelns sollte das gewählte Preisabfolge-Muster aus der zuvor festgelegten Marketing-Strategie abgeleitet werden. Unter diesem Aspekt ist festzuhalten, dass das Penetration Pricing sehr stark mit der Preis-Mengen-Strategie korrespondiert – beide Konzepte zielen darauf ab, große Absatzmengen bei niedrigen Stückkosten zu realisieren. Umgekehrt repräsentiert das Skimming Pricing eine typische Komponente der Präferenz-Strategie (s. hierzu ▶ Abschn. 3.3).

4.3 Distributionspolitik

4.3.1 Grundaufgaben und Bedeutung der Distributionspolitik

Die Distribution repräsentiert gewissermaßen die „Pipeline" des Marketing [7, S. 527]. Ihre Hauptaufgabe ist es, für die **Marktpräsenz** der unternehmerischen Produkte bzw. Dienstleistungen zu sorgen, d. h. diese den Abnehmern an den gewünschten Orten und zur gewünschten Zeit verfügbar zu machen.

> **Merke!**
>
> Die **Distributionspolitik** umfasst alle Entscheidungen und Handlungen, die sich auf die Versorgung der aktuellen und potenziellen Kunden mit dem unternehmerischen Leistungsangebot beziehen.

Mit der Distributionspolitik sind sowohl logistische als auch akquisitorische Aufgaben verbunden. Bei der **Distributions-Logistik** geht es darum, die Distanzen zwischen der Erstellung und dem Verkauf bzw. der Nutzung einer Angebotsleistung zu überbrücken. Die Erfüllung dieser Funktion bestimmt die **Liefer- bzw. Servicebereitschaft** des Unternehmens. Bei Dienstleistungen kommt dabei oftmals der **Standortwahl** sowie den **Öffnungszeiten** eine herausragende Bedeutung zu – nämlich dann, wenn die Leistungen an bestimmten Orten erbracht werden und der Dienstleistungs-Absatz einen persönlichen Kontakt zwischen Käufer und Verkäufer erfordert, wie dies bei stationären Vertriebssystemen der Fall ist (Beispiele: Gastronomie, Friseure, Auto-Vermietstationen). Bei Sachgütern dagegen sind die wichtigsten Entscheidungsfelder der Distributions-Logistik die Gestaltung der **Lagerhaltung** sowie insbesondere die Organisation der eigentlichen **Warenverteilung**, d. h. der Transport der Produkte.

Noch bevor die Ware „fließen" kann, muss jedoch die Frage beantwortet werden, über welche (direkten und/oder indirekten) Distributionskanäle und über welche (betriebseigenen und/oder betriebsfremden) Distributionsorgane der Zugang zu den Kunden am besten hergestellt werden kann. Hiermit sind unmittelbar Aspekte der Kontaktanbahnung mit den Abnehmern und den Aufgabenträgern der Distribution verbunden, weswegen man in der Marketing-Literatur in diesem Zusammenhang auch von **akquisitorischer Distribution** spricht (vgl. z. B. [87, S. 136]). Dieser distributionspolitische Aufgabenbereich, der auch als **Absatzwege-Politik** oder **Channel-Management** bezeichnet wird, steht nachfolgend im Vordergrund der Betrachtung.

Primär geht es dabei um die Auswahl derjenigen Organisationen und/oder Personen, über die die Unternehmensleistungen den Abnehmern bereitgestellt werden (z. B. eigene Filialen, Vertriebsmitarbeiter, Handelsunternehmen) sowie um die Gestaltung der Beziehungen zu den Distributionspartnern.

Viele distributionspolitische Entscheidungen, insb. Festlegungen in Bezug auf die Distributionskanäle, haben **langfristig-strategischen Charakter**, da sie nur schwer rückgängig zu machen sind (z. B. weil eigene Verkaufsfilialen aufgebaut wurden oder aufgrund von Verträgen mit Distributionspartnern, die in der Regel eine langjährige Laufzeit haben). Ferner wirken die gewählten Distributionskanäle vorentscheidend für den Einsatz anderer Marketing-Instrumente. So hängen preispolitische Entscheidungen auch davon ab, ob das Unternehmen bei der Distribution z. B. mit Discount-Ketten oder exklusiven Spezialgeschäften zusammenarbeitet. Außerdem kann sich ein Unternehmen durch ein leistungsfähiges Distributionssystem u. U. erhebliche Wettbewerbsvorteile verschaffen. Z. B. hat Apple das Musikgeschäft durch den Online-Verkauf von Musik für seine mobilen Endgeräte über iTunes nachhaltig verändert [72, S. 363].

4.3.2 Direkter und indirekter Absatz

Eine grundlegende Entscheidung in der Distributionspolitik bezieht sich auf die Wahl zwischen direktem und indirektem Absatz bzw. Vertrieb: Soll ein Unternehmen den Verkauf an die Endabnehmer in Eigenregie übernehmen oder über selbständige, unternehmensfremde Vertriebspartner (z. B. Handelsunternehmen) abwickeln?

> **Merke!**
>
> Von **Direktabsatz** (bzw. synonym Direktvertrieb) wird hier dann gesprochen, wenn der Absatz der Angebotsleistungen **ohne** Einschaltung unternehmensfremder Absatzorgane (Händler und/oder Absatzhelfer) erfolgt. Beim **indirekten Absatz** sind diese dagegen in den Absatzweg integriert.

Besonders häufig findet sich der Direktvertrieb bei technisch komplexen **Investitionsgütern**, die der Hersteller dem Käufer am besten selbst erklären kann und für die er den Kundendienst übernimmt. Auch der in diesem Fall oft überschaubare Kreis an (Groß-)Abnehmern spricht dafür, den Absatz selbst abzuwickeln. Typisch ist der Direktvertrieb ebenso bei **Dienstleistungen**, weil (personenbezogene) Services, z. B. bei einem Friseur- oder Restaurant-Besuch, den direkter Kontakt zwischen Anbieter und Nachfrager erfordern (Dienstleistungs-Nutzungsrechte können allerdings auch über externe Partner gehandelt werden, z. B. über Reisebüros).

4.3 · Distributionspolitik

Seltener ist der Direktabsatz im **Konsumgütersektor** anzutreffen. Allerdings finden sich auch hier einige oft sehr spezielle unternehmens- und produktspezifische Ansätze.

Eine klassische Erscheinungsform bei Konsumgütern ist der Direktabsatz über **Vertreter**; dieses Konzept verfolgt z. B. das Unternehmen Vorwerk bei (hochpreisigen) Staubsaugern. Ein weiteres Beispiel bietet das US-amerikanische AVON. Gleichsam individuell „von Frau zu Frau" und in der Ruhe der häuslichen Umgebung der Kundinnen verkauft AVON seine Kosmetik-Produkte, und zwar über weltweit rund sechs Millionen nebenberufliche Beraterinnen, die die weltgrößte Direktvertriebs-Organisation verkörpern [113].

Weitere Formen des Direktabsatzes im Konsumgüterbereich sind:

- **Heimdienste** (z. B. Bofrost, Eismann),
- **Home-Parties** (die, wie bei Tupperware, persönliche Freundschaften bzw. Beziehungen für die Kundengewinnung nutzen),
- **Marktveranstaltungen** (z. B. Wochenmärkte, Verkaufsmessen, Kaffeefahrten, Warenbörsen, Auktionen),
- **Factory Outlets** (d. h. Fabrikverkaufs-Geschäfte wie bei Hugo Boss in Metzingen oder WMF in Geislingen),
- sog. **„Flagship Stores"** wie die Nike Stores oder die Absolut Vodka Icebars in Stockholm, Kopenhagen und Tokio, die insb. auch der **„Markeninszenierung"** dienen, d. h. den Verbrauchern ein emotionales Markenerlebnis verschaffen sollen, und nicht zuletzt
- herstellereigene **Verkaufsniederlassungen** bzw. Ladengeschäfte (z. B. Zara- und WMF-Filialen).

Beispiel: Das Direktvertriebs-Konzept von Zara
Das Textil-Unternehmen Zara zeichnet sich durch eine tiefe sog. **vertikale Integration** aus, d. h. dass es die Funktionen verschiedener Wirtschaftsstufen (hier: Produktion und Handel) gleichzeitig übernimmt. Die Produkte werden selber designt, überwiegend in eigenen Produktionsstätten hergestellt und weltweit über eigene Filialen (und einen Onlineshop) verkauft. Dadurch kann Zara schneller als die Konkurrenz auf aktuelle Modetrends reagieren. Nur drei Wochen werden von der Idee bis zum Verkauf benötigt – wozu auch die flexiblen Produktionsanlagen und eine effiziente Logistik beitragen [45, S. 4]. Ähnliche Konzepte der vertikalen Integration werden auch von H&M sowie von IKEA verfolgt [136, S. 28].

Starken Auftrieb erfährt der Direktabsatz seit geraumer Zeit durch die zunehmende Nutzung des **Internet**s und die Fortschritte in der Internet-Technologie. Mit einem **eigenen Online-Shop** verlagert das Unternehmen die Schnittstelle zum Kunden gleichsam in die privaten Haushalte und kann u. U. erhebliche Kostenvorteile gegenüber dem „Offline-Absatz" realisieren. Dies gilt ebenso bei Business-Kunden. Wenn ein offline bereits etabliertes Unternehmen in den in „E-Commerce" einsteigt und selber direkt an Endverbraucher absetzt, begibt es sich allerdings auch in eine Konkurrenzsituation mit den bisherigen externen Handelspartnern, die zu Konflikten führen kann.

Das Internet dient im Rahmen der Distribution überwiegend akquisitorischen Aufgaben, d. h. der Geschäftsanbahnung und dem Verkauf, während die logistischen Aufgaben bei Sachgütern meist von der Post oder Spediteuren erfüllt werden. Wenn die Angebotsleistung digital vorliegt oder digitalisierbar ist (z. B. Software, Bücher, Filme, Musik), kann das Internet jedoch auch als Logistikkanal fungieren. Dies zeigt sich konkret z. B. bei den Online-Videotheken (z. B. Maxdome), bei standardisierten Dienstleistungen mit keinem oder geringem Beratungsbedarf (z. B. Online-Banking) und beim Verkauf von Dienstleistungs-Nutzungsrechten (z. B. bei Hotel-, Reise- und Flugbuchungen).

Neben dem Internet gibt es auch noch **weitere mediale Distributionskanäle**, die es ermöglichen, die eigenen Angebotsleistungen ohne Einschaltung von Absatzmittlern bzw. -helfern abzusetzen. Hierzu gehören der Katalog- und Telefonverkauf, Verkaufssendungen im Fernsehen (Teleshopping) sowie der Verkauf per M(mobile)-Commerce [41, S. 132 f.].

Trotz alledem ist es bei Konsumgütern immer noch so, dass dem **indirekten Absatz** im Vergleich zum Direktvertrieb eine deutlich größere Bedeutung zukommt. Dies gilt besonders für in Massenproduktion tätige Konsumgüteranbieter, die den indirekten Vertrieb deshalb bevorzugen, weil die in die Absatzkette eingeschalteten Handelsunternehmen auf Distributionsaufgaben spezialisiert sind und diese meist effizienter erfüllen können. Hinzu kommt, dass viele Produkte ohne die Einbindung in die Sortimente des Handels nur schwer verkäuflich sind, weil der Kunde sie gemeinsam mit anderen Produkten einkaufen möchte. Neben dieser Sortimentsfunktion können Handelsunternehmen in der Absatzkette zwischen Hersteller und Endverbraucher auch noch weitere Aufgaben wahrnehmen, die sich in den in ◘ Tab. 4.5 aufgelisteten Vorteilen des indirekten bzw. den Nachteilen des direkten Absatzes niederschlagen.

Ein Unternehmen muss also, wenn es direkt absetzen will, auf vielfältige Unterstützungsleistungen seitens der Distributionspartner verzichten und diese selbst erbringen. Dazu bedarf es einer leistungsfähigen Vertriebsabteilung. Ferner muss die Attraktivität des Angebotsprogramms so hoch sein, dass die Tragfähigkeit für den Eigenvertrieb gegeben ist [76, S. 298 f.]. Die WMF Group z. B. produziert eine sehr breite Palette an Haushaltswaren, die für sich genommen bereits ein Sortiment bilden und die deshalb nicht zwingend der Integration in den Sortimentsverbund von Handelsbetrieben bedürfen. Gleichwohl sind die WMF-Produkte neben den unternehmenseigenen Filialen auch in externen Absatzkanälen (u. a. im Fachhandel) erhältlich. Direkter und indirekter Absatz schließen sich nämlich keineswegs aus; vielmehr ist die Nutzung verschiedener Vertriebskanäle heute eher die Regel als die Ausnahme (vgl. hierzu ausführlich ▶ Abschn. 4.3.4).

◘ **Tab. 4.5** Vor- und Nachteile von direktem und indirektem Absatz

	Vorteile	Nachteile
Direkter Absatz	– Bessere Steuerungsmöglichkeiten des Marketing (insb. die Preisgestaltung bleibt beim Unternehmen) – Sicherung einer qualifizierten Kundenberatung und -kommunikation besser möglich – Verbessert Informationsbasis für Marketing-Aktivitäten durch den direkten Zugang zu den Abnehmern (der die Kundenbindung fördert)	– Hoher Kosten- und Zeitaufwand für Aufbau, Steuerung und Kontrolle eines eigenen Vertriebssystems (das Unternehmen muss Aufgaben z. B. der Warenzustellung, Lagerhaltung, Kundenberatung und -umwerbung allein erfüllen) – Flächendeckende Massendistribution nur schwer möglich
Indirekter Absatz	– Zugang zu dem (oft dichtmaschigen und damit verbrauchernahen) Verteilungsnetz der Distributionspartner – Geringe Kapitalbindung – Hohe Abnahmekapazitäten der Handelspartner (dadurch Reduktion der Vertriebs- und Logistikkosten) – Erhöhte Attraktivität der Angebotsleistungen durch die Einbindung in die (meist bedarfsgerechten) Sortimente der Handelspartner	– Meist stark verringerter Einfluss auf den eigenen Marktauftritt (z. B. Präsentation und Preise der eigenen Produkte) – Erschwerte Informationsgewinnung über die Endverbraucher aufgrund des fehlende unmittelbaren Kundenkontakts – Absatzmittler/-helfer beanspruchen Provisionen

4.3.3 Aufgabenträger der Distributionspolitik (Distributionsorgane)

Mit der Entscheidung über den (direkten oder indirekten) Absatz eng zusammen hängt die Auswahl der konkreten **Distributionsorgane**, die in die Absatzkette zwischen Unternehmen und Endabnehmern eingeschaltet werden sollen. Zu den Distributionsorganen gehören alle unternehmenseigenen und -fremden Personen, Abteilungen und Organisationen, die den Absatz bzw. Verkauf der Angebotsleistungen des Unternehmens im Markt durchführen und/oder unterstützen [59, S. 864]. ◘ Abbildung 4.5 gibt einen Überblick über die wichtigsten Distributionsorgane.

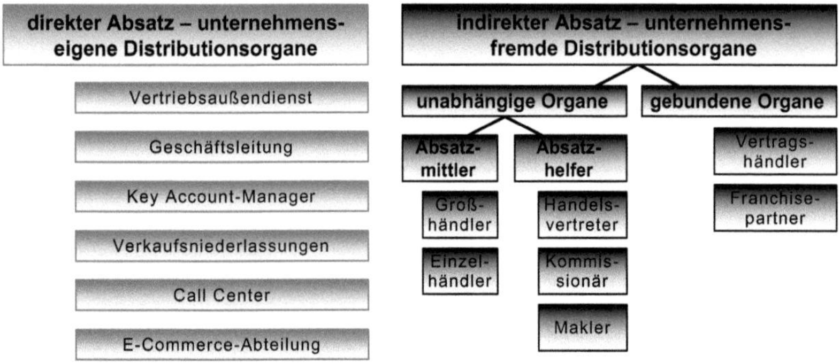

Kapitel 4 · Operative Marketing-Planung

Direkter Absatz – unternehmenseigene Distributionsorgane
- Vertriebsaußendienst
- Geschäftsleitung
- Key Account-Manager
- Verkaufsniederlassungen
- Call Center
- E-Commerce-Abteilung

Indirekter Absatz – unternehmensfremde Distributionsorgane

Unabhängige Organe
- Absatzmittler
  - Großhändler
  - Einzelhändler
- Absatzhelfer
  - Handelsvertreter
  - Kommissionär
  - Makler

Gebundene Organe
- Vertragshändler
- Franchisepartner

Abb. 4.5 Häufig eingesetzte Distributionsorgane

Unternehmenseigene Distributionsorgane Aufgrund ihrer Weisungsgebundenheit sind die unternehmenseigenen Absatzorgane alle relativ gut steuerbar. Dabei lassen sich folgende Hauptgruppen unterscheiden:

- Der Vertrieb bzw. **Vertriebsaußendienst**, dessen Mitarbeiter häufig als Reisende oder einfach als Verkäufer bezeichnet werden, sucht in meist regelmäßigen Abständen die Kunden des Unternehmens auf, um diese zu Folgekäufen zu veranlassen, die Kundenbeziehungen zu pflegen und Beschwerden zu bearbeiten; ferner widmet er sich der Gewinnung neuer Kunden.
- Bei umfangreichen Projekten bzw. wichtigen Kunden mit einem hohen Auftragsvolumen schaltet sich oft auch die **Geschäftsleitung** in den Verkauf ein. Dies kommt besonders oft bei mittelständischen Unternehmen im Business-to-Business-Bereich vor.
- Eine ähnliche Rolle fällt den sog. **Key Account-Managern** zu, die vor allem in großen Unternehmen tätig sind und die Betreuung einzelner, z. T. auch nur eines einzigen Schlüsselkunden (z. B. auf der Ebene der Handelspartner) übernehmen.
- Eigene **Verkaufsniederlassungen** bzw. Filialen werden oft von großen Unternehmen (neben einer zentralen Verkaufsabteilung) unterhalten, um eine größere räumliche Marktnähe zu gewährleisten. Diese Form des Direktabsatzes wurde bereits im vorangegangenen Abschnitt angesprochen.
- Im Rahmen des Direktabsatzes repräsentieren **Call Center** eigene Telefonzentralen (wird dagegen ein unternehmensfremdes Call Center betrieben, handelt es sich um ein unternehmensfremdes Distributionsorgan). Call Center werden z. B. für Reservierungen und im Finanzdienstleistungs-Sektor häufiger genutzt; sie sind deutlich kostengünstiger zu unterhalten als eigene Filialbetriebe [51, S. 286]. Bis heute sind jedoch persönliche Kontakte für viele Geschäftsbeziehungen unverzichtbar.

4.3 · Distributionspolitik

- Ebenfalls eine kostengünstige Alternative (bzw. meist Ergänzung) zu anderen Direktvertriebs-Kanälen, der eine ständig steigende Bedeutung zukommt, ist eigene **E-Commerce-Abteilung**, die für die Abwicklung des Online-Direktvertriebs verantwortlich zeichnet.

Unternehmensfremde Distributionsorgane Neben den eigenen Absatzorganen steht dem Unternehmen eine Vielzahl von externen Aufgabenträgern der Distribution zur Verfügung. Allen voran sind dabei die Absatzmittler bzw. **Handelsbetriebe** zu nennen, denen bei der Versorgung von Massenmärkten eine dominierende Rolle zukommt. Aufgrund ihrer rechtlichen und wirtschaftlichen Selbständigkeit sind sie allerdings weniger gut steuerbar als die eigenen Absatzorgane.

Nach der Handelsstufe bzw. der damit korrespondierenden Art der Kunden (und nicht etwa nach der Menge der gehandelten Produkte) unterscheidet man zwischen Großhandels- und Einzelhandels-Unternehmen. Zum **Großhandel** werden Unternehmen gezählt, die andere Unternehmen beliefern – d. h. vor allem Einzelhändler, mitunter aber auch andere Gewerbetreibende wie Handwerker, Gastronomen und Großabnehmer wie Industriebetriebe oder Behörden, während der **Einzelhandel** an Endverbraucher absetzt. Große Handelskonzerne wie z. B. die Metro AG vereinen dabei sowohl Groß- als auch Einzelhandelsunternehmen unter ihrem Dach (u. a. den Metro Cash & Carry- bzw. Abhol-Großhandel, der seine Waren gewerblichen Kunden in Selbstbedienung offeriert, und Einzelhandelsketten wie die real-Warenhäuser sowie die Elektronik-Fachmärkte Media Markt und Saturn).

Wird nur der Einzelhandel in den Absatzkanal zum Endabnehmer eingebunden, spricht man vom **einstufigen Vertrieb**. Ein **zweistufiger Vertrieb** liegt vor, wenn der Absatz über Großhandelsunternehmen läuft, die dann wiederum Einzelhändler beliefern. Ein wichtiger Grund für die Integration von Großhändlern kann sein, dass diese über große regionale Läger zur weiteren Warenverteilung und eine ausgeklügelte Logistik verfügen. Z. B. fehlt es Apotheken als eher kleineren Absatzmittlern an Lagerkapazitäten und Transportmöglichkeiten, um die Vielzahl aller nachgefragten Arzneien selbst ständig bereitzustellen. Hier schafft der Pharma-Großhandel sowohl für die Hersteller als auch für die Kunden einen Mehrwert, indem er die Apotheken mehrmals täglich mit (oft kurzfristig benötigten) Medikamenten beliefert [59, S. 875 f.].

Der Handel verkörpert heute einen außerordentlich facettenreichen Wirtschaftssektor. Je nach den angebotenen Warengruppen, der Größe, dem Preis- und Serviceniveau und anderen Differenzierungskriterien lassen sich eine Vielzahl von Betriebsformen unterscheiden. Im Großhandel z. B. gibt es u. a. Zustell-, Abhol-, Universal- (bzw. Sortiments-) und Spezial-Großhändler. Noch vielfältiger ist das Spektrum der Einzelhandels-Betriebstypen, von denen ein paar Beispiele genannt seien. **Fach- und Spezialgeschäfte** offerieren vor allem in City-Lagen und Einkaufszentren nur eine oder wenige Produktgattungen, innerhalb derer eine große Auswahl zumeist höherwertiger Artikel besteht, und bieten Bedienung und Beratung an (z. B. Douglas, INTERSPORT).

Spezialgeschäfte vermögen dabei besonders hohen Auswahlansprüchen zu genügen und konzentrieren sich z. B. auf Artikel für Tischtennis oder Reiten. Größer sind die ebenfalls produktorientierten **Fachmärkte** (wie Media Markt, Bauhaus, Dehner, Decathlon), die aber tendenziell niedrigere Preise aufweisen. Eher auf Versorgungseinkäufe und Autokunden ausgerichtet sind **SB-Warenhäuser** wie Marktkauf und real, die mit ihrem breiten Sortiment den Wunsch nach einem „One-Stop-Shopping" befriedigen und ein niedriges bis mittleres Preisniveau aufweisen. **Discounter** wie Netto, Norma, Aldi kennzeichnet v. a. ihre aggressive Preispolitik, ein kleines Sortiment, eine nüchterne Einrichtung und ein geringes Serviceniveau – wiewohl Lidl und Aldi derzeit erhebliche Anstrengungen unternehmen, um mit höherwertigen Produkten auch anspruchsvollere Kunden anzusprechen. Bei **Online- und Teleshops** bzw. **Versandhäusern** schließlich können die Endverbraucher von daheim aus einkaufen. Die Vielfalt der Handels-Betriebsformen korrespondiert also nicht zuletzt mit dem differenzierten Einkaufsverhalten der Abnehmer.

Neben den Absatzmittlern bzw. dem Handel spielen in manchen Branchen auch **Absatzhelfer** als rechtlich selbständige Aufgabenträger der Distribution eine Rolle, indem sie beim Verkauf „behilflich" sind und dafür eine Provision (bzw. Kommission) erhalten. Anders als die Handelsunternehmen erwerben Absatzhelfer kein Eigentum an den zu verkaufenden Leistungen; sie tätigen Verkäufe auf Rechnung ihrer Auftraggeber (**Handelsvertreter, Kommissionäre**) oder vermitteln lediglich die Geschäfte zwischen zwei Parteien (**Makler**). Mitunter werden diese Distributionsorgane, die im Vergleich zu den Handelsunternehmen wirtschaftlich weniger bedeutsam sind, deshalb auch dem Direktvertrieb zugeordnet [9, S. 192].

Aufgrund der Marktmacht des Handels fällt es Unternehmen beim indirekten Absatz oft schwer, die Marketing-Leitprinzipien des konsequent kundenorientierten Auftretens und der integrativ-koordinierenden Wirkung der Marketing-Instrumente umzusetzen. Zwar ist beiden Parteien daran gelegen, den Absatz der Leistungen zu steigern und dabei die Wünsche des gemeinsamen Zielmarkts, der Endabnehmer, zu befriedigen. Es bestehen jedoch seit jeher auch einige grundlegende Interessensdivergenzen. Abgesehen davon, dass bei gegebenen Endabnehmerpreisen der Gewinn der einen Partei zwangsläufig zu Lasten der anderen Partei im Absatzkanal geht, möchte sich Händler oft mit preisaggressiven Angeboten, auch und gerade bei bekannten Marken, gegenüber den Endverbrauchern und den Konkurrenten auf der Handelsebene profilieren – während die Hersteller dieser Marken an einheitlichen Preisen und einer „seriösen" Preisgestaltung interessiert sind. Weiterhin wünschen sich die Hersteller große Abnahmemengen, am besten in Bezug auf das gesamte Leistungsprogramm, eine bevorzugte und evtl. auch eine mehrfache Platzierung in den Verkaufsräumen sowie einen möglichst guten Service. Der Handel dagegen präferiert in der Regel eine flexible Belieferung mit kleinen Mengen von ausgewählten Artikeln, eine zum eigenen Sortimentskonzept passende Platzierung sowie reduzierte Serviceleistungen [131, S. 479].

Manchmal können solche Konflikte kooperativ beigelegt werden, z. B. im Rahmen eines partnerschaftlichen und arbeitsteiligen **vertikalen Marketing**, bei dem der Hersteller für „gute" Produkte und Markenwerbung sorgt, während sich der Einzelhandel auf die Sortimentsoptimierung und den Kundenservice fokussiert [161, S. 461]. Angesichts seiner starken und in der Vergangenheit weiter gewachsenen Machtstellung drückt aber auch oft der Handel einseitig seine Vorstellungen durch. Nicht zuletzt vor diesem Hintergrund setzen viele Unternehmen stattdessen auf **unternehmensgebundene Distributionsorgane**. Die Beziehungen zu diesen Partnern werden in aller Regel auf der Basis umfassender vertraglicher Regelungen und in kooperativer Form gestaltet, weshalb man auch von **vertraglichen Vertriebssystemen** spricht. Diese sollen einen mit der eigenen Marketing-Konzeption kompatiblen Auftritt des Unternehmens auf der letzten Absatzstufe vor dem Endabnehmer gewährleisten, da hier die Wahrnehmung des Unternehmens bzw. seiner Marken entscheidend mitgeprägt wird [51, S. 288]. Demgemäß sollten insb. die verlangten Preise, die Präsentation der Angebotsleistungen und die Kundenberatung am „**Point of Sale**" (d. h. an den Punkten im Handel, an denen der Verkauf einer Leistung erfolgt) den Vorstellungen des Unternehmens entsprechen.

Die bekanntesten unternehmensgebundenen Vertriebskonzepte sind das Vertragshändler- und das Franchisesystem. Beim **Vertragshändlersystem**, das z. B. im Automobil-Sektor üblich ist, werden die Vertragshändler dazu verpflichtet, exklusiv die Leistungen eines oder mehrerer Lieferanten zu führen und im eigenen Namen sowie auf eigene Rechnung zu verkaufen. Zumeist ist auch die Abnahme von Mindestmengen und die Übernahme bestimmter Serviceleistungen (z. B. Reparaturen, Kundendienst) vorgeschrieben. Im Gegenzug erhalten die Vertragshändler dafür Marketing-Unterstützung und zumeist auch Gebietsschutz, d. h. der Hersteller beliefert innerhalb eines bestimmten Marktgebiets keinen anderen Händler [130, S. 235], was den Konkurrenzdruck für die Händler reduziert.

Eine noch stärkere Bindung zwischen den Vertragspartnern liegt beim **Franchisesystem** vor, bei dem den Absatzmittlern (hier „Franchisenehmer" genannt) ein Geschäftssystem bzw. ein komplettes Produkt- und Vermarktungskonzept (Franchisepaket) bereitgestellt wird, das diese strikt einhalten und umsetzen müssen. Die Franchisenehmer sind – ebenso wie beim Vertragshändlersystem – rechtlich selbständig und tragen das volle Geschäftsrisiko. Darüber hinaus verzichten sie nach außen auf die Darstellung der eigenen Firma; so gibt es bspw. ein „Autohaus Meier", aber keinen „McDonalds Meier".

Welche konkreten (meist sehr detailliert geregelten) Rechte und Pflichten typischerweise mit der Teilnahme an einem Franchisesystem verbunden sind, zeigt das folgende Beispiel.

Beispiel: Das Franchise-Konzept der NORDSEE GmbH
Das bereits vor 1900 gegründete Unternehmen NORDSEE GmbH bietet seit 2001 ein eigenes Franchise-Konzept an. Überwiegend in Europa betreibt die Schnellgastronomie-Kette etwa 400 Restaurants. Dass mittlerweile mehr als ein Viertel davon von selbständigen Franchisepartnern geleitet wird, fällt dem Kunden nicht auf, denn im Außenauftritt und Leistungsangebot unterscheiden sich die partnerbetriebenen Restaurants nicht von den unternehmenseigenen Filialen.

Mit den Franchisepartnern kann die NORDSEE GmbH eine höhere Marktabdeckung erreichen bzw. an noch mehr Standorten präsent sein, bei denen die Franchisenehmer das nötige Kapital für den Bau der Restaurants (einschl. Küchenequipment, Inneneinrichtung usw.) aufbringen und auch laufende Franchise-Gebühren zu zahlen haben. Außerdem verpflichten sich der Franchisepartner dazu, die Vorgaben der NORDSEE GmbH streng einzuhalten, z. B. bzgl. Qualitätsstandards, Zubereitungs-Anleitungen und Umweltschutz-Maßnahmen. Im Gegenzug erhält der Franchisenehmer hierfür das Recht, als Selbständiger ein eigenes Restaurant unter dem Markennamen NORDSEE zu leiten. Er partizipiert an einem Gastronomie-Konzept, das sich bereits über viele Jahre am Markt bewährt hat, und profitiert von den nationalen Werbeaktivitäten, günstigen Konditionen beim Wareneinkauf, der Prüfung potenzieller Restaurant-Standorte, Schulungsmaßnahmen und der laufenden Unterstützung in Beschaffungs-, Vermarktungs- und organisatorischen Fragen, die die Franchise-Systemzentrale ihren Partnern bietet. Je nach den lokalen Gegebenheiten offeriert die NORDSEE GmbH ihren potenziellen Partnern dabei drei unterschiedlich umfangreiche Gastronomie-Konzepte: klassisches Restaurant, Food-Court-Restaurant oder Snackshop (vgl. [114, S. 28; 115, 116]).

Auch in anderen Unternehmen der Systemgastronomie ist das Franchising seit langem weit verbreitet (z. B. bei Burger King, Subway). Beispiele für Franchisesysteme finden sich heute allerdings in fast allen Branchen. Aus den Bereichen Handel und Dienstleistung lassen sich u. a. anführen: OBI-Baumärkte, TUI-Reisebüros, ACCOR Hotels, Fressnapf Tierbedarfshandel, SUNPOINT Sonnenstudios, Mrs. Sporty-Fitnessstudios und die Personalberatung personal total Franchise AG. Ein (herstellergeführtes) Produkt-Franchising stellt z. B. die Coca-Cola Company dar, bei der regionale Abfüller die Franchisenehmer sind.

Die Popularität des Franchising beruht darauf, dass es die Vorzüge einer zentralen Führung mit der Motivation wirtschaftlich selbstständiger Distributionspartner vor Ort verknüpft. So kann der Franchisegeber den gesamten Marktauftritt gegenüber den Abnehmern in seinem Sinne steuern, obwohl hauptsächlich die Franchisenehmer das Kapital für den Aufbau bzw. die Expansion des Systems aufbringen.

Nachteilig am Franchising ist demgegenüber der hohe Koordinationsbedarf, mit dem die Führung eines Franchisesystems verbunden ist. Ferner können in der öffentlichen Wahrnehmung Missstände bei einem Franchisepartner auf das ganze System zurückfallen. Ein bekanntes Beispiel sind die Filialen der Yi-Ko Holding als Franchise-

4.3 · Distributionspolitik

nehmer bei Burger King, bei denen erhebliche Mängel in Bezug auf die Hygiene und die Arbeitsbedingungen 2014 ein großes Medienecho ausgelöst hatten. Aus Sicht des Franchisenehmers nachteilig ist die enge Abhängigkeit vom Franchisegeber, die den eigenen unternehmerischen Freiraum empfindlich einschränkt.

Für ein funktionierendes Franchisesystem darf der Franchisegeber nicht nur die eigenen Interessen im Kopf haben, sondern hat auf ein ausgewogenes Verhältnis der Leistungen und Gegenleistungen beider Parteien zu achten. Denn die Zufriedenheit der Franchise-Nehmer ist maßgebend dafür, ein Zusammengehörigkeitsgefühl im System zu erzeugen und dessen Erfolg dauerhaft positiv gestalten zu können [13, S. 153 ff.].

4.3.4 Verzahnung von Distributionskanälen im Multi-Channel-Marketing

Im Rahmen der Absatzwege-Politik kommt es immer häufiger vor, dass Unternehmen bei der Vermarktung von verschiedenen, aber auch von ein und denselben Angebotsleistungen unterschiedliche Distributionskanäle einsetzen. Ein solches **Multi-Channel-Marketing**, das auch mehrgleisiger oder Mehrkanalvertrieb genannt wird, findet sich z. B. bei Reisen, die man bei den Reiseveranstaltern selbst, aber auch über (oft unternehmensfremde) Call Center und über selbständige Reisebüros buchen kann. Ein weiteres Beispiel sind Zigarettenhersteller, die den Lebensmittelhandel, Tabakgeschäfte, Kioske, Gaststätten, Tankstellen und Automaten als Absatzkanäle nutzen [59, S. 878].

Beispiel: Multi-Channel-Marketing bei WMF
Besonders vielfältig sind die Absatzwege bei WMF Haushaltswaren. Direkt werden diese über eigene Filialen, den Werksverkauf, WMF-Markenshops in größeren Saturn- und Media-Märkten sowie einen eigenen Online-Shop abgesetzt. Der Bereich „Globales Kaffeemaschinen-/Hotelgeschäft" vertreibt die WMF-Produkte ebenfalls direkt über persönliche Berater bzw. den Außendienst. Indirekte Absatzkanäle (d. h. unternehmensfremde Distributionsorgane) sind im Bereich „Konsumgeschäft" der gehobene Haushaltswaren-Fachhandel, Möbelhäuser, ausländische Vertriebspartner sowie Online-Händler wie Amazon und home24.

> Auf den Punkt gebracht: Aus der Perspektive der Unternehmen bewirkt die Hinzunahme von Absatzkanälen zusätzliche Kontaktpunkte zu den Kunden und damit eine stärkere Marktpräsenz. Außerdem kann durch mehrere Absatzkanäle die Abhängigkeit von einzelnen Distributionspartnern reduziert und damit das Absatzrisiko gestreut werden. Schließlich dient das Multi-Channel-Marketing häufig der distributiven Ansprache verschiedener Zielmärkte.

Diesen Möglichkeiten des Multi-Channel-Marketing stehen jedoch auch einige Umsetzungsprobleme gegenüber. So sind **Konflikte im Absatzkanal** vorprogrammiert, wenn die einzelnen Vertriebswege in Konkurrenz zueinander stehen, weil sie sich an die gleichen Kunden richten. Dies ist bspw. dann der Fall, wenn ein Unternehmen, das bisher nur indirekt abgesetzt hat, in den Direktvertrieb einsteigt und damit eine Konkurrenzsituation zu seinen Distributionspartnern (d. h. zu seinen Kunden auf der Handelsebene!) aufbaut. In so einem Fall hat die Abstimmung zwischen den Kanälen mit „Fingerspitzengefühl" bzw. Diplomatie zu erfolgen. Beispielsweise ist festzulegen, ob die Preise im Ladenhandel mit denen im unternehmenseigenen Online-Shop identisch sein sollen und ob im Netz das gesamte oder nur ein Teil des Leistungsspektrums angeboten werden soll [9, S. 466].

Neben der Möglichkeit von Konflikten mit den Distributionsorganen besteht im mehrgleisigen Vertrieb die Gefahr, dass es zu Irritationen und **Image-Verwässerungen** bei den Endabnehmern kommt – nämlich dann, wenn ein und dieselbe Marke in verschiedenen Kanälen mit unterschiedlichen Preisen, Umfeldern, Botschaften und Mitarbeiter-Verhaltensweisen vermarktet wird [93, S. 526].

Weniger Schwierigkeiten sind dann zu erwarten, wenn das Unternehmen eine **differenzierte Mehrweg-Distribution** praktiziert, d. h. verschiedene Marken über verschiedene Absatzkanäle an unterschiedliche Zielgruppen vertreibt. Beiersdorf bspw. setzt seine Hauptmarke Nivea breit über verschiedene Handelskanäle ab, Eucerin als „medizinisches" Hauptpflegeprodukt dagegen nur über den Pharma-Großhandel und Apotheken. Ähnlich verhält es sich, wenn in der Markenartikel-Industrie (z. B. beim Knabbergebäck-Hersteller Lorenz) neben den eigenen „starken" Marken (z. B. Crunchips) für Discounter spezielle Marken mit niedrigeren Verbraucherpreisen produziert werden. Oft handelt es sich bei diesen discountkanal-spezifischen Marken um speziell gefertigte Artikel, mitunter unterscheiden sie sich auch nur durch die Verpackung von den herstellereigenen Marken [131, S. 465 ff.].

Im Sinne des Leitprinzips der integrativ-koordinierenden Charakters von Marketing-Konzepten ist im Multi-Channel-Marketing auf eine sinnvolle Verzahnung der Absatzkanäle zu achten, was zwar einen hohen Koordinationsaufwand impliziert, aber auch die Chance bietet, den Kunden einen besonderen Nutzen zu stiften und **Synergien** zu nutzen. Solche Synergiepotenziale eröffnen sich bspw. dann, wenn Unternehmen, die bislang im klassischen stationären Handel tätig waren, in den Online-Handel einsteigen – oder umgekehrt. Beispiele für den letztgenannten Fall sind die Cyberport-Technikstores, die mittlerweile in vielen deutschen Großstädten und in Wien zu finden sind, und die ca. 25 Filialen (Stand 2015) des Online-Versenders Mymuesli. Auch die Großunternehmen des Internethandels engagieren sich z. T. im stationären Handel (z. B. betreibt Zalando Outlet-Stores in Frankfurt und Berlin). Damit werden echte „Berührungspunkte" zu den Kunden geschaffen, die die Marken des Unternehmens stärker ins Bewusstsein rücken, die ein Anfassen bzw. Ausprobieren vor dem Kauf ermöglichen und damit die Hürden des „Erstkaufs" senken, und insb. der Online-

Bekleidungshandel kann Retouren reduzieren [117, S. 29]. Nichtsdestotrotz ist es für ein „stationär" aufgestelltes Handelsunternehmen leichter, einen Online-Shop zu betreiben, als umgekehrt als „Online-Spezialist" Ladengeschäfte zu eröffnen. In letzterem Fall sieht sich das Unternehmen nämlich mit einer Vielzahl gänzlich andersgearteter und z. T. sehr komplexer Marketing-Aufgaben konfrontiert (z. B. mit der Standortwahl und der Ladengestaltung).

Ein vieldiskutiertes Instrument, das dazu dient, das klassische Ladengeschäft mit dem wachsenden Online-Handel zu verzahnen, ist der sog. **Click and Collect-Service**, wie ihn bspw. OBI, Karstadt und C&A anbieten. Dabei können die Kunden im Online-Shop bestellte Waren in einem dazugehörigen Ladengeschäft abholen. Bei Media-Saturn machen bereits etwa die Hälfte der Online-Kunden davon Gebrauch. Click and Collect korrespondiert mit dem heutigen typischen Kaufverhalten vieler Endverbraucher, die zunächst im Internet recherchieren, bevor „real" gekauft wird. Um die Kunden dazu zu bewegen, die Ware selber abzuholen, werden oftmals Rabatte eingeräumt (für den Händler fallen ja auch keine Versandkosten an). Zu dem eventuellen finanziellen Mehrwert für den Kunden kommt ein gewisser Zeitvorteil beim Einkaufsvorgang und die Sicherheit, dass das Produkt auch tatsächlich verfügbar ist. Zudem kann man sich beraten lassen, man spart mögliche anfallende Wartezeiten bei der Post oder im Paketshop, und meist wird auch die Möglichkeit geboten, die bestellten Produkte bei Nichtgefallen sofort zurückzugeben [52]. Für den Kunden noch bequemer wird Click and Collect dann, wenn der Einkauf nicht nur in dem Geschäft des Anbieters selber, sondern auch an zusätzlichen Abholstellen (z. B. Tankstellen) in Empfang genommen werden kann.

4.4 Kommunikationspolitik

Die Aufgabe der Kommunikationspolitik besteht darin, die Anspruchsgruppen des Unternehmens zu informieren, mit ihnen „ins Gespräch zu kommen" und Meinungen sowie Verhaltensweisen im eigenen Sinne zu beeinflussen. Sehr oft wird dabei auch das Ziel verfolgt, die eigenen **Angebotsleistungen zu profilieren**, d. h. in den Köpfen der Adressaten als etwas Besonderes erscheinen zu lassen. Diese Aufgabe ist insofern wichtiger geworden, als das „objektive" Qualitätsniveau der Wettbewerber auf vielen Märkten näher zusammengerückt ist. Unter solchen Bedingungen bieten die kommunikationspolitischen Instrumente einen Ansatzpunkt, die eigenen Leistungen bzw. Marken „psychologisch" von den Konkurrenzangeboten zu differenzieren.

> **Merke!**
>
> Die **Kommunikationspolitik** umfasst alle Entscheidungen und Handlungen, die die Gestaltung und Übermittlung von Informationen bzw. Botschaften an marketing-relevante Adressaten eines Unternehmens betreffen.

Adressaten kommunikativer Aktivitäten sind im Prinzip alle Anspruchsgruppen des Unternehmens, z. B. auch Absatzmittler, Kapitalgeber und die eigenen Mitarbeiter. Richten sich die übermittelten Botschaften an aktuelle und potenzielle Kunden, spricht man von **Marktkommunikation** (die im Folgenden im Mittelpunkt steht).

4.4.1 Prozess der Kommunikationsplanung

Für eine wirkungsvolle Ansprache der Abnehmer müssen die Kommunikationsmaßnahmen sorgfältig geplant werden. ◘ Abbildung 4.6 gibt einen Überblick über den Ablauf der (Teil-)Entscheidungen, die mit der Erarbeitung eines Kommunikationskonzepts verbunden sind.

Dem Marketing-Leitprinzip des systematischen Vorgehens entsprechend erfordert die Erstellung eines Kommunikationskonzepts zunächst die Definition geeigneter **Kommunikationsziele**, wobei sich **ökonomische** (z. B. Umsatzsteigerung, Erhöhung der Zahl von Erstkäufen) und **außerökonomische** bzw. psychologische **Ziele** (z. B. Steigerung der Markenbekanntheit, Imagebildung) unterscheiden lassen. Durch die Erreichung der psychologischen Ziele erhofft sich das Unternehmen langfristig auch die Realisierung der wirtschaftlichen Ziele, weswegen man hier auch von **vorökonomischen Kommunikationszielen** spricht. Dabei wird mitunter ergänzend auch das Ziel der **Unterhaltung** verfolgt. Diese oft übersehene Funktion der Kommunikation schafft Aufmerksamkeit und einen positive Stimmung, in der die Botschaft bereitwilliger aufgenommen wird und daher effektiver wirkt.

Zu einer operationalen Definition von Zielen im Marketing (vgl. ▶ Abschn. 3.1) gehört immer auch die **Angabe des Zielmarkts**, der angesprochen werden soll; nur dann kann die Kommunikationspolitik „treffsicher" konzipiert werden. Dabei hat man sich an den im Rahmen der strategischen Marketing-Planung bereits festgelegten Zielmärkten zu orientieren (vgl. ▶ Abschn. 3.2). Zusätzlich gilt es bei Bedarf solche Personen zu berücksichtigen, die die Entscheidung der eigentlichen Käufer beeinflussen. Z. B. sind bei Spielwaren sowohl Eltern als auch Kinder relevant.

In Bezug auf die **Kommunikationsobjekte** geht es darum, was im Mittelpunkt der Kommunikations-Kampagne stehen soll. Bei der Marktkommunikation sind dies in der Regel Produkte, Dienstleistungen oder das Unternehmen (wenn dieses als Ganzes profiliert werden soll, z. B. im Rahmen einer Imagekampagne).

Im nächsten Schritt des Planungsprozesses gilt es, ein Gesamt-**Kommunikationsbudget** festzulegen (das dann später auf die einzelnen Kommunikations-Instrumente verteilt wird). Setzt man dabei den Etat zu niedrig an, kann es vorkommen, dass man im Markt „nicht gehört wird". Zu hohe Kommunikationsausgaben bedeuten dagegen nicht nur Verschwendung, sondern können im Extrem die Kommunikationswirkung ins Negative verkehren, wenn die Kommunikationsaktivitäten als zu intensiv bzw. aufdringlich empfunden werden.

4.4 · Kommunikationspolitik

◘ **Abb. 4.6** Planungsprozess der Kommunikation

Bei der Festsetzung der Budgethöhe sollte man sich an den **Kosten** orientieren, die bei **der Realisierung der angestrebten Kommunikationsziele** mutmaßlich entstehen. Erscheint z. B. bei einer Produkt-Neueinführung der häufige Einsatz breit streuender Massenmedien als unabdingbar, um einen vorgegebenen Bekanntheitsgrad zu erreichen, resultiert hieraus ein bestimmter Finanzbedarf. Bei diesem Ansatz muss man allerdings die Wirkung der ins Auge gefassten Kommunikationsmaßnahmen im Vorhinein abschätzen. Besonders schwierig ist dies bei Imagekampagnen, während man Online-Kommunikationsmaßnahmen oft gut auf ihre Wirkung hin testen kann.

Ein weiterer, oftmals schwer fassbarer Orientierungspunkt für die Höhe des Budgets sind die **Kommunikationsausgaben der Wettbewerber**. Im Allgemeinen sollte der eigene Etat nicht wesentlich niedriger sein als der der wichtigsten Konkurrenten, um sich im „Kommunikations-Konzert" auf dem Markt Gehör zu verschaffen. Freilich kann man den eigenen Kommunikationsetat auch bewusst höher taxieren, um sich von den Konkurrenten abzusetzen.

Ist ein Kommunikationsetat in der Größenordnung der Wettbewerber nicht finanzierbar, besteht noch die Möglichkeit, über besonders attraktiv und interessant gestaltete Kommunikationsmaßnahmen eine hohe Aufmerksamkeit zu erreichen, wobei sich die kommunikative Botschaft dann im Idealfall von selber verbreitet. Denn der Budgeteinsatz allein sagt ja noch nicht zwingend etwas über dessen Wirkung aus. Damit ist bereits implizit die nächste Phase des Planungsprozesses der Kommunikation (vgl. ◘ Abb. 4.6) angesprochen: die **Gestaltung der kommunikativen Botschaft.**

Für eine wirksame Gestaltung der Kommunikation sind folgende Anforderungen zu erfüllen (ähnlich [29; 30, S. 267 ff]:

- Menschen nehmen ihre Umwelt und insb. kommunikative Anstöße nur sehr selektiv wahr, schon um die Informationsflut für das Gehirn auf ein verarbeitbares Maß zu reduzieren. Grundbedingung für die Wirksamkeit von Kommunikationsmaßnahmen ist deshalb die **Aktivierung** der Botschafts-Empfänger, d. h. das Auslösen einer inneren Spannung, die dazu führt, dass sich der Adressat im Sinne einer Aufmerksamkeitsreaktion der Botschaft bzw. dem Kommunikationsmittel zuwendet (z. B. einem Plakat oder einem TV-Spot). Die Aktivierung kann dabei durch **emotionale Reize** erfolgen, die z. B. in erotischen oder Abenteuer verheißenden Bildelementen zum Ausdruck kommen. Eine hohe Aufmerksamkeit kann ebenso durch **gedankliche Reize** hervorgerufen werden (z. B. durch überraschende oder unübliche Elemente, vgl. ◘ Abb. 4.7), ferner auch einfach durch eine **hohe Reizintensität** (z. B. sehr große Plakate, grelle Farben, hohe Lautstärke). Bei der Verwendung von aktivierenden Reizen wie dem „Kindchenschema" oder erotischen Motiven, denen sich Menschen instinktiv zuwenden, ist jedoch darauf zu achten, dass diese nicht zu sehr von der eigentlichen Botschaft ablenken [33, S. 49].
- Weiterhin gilt es, die **Aufnahme** und das **Verständnis der Botschaft** zu bewirken. Da insb. Werbebotschaften überwiegend nur flüchtig beachtet werden, empfiehlt es sich in den meisten Fällen, die Botschaft nicht zu komplex zu gestalten und durch Bildinformationen zu unterstützen, die das menschliche Gehirn schneller verarbeiten kann.
- Wenn es gelingt, die Botschaft zu **emotionalisieren** bzw. positive Gefühle auszulösen (z. B. das Gemeinschaftsgefühl auf einem Kundenevent), steigert dies ebenfalls die Wahrscheinlichkeit dafür, dass die angestrebte Kommunikationswirkung eintritt.
- Damit die kommunikativen Inhalte länger **im Gedächtnis** der Zielpersonen **verankert** bleiben, ist die Botschaft häufig zu wiederholen, konkret bzw. anschaulich zu vermitteln sowie in origineller und eigenständiger Weise darzustellen.

Ein Ansatz, der besonders auf die Aufmerksamkeitswirkung einer unkonventionellen Gestaltung der Kommunikationsmittel abzielt, ist das sog. **Guerilla-Marketing**. Dieser Ansatz nimmt Bezug auf die Guerilla-Taktik der Kriegsführung, bei der eine relativ kleine Soldatentruppe gezielte Überraschungsangriffe aus dem Hinterhalt gegen einen an sich übermächtigen Gegner durchführt [60, S. 188]. In Analogie dazu repräsentiert Guerilla-Marketing ein Kommunikationskonzept in der Außenwerbung, das sich durch eine ausgefallene, unterhaltsame und überraschende Zielgruppenansprache auszeichnet, wodurch man sich eine hohe Aufmerksamkeitswirkung und Weiterverbreitung der Botschaft erhofft [80, S. 14]. ◘ Abbildung 4.7 zeigt hierzu zwei anschauliche Beispiele, wobei die rechts dargestellten Hinweisschilder der Vermittlung des Markenimages der Kosmetik-Marke AXE („macht sexy") dienen.

4.4 · Kommunikationspolitik

Abb. 4.7 Beispiele für Guerilla-Marketing. (Quelle: ▶ http://creative-marketingads.com – hier finden sich noch zahlreiche weitere Beispiele)

In welcher Art und Weise die Botschaft gegenüber dem Adressaten präsentiert werden kann, um die gewünschte Wirkung auszulösen, hängt von den **gestaltbaren Parametern des Kommunikationsmittels** (Text, Bild, Bewegtbild, Ton, ggfs. auch Haptik, Geruch und Geschmack, [18, S. 415]) im jeweiligen **Kommunikationskanal** ab. Bei einem TV-Spot z. B., der ein multisensorisches Kommunikationsmittel darstellt, gelangt die Botschaft durch (Bewegt-)Bild und Sprache über mehrere Sinnesorgane in unterschiedliche Gehirnregionen (auditives und visuelles Gedächtnis), was tendenziell mit einem höheren Aufmerksamkeits- und Behaltenseffekt einhergeht. Auch Emotionen können leichter erzeugt werden als z. B. mit einer rein akustischen Ansprache über Hörfunk [68, S. 48].

Ebenso wie die gewünschte Art der Botschafts-Darstellung die Medienwahl beeinflusst, ist umgekehrt die spezifische Mediennutzung bei der Botschaftsgestaltung zu berücksichtigen. Bei der Plakatwerbung an vielbefahrenen Straßen z. B. ist die Botschaft nur sehr kurz und mit prägnanten Bildinformationen vermittelbar, während in Fachzeitschriften auch in die Tiefe gegangen werden kann. Internet-Surfer dagegen wollen im Allgemeinen möglichst schnell Informationen aufnehmen. Deshalb empfiehlt es sich bei Werbevideos im Internet, keinen langen Spannungsbogen aufzubauen, sondern schnellstmöglich zum „Punkt" zu kommen, um dem allgegenwärtigen „Wegklicken" zuvorzukommen [139, S. 55]. Botschaftsgestaltung und Medienauswahl sind also wechselseitig voneinander abhängig, weswegen beide Entscheidungsfelder im Ablaufdiagramm in **Abb. 4.6** auf gleicher Ebene dargestellt wurden.

Für die Kommunikation mit dem Zielpublikum steht den Unternehmen eine Vielzahl von Kommunikationsmedien und -instrumenten zur Verfügung (die in den nachfolgenden Abschnitten noch näher erläutert werden). Zu den klassischen Kernmedien von Kommunikationskampagnen gehören die Printmedien (z. B. Zeitungen, Zeitschriften, Anzeigenblätter), das Fernsehen, der Hörfunk und die Außenwerbung (z. B. an Plakatanschlagstellen und Bussen). Hinzu kommt eine ständig zunehmende

Zahl von Instrumenten der Online- und mobilen Kommunikation. Jedoch nutzen nicht alle Instrumente der Kommunikationspolitik mediale Wege, um mit den Zielpersonen in Kontakt zu treten. So beruht der klassische Verkauf schwerpunktmäßig auf einer direkten Kommunikation bzw. Interaktion, bedient sich also sozusagen persönlicher Kanäle.

Bei der Entscheidung darüber, wie das gesamte Kommunikationsbudget auf die einzelnen Kommunikationsinstrumente und -Medien verteilt werden soll, können verschiedene **Eignungskriterien** zugrunde gelegt werden. Die wichtigsten dieser Beurteilungsfaktoren, die allesamt mit der Erreichung der Kommunikationsziele korrespondieren, erläutert ◘ Tab. 4.6.

Im Sinne des Marketing-Leitprinzips der wirtschaftlichen Fokussierung gilt es, bei der Wahl der Instrumente und Medien **Budgetverschwendungen** zu **vermeiden**. Diese entstehen bspw. dadurch, dass nicht zum Zielmarkt gehörende Abnehmer adressiert werden.

Bei der Budgetverteilung bzw. -allokation unterscheidet Bruhn [15, S. 318 ff.] drei hierarchisch angeordnete Entscheidungsebenen:

- die **interinstrumentelle Allokation** (auf Kommunikationsinstrumente wie Mediawerbung, persönlicher Verkauf usw.),
- die **Intermedia-Selektion** (z. B. zwischen Zeitungs- und Radiowerbung) sowie
- die **Intramedia-Selektion**, die die detaillierte Wahl z. B. zwischen konkreten Zeitschriftentiteln oder Radiosendern beinhaltet.

Dabei sind die Bewertungskriterien der interinstrumentellen und Intermedia-Selektion im Grunde identisch; sie sind sowohl qualitativer als auch quantitativer Natur. Als Entscheidungshilfe für diese beiden Aufgaben lassen sich deshalb z. B. Scoring-Verfahren nutzen (ähnlich wie bei der Bestimmung des Kundenwerts in ◘ Tab. 1.1), wobei Bewertungskriterien aus ◘ Tab. 4.6 herangezogen werden können.

Die Intramedia-Selektion weist demgegenüber in der Regel einen kürzeren Planungshorizont auf und wird stärker unter quantitativ-wirtschaftlichen Gesichtspunkten vorgenommen. So gibt es eine Reihe von Kennzahlen, die einen **Vergleich** der in Frage kommenden Medien **im Hinblick auf ihr Preis-Streuleistungs-Verhältnis** erlauben. Eine solche Maßgröße ist der **(einfache) Tausenderpreis**, der besagt, was es kostet, mit dem betreffenden Medium 1000 Nutzer zu erreichen. Setzt man die Kosten der Medienbelegung nicht zur gesamten Nutzerschaft des Mediums ins Verhältnis, sondern nur zu der Zahl der Zielgruppenmitglieder unter den Mediennutzern (die auch als qualitative Reichweite bezeichnet wird), ergibt sich daraus der (höhere) zielgruppen-bezogene bzw. **qualitative Tausenderpreis** (vgl. ◘ Abb. 4.8).

Immerhin gehen also in den qualitativen Tausenderpreis drei wichtige (und quantifizierbare) Beurteilungskriterien der Medienwahl simultan ein, nämlich die Reichweite, die Zielgruppeneignung und die Kosten. Die Ermittlung von Tausenderpreisen berücksichtigt aber über die Nutzerschaft des Mediums freilich nur **Kontaktchancen**

4.4 · Kommunikationspolitik

Tab. 4.6 Beurteilungskriterien für die Auswahl von Kommunikationsinstrumenten und -kanälen

Kriterium	Erläuterung
Reichweite	Anzahl der Personen, die mit dem Instrument bzw. Medium erreicht werden (betrifft dessen Streuleistung)
Nutzungs-Intensität	Dauer/Menge der Mediennutzung durch die Adressaten (z. B. Lesemenge/-dauer; Mehrfachkontakte möglich?) – je höher, desto größer die Streuleistung des Mediums
Nutzungsart und -situation	Z. B. Mediennutzung zur Information/Unterhaltung/beides; eher aktive (z. B. Internet) oder passive bzw. beiläufige Nutzung (z. B. Hörfunk)?
Zielgruppen-Steuerbarkeit	Möglichkeit, die kommunikative Ansprache auf den Zielmarkt zu konzentrieren und damit Streuverluste zu vermeiden
Kosten	Kosten für die Erstellung des Kommunikationsmittels (z. B. eines TV-Spots) und für dessen Verbreitung (Streu- bzw. Schaltkosten)
Darstellungs-Möglichkeiten	Gestaltungsparameter, die unterschiedliche Sinne ansprechen und mit denen die Botschaft „verpackt" werden kann, insb. Sprache, (Bewegt-)Bild und/oder Ton, evtl. auch durch andere Reize, z. B. durch Beifügen von Produktproben bei Zeitschriften
Interaktions-Möglichkeiten	Möglichkeit der Adressaten, unmittelbar auf kommunikative Anstöße zu reagieren (z. B. durch Kauf) – bzw. Chance des Unternehmens, mit dem Zielpublikum in Dialog zu treten
Flexibilität	Zeitliche Freiheitsgrade im Instrumenteneinsatz (die bei manchen Medien durch den Erscheinungsrhythmus oder einen nötigen zeitlichen „Vorlauf" limitiert wird)
Wirkungs-Konkurrenz	Sind in den denkbaren Kommunikationsmedien auch Mitbewerber vertreten, und wenn ja, in welchem Maße; sind die Adressaten dadurch womöglich „übersättigt"?

$$\text{(einfacher) Tausenderpreis} = \frac{\text{Schaltkosten (z.B. 20sec-Radiospot)} \cdot 1000}{\text{Anzahl der Mediennutzer (z.B. Radiohörer)}}$$

$$\text{qualitativer Tausenderpreis} = \frac{\text{Schaltkosten (z.B. 20sec-Radiospot)} \cdot 1000}{\text{Anz. Mediennutzer (z.B. Radiohörer)} \cdot \text{Zielgruppenanteil}}$$

Abb. 4.8 Berechnung des einfachen und des qualitativen Tausenderpreises

– und keine tatsächlichen Kontakte. Die Nutzung von Tausenderpreisen in der Mediaplanung macht im Übrigen nur bei der Intramedia-Selektion Sinn; keinesfalls sollte man etwa den 1000-Seher-Preis für einen Fernsehspot mit dem 1000-Hörer-Preis im Radio vergleichen.

Sehr komplex wird die Auswahl der Kommunikationsinstrumente und -medien, wenn im Rahmen einer Kampagne unterschiedliche Instrumente und verschiedene Medienkategorien mehrfach eingesetzt werden (was in der Praxis eher die Regel als die Ausnahme darstellt). Hierzu muss auf die Spezialliteratur verwiesen werden (z. B. [153]).

Was die zeitliche Verteilung bzw. das **Timing der Kommunikationsmaßnahmen** als nächsten Schritt im Planungsprozess der Kommunikation angeht, gilt es zu entscheiden, ob und wann die Kommunikationsmaßnahmen besonders intensiviert werden sollen und ob dabei eine Anpassung an oder eine Abhebung von Konkurrenz-Aktivitäten erfolgen soll. Eine Massierung von Werbe-Aktivitäten z. B. findet sich in vielen Branchen bei saisonbedingten Nachfragespitzen (etwa vor Weihnachten oder in der Hauptsaison). Allerdings muss dabei aufgrund der Reizüberflutung eine gewisse Neutralisierung der eigenen Maßnahmen mit denen der Wettbewerber in Kauf genommen werden.

Ein zeitlich konzentrierter Einsatz von Kommunikations-Etats wird vor allem bei der Neueinführung von Angebotsleistungen praktiziert. Dagegen erweist sich für langfristig angelegte (Image-)Kampagnen eine gleichmäßigere oder „pulsierende" Kommunikation oft als zielführender [37, S. 49 f.]. Dies ist auch dann der Fall, wenn es nur gelegentlicher Erinnerungsanstöße bedarf, um die eigenen Marken in den Köpfen der Abnehmer zu „aktualisieren".

Nachdem die geplanten Kommunikationsmaßnahmen durchgeführt wurden, gilt es in einem letzten Schritt, den **Kommunikationserfolg** zu **kontrollieren** – d. h. zu überprüfen, inwieweit die angestrebten Kommunikationsziele erreicht wurden, um hieraus ggfs. weiteren Handlungsbedarf bzw. Schlüsse für künftige Maßnahmen abzuleiten. Weil im Marketing die finale Aufgabe der Kommunikation darin besteht, den Umsatz der eigenen Leistungsangebote zu erhöhen, müsste im Rahmen der Erfolgskontrolle herausgefunden werden, welcher Mehrumsatz durch eine Kommunikationskampagne hervorgerufen wurde. Dieses Unterfangen erweist sich allerdings in vielen Fällen als außerordentlich problematisch. Denn letztlich zeigen Umsatzzahlen die Wirkung des gesamten Marketing-Instrumentariums – und dies auch noch im Zusammenspiel mit vielen externen Faktoren (z. B. Wettbewerber-Aktivitäten), so dass sich der Wirkungsanteil der Kommunikation kaum isolieren lässt. Weitere Schwierigkeiten einer ökonomischen Erfolgskontrolle der Kommunikation resultieren daraus, dass Maßnahmen wirkungsmäßig in einen späteren, nicht betrachteten Zeitraum ausstrahlen und dass sich z. B. Werbeaktivitäten für ein bestimmtes Produkt auch auf andere Produkte des Unternehmens auswirken können. Oftmals konzentriert man sich deshalb auf die Messung vorökonomischer Zielgrößen (z. B. Bekanntheitsgrad, Image), deren Veränderung eher auf die durchgeführten Kommunikationsmaßnahmen zurückgeführt werden kann und die sich mit den Methoden der Marktforschung (z. B. im Wege der Befragung) messen lassen.

Wesentlich besser stellen sich die Möglichkeiten einer wirtschaftlichen Erfolgskontrolle allerdings im Bereich der Internet-Kommunikation dar, insb. dann, wenn diese auf eine unmittelbare Reaktion der Zielpersonen über Online-Kanäle abzielt [77, S. 38]. So kann bspw. genau nachvollzogen werden, welche Verkäufe in einem Online-Shop auf eine kurz zuvor durchgeführte E-Mail-Kampagne zurückzuführen sind, in der Produkte aus dem Online-Shop beworben wurden. Bevor auf die neueren Formen der Marktkommunikation näher eingegangen wird, sollen jedoch zunächst die klassischen Instrumente der Kommunikationspolitik beleuchtet werden.

4.4.2 Instrumente der klassischen medialen Kommunikation

Nachfolgend werden mit der Werbung, der PR und dem Sponsoring Instrumente erörtert, bei denen die Kommunikation mit den Zielpersonen ausschließlich oder überwiegend auf medialem Wege erfolgt.

Werbung Das bekannteste und auffälligste Instrument der Marktkommunikation ist die **Werbung**, d. h. die systematische Gestaltung und Verbreitung von (Werbe-)Botschaften über spezielle Werbemittel an den Zielmarkt. Als **Werbemittel** wird dabei die sinnlich wahrnehmbare Darstellungsform der Werbebotschaft bezeichnet (z. B. Radio- oder TV-Spots, Anzeige, Plakat, Werbeflyer).

Werbung kommt in vielerlei Erscheinungsformen vor. In den meisten Fällen nutzt sie **Massenmedien**, für deren Belegung das werbetreibende Unternehmen Schaltpreise entrichten muss, um das Werbemittel an die Adressaten heranzutragen. Diese Streumedien werden auch als **Werbeträger** oder Kommunikationskanäle bezeichnet (z. B. Zeitschriften, Zeitungen, Fernseh- und Radiosender, Kinos, Anschlagstellen für die Außenwerbung). Eine wichtige Ausnahme hiervon ist die **Direktwerbung**, die den Kontakt zu den Zielpersonen entweder in persönlich adressierter Form aufnimmt (z. B. per Werbebrief oder per E-Mail) oder in nicht adressierter Form als sog. **Haushaltswerbung** erfolgt. In letzterem Fall finden insb. Werbebroschüren, Handzettel oder Kataloge, oft über spezielle Haushaltswerbe-Verteilorganisationen, den Weg in die Briefkästen der Verbraucher.

Die Aufgaben der Werbung bestehen darin, die eigenen Zielgruppen zu **informieren** sowie deren Meinungen und Verhaltensweisen im eigenen Sinne **beeinflussen**. So soll die Werbung insb. zum Bekanntheits- und zum Imageaufbau von Marken beitragen. Oft geht es bei der Werbung auch darum, ein **emotionales Markenerlebnis aufzubauen**, z. B. das Gefühl von Exklusivität, besonderem Genuss oder sozialer Anerkennung. Dieses Werbeziel ist für die Profilierung des Unternehmens im Wettbewerbsumfeld wichtig, hat der Werbung aber mitunter auch den Vorwurf der „künstlichen" Heterogenisierung von Leistungsangeboten eingebracht. Werbung ist von Außenstehenden unmittelbar als Instrument der Anbieter-Kommunikation erkennbar, was ihre Glaubwürdigkeit einschränkt. Außerdem leidet gerade die klassische Werbung unter dem Problem der Informationsüberlastung der Abnehmer, weshalb ihr oft wenig Interesse entgegengebracht wird [38, S. 168 f.].

Public Relations (PR) Ein weiteres wesentliches Instrument der Kommunikationspolitik, das sich primär medialer Kanäle bedient, ist die planmäßige Pflege der Beziehungen zur Öffentlichkeit, die kurz PR oder auch klassisch „Öffentlichkeitsarbeit" genannt wird. Sie hat die Aufgabe, das Ansehen und die Vertrauenswürdigkeit des Unternehmens als Ganzes zu verbessern, und zwar nicht nur den Kunden, sondern allen relevanten Anspruchsgruppen gegenüber. Hierzu gehören z. B. Lieferanten, Kapitalgeber, Medienvertreter, Politiker, Behörden, (Hoch-)Schulen, aber nicht zuletzt auch die allgemeine Öffentlichkeit sowie die eigenen Mitarbeiter.

Häufig durchgeführte PR-Maßnahmen sind:

- Pressearbeit: Kontaktpflege insb. zu den Redaktionen verschiedenster Medienunternehmen, Pressekonferenzen usw.,
- Herausgabe attraktiv gestalteter Geschäftsberichte, Jubiläums- und Mitarbeiterzeitschriften usw.,
- Maßnahmen im Bereich der nachhaltigen und sozialverantwortlichen Unternehmensentwicklung (**Corporate Social Responsibility**),
- Abhalten von Betriebsversammlungen,
- Vortragstätigkeit von Managern des Unternehmens,
- Durchführung von Veranstaltungen für die Öffentlichkeit (z. B. Tag der offenen Tür, Ausstellungen, Werksführungen).

Diese kurze Aufzählung lässt bereits erkennen, dass die PR – anders als andere Instrumente der Kommunikationspolitik – nicht unmittelbar auf die Erreichung absatz-bezogener Ziele gerichtet ist. Sie schafft dafür aber gute Voraussetzungen, indem sie zu einem offenen Verhältnis zu den Anspruchsgruppen beiträgt und dabei um Sympathie und Verständnis für die eigene Handlungsweise wirbt. Dies ist vor allem dann bedeutsam, wenn das Unternehmen aufgrund unerwarteter „Zwischenfälle" in die öffentliche Kritik gerät. In solchen Fällen ist eine aufklärende Kommunikation im Rahmen der sog. „Krisen-PR" gefragt. Als bspw. Burger King 2014 aufgrund von Mängeln in den Filialen der Yi-Ko-Holding öffentlich hart kritisiert wurde, reagierte Burger King-Geschäftsführer Andreas Bork unmittelbar und stand dem „Team Wallraff", das die Missstände bzgl. Hygiene und Arbeitsbedingungen aufgedeckt hatte, im RTL-Magazin „Extra" Rede und Antwort. Anstatt die Vorwürfe herunterzuspielen, was die Empörung in der Bevölkerung nur befeuert hätte, konnte er auf sehr schnell durchgeführte Maßnahmen zur Verbesserung der Situation verweisen und Journalisten und Gäste einladen, einen Blick in die Burger King-Küchen zu werfen [40].

Sponsoring Im Zusammenhang mit der PR wird häufig auch das **Sponsoring** diskutiert, das ähnliche Ziele wie die PR-Arbeit verfolgt, allerdings auf dem Prinzip von Leistung und Gegenleistung beruht. Hierbei werden Gelder, Sach- oder Dienstleistungen für Personen oder Organisationen auf vertraglicher Basis bereitgestellt, und zwar zu Zwecken der Sport- oder Kulturförderung oder auch zur Unterstützung der Bereiche Soziales, Bildung, Umwelt und Medien. Bei Medien als gesponserten Organisationen spricht man häufig von **Programmsponsoring** („Diese Sendung wurde Ihnen präsentiert von …").

Als Gegenleistung für sein Engagement erhofft sich der Sponsor meist eine entsprechend positive Außenwirkung. Dazu gilt es, solche Personen bzw. Institutionen auszuwählen, deren Wirken mit den eigenen Marketing-Zielen und Unternehmenswerten harmoniert.

Die älteste und wichtigste Spielart des Sponsoring ist das Sportsponsoring. Welche Möglichkeiten dieses Marketing-Instrument für die Sponsoren, aber auch für den Gesponserten bietet, illustriert das nachfolgende Beispiel.

Beispiel: Sponsoring beim 1. FC Heidenheim
Der 1. FC Heidenheim spielt seit der Saison 2014/15 in der 2. Fußball-Bundesliga, nachdem in den sieben Jahren zuvor drei Mal der Aufstieg in die nächsthöhere Klasse gelang. Mit diesem sportlichen Erfolg ging eine deutliche Intensivierung und Professionalisierung der Sponsoring-Aktivitäten einher.
Für den Verein selbst repräsentieren die Sponsoring-Einnahmen den größten Posten im Gesamtetat (noch vor den TV-Geldern), und ihr Anteil liegt deutlich über dem Durchschnitt der 2. Liga. Zwei lokal ansässige Großunternehmen (Paul Hartmann AG und Voith GmbH) sind Haupt- bzw. „Principal-Club-Sponsor" mit individuellen Sponsoring-Verträgen. Die weiteren Sponsoring-Engagements basieren auf Sponsoring-Paketen, bei denen die Gegenleistungen des Vereins für den Sponsor genau definiert sind und die von den „Rot-Blauen Helden" bis zum „Platin Sponsor" reichen. Ein Sponsorship beim FCH ist bereits ab knapp 2000 €/Jahr möglich, was dazu beigetragen hat, dass der Verein über ein Netzwerk von über 300 Sponsoren verfügt. Über diesen finanziellen Beitrag hinaus erwachsen dem FCH noch weitere Vorteile, denn die Sponsoren fungieren gleichzeitig als Meinungsführer für den Verein – auch deshalb, weil zu den Sponsoring-Paketen Eintrittskarten zu den Spielen für Mitarbeiter und Teilnahmen an Sponsoren-Veranstaltungen gehören. Hierdurch erhöht sich die Bindung an den Verein und die Fan-Gemeinde vergrößern sich (und in der Folge auch den werblichen Gegenwert des FCH für seine Sponsoren). Denn je voller das Stadion, desto mehr Personen werden im Stadion und über die Medienpräsenz der Spiele auch mit den Sponsoren konfrontiert. So sind die Sponsoren z. B. in der Stadions-Außenwerbung vertreten, aber auch auf der Vereins-Website, im Stadionmagazin, auf den Vereinsfahrzeu-

gen, auf der Pressekonferenz-Interviewwand usw. Zudem dient der Business Club des FCH der Pflege von Geschäftskontakten.

Wie andere Fußball-Vereine auch profitiert der FCH von der enormen „Massenattraktivität" des Fußballs – er bietet den Sponsoren ein werbliches Umfeld, das mit Spannung und Dramatik sowie mit Werten wie Teamgeist, Leistungsfähigkeit und Begeisterung assoziiert wird. Diese Werte und die Sympathien für den Verein können sich im Sinne eines Image-Transfers ein Stück weit auch auf die Sponsoren übertragen. Je positiver das Image des Vereins, desto besser sind also auch die Erfolgsvoraussetzungen für die Sponsoren-Akquisition eines Vereins.

Der FCH legt hierbei einen besonderen Fokus auf die regionale Verbundenheit, z. B. mit dem Slogan „Eine Stadt. Ein Verein. Wir sind Heidenheim." Zu dieser Positionierung passt der Trainer besonders gut. Bereits seit der eigentlichen „Geburtsstunde" des Vereins im Jahre 2007, als man sich vom Heidenheimer SB abspaltete und eigenständig wurde, ist Frank Schmidt der verantwortliche Trainer – er wurde nur 300 Meter von Stadion entfernt geboren. Ebenfalls ungewöhnlich für das kurzlebige Fußballgeschäft ist es, dass Schmidt (ebenso wie Kapitän Marc Schnatterer) einen Vertrag bis 2020 hat.

Mit der regionalen Verbundenheit des Vereins hängt schließlich ein anderes Sponsoring-Motiv zusammen: Der Fußball verkörpert gerade für die auf der Ostalb gelegene Industriestadt Heidenheim mit ihren 46.000 Einwohnern einen wichtigen Wirtschaftsfaktor, macht die Stadt bekannter und für aktuelle und potenzielle Mitarbeiter attraktiver. Deshalb wird der FCH auch von der lokalen Politik sowie von solchen Firmen unterstützt, die im Business-to-Business-Sektor tätig sind und für die deshalb die Werbemöglichkeiten im Kontext der Fußballspiele keine allzu große Rolle spielen.

Mit Sponsoring-Maßnahmen können auch Zielgruppen adressiert werden, die mit klassischer Werbung kaum Kontakt haben. Allerdings ist insb. das Engagement im Sport für den Sponsor mit schwer kalkulierbaren Risiken verbunden (insb. schlechte sportliche Leistungen des Gesponserten, Dopingfälle u. Ä.). So hat z. B. der Korruptionsskandal beim Fußball-Weltverband FIFA für große Verärgerung auf Seiten der Sponsoren gesorgt und z. T. auch zur Beendigung des Engagements geführt [160].

4.4.3 Verkaufsförderung als Kommunikationsinstrument

Unter den Begriff „**Verkaufsförderung**" (bzw. Sales Promotions) wird in aller Regel ein breites Spektrum unterschiedlicher Maßnahmen zur kurzfristigen Absatzstimulierung zusammengefasst. Verkaufsförderungs-Aktionen sollen Endverbrauchern oder Distributionsorganen (Handel, Außendienst) zusätzliche und zeitlich befristete Anreize für den Kauf bzw. für ein größeres Engagement im Verkauf geben.

Primär wird die Verkaufsförderung in der Marketing-Literatur als Kommunikationsinstrument angesehen. Allerdings weisen viele in der Praxis eingesetzte Inst-

4.4 · Kommunikationspolitik

rumente der Verkaufsförderung einen stärkeren Bezug zu anderen Marketing-Instrumenten auf, weshalb z. B. Homburg [59, S. 823] zwischen preisorientierten und nicht-preisorientierten Verkaufsförderungs-Instrumenten unterscheidet. Zu den preisbezogenen Aktivitäten gehören z. b. kurzfristige Preisnachlässe am Verkaufsort (POS), Gutscheine, Aktionen der Art „3 zum Preis von 2", Einführungsrabatte für die Handelspartner bei Produkt-Neueinführungen usw. Ferner können bei Verkaufsförderungs-Aktionen auch Elemente der Leistungspolitik dominieren; dies ist etwa bei Sonderverpackungen und Produktzugaben (z. B. kostenloser Bierkrug beim Kauf eines Bierkastens) der Fall. Schließlich dienen Verkaufsförderungs-Maßnahmen, die sich an den Verkaufsaußendienst richten, per se auch distributionspolitischen Aufgaben (z. B. Verkäufer-Wettbewerbe und -Prämien). Diese nicht primär kommunikativen Verkaufsförderungs-Maßnahmen werden nachfolgend nicht weiter betrachtet.

Als Instrument der Kommunikationspolitik besteht die Aufgabe der Verkaufsförderung vor allem darin, im Zusammenspiel mit Maßnahmen der medialen Kommunikation (insb. der Werbung) **synergetische Wirkungseffekte** zu erzielen – ganz im Sinne des Marketing-Leitprinzips des integrativ-koordinierten Instrumenteneinsatzes. Dabei hat die Werbung eine Art „Vorverkaufs-Funktion", indem sie der Zielpersonen Gründe dafür liefert, warum sie eine bestimmte Leistung erwerben bzw. gegenüber Konkurrenzangeboten vorziehen sollten. Die Verkaufsförderung knüpft hieran an, indem sie **zusätzliche Anreize** gibt, den Kauf sofort an Ort und Stelle zu tätigen. Häufig reicht nämlich die Werbung allein nicht aus, um die Kaufreaktion auszulösen. So können sich Werbe- und Verkaufsförderungs-Maßnahmen gegenseitig in ihrer Wirkung fördern. Wenn etwa der Einsatz von Displays und die Herausstellung eines Preisnachlasses sowohl am POS als auch in der Werbung erfolgt, führt dies in der Regel zu einer (Multiplikator-)Wirkung auf den Absatz, die diejenige beim isolierten Einsatz der Instrumente weit übersteigt.

Je nach Adressatenkreis, der mit Verkaufsförderungs-Aktivitäten angesprochen wird, unterscheidet man zwischen **Consumer-, Trade- und Staff-Promotions**. Diesen Formen der Verkaufsförderung liegen überwiegend verschiedene Zielsetzungen zugrunde, und auch das Spektrum geeigneter Maßnahmen unterscheidet sich deutlich zwischen den drei Adressatengruppen (vgl. ◘ Tab. 4.7).

Gegenüber der klassischen Mediawerbung hat die Verkaufsförderung einige Vorteile zu verzeichnen:
- aufgrund gezielter Ansprechmöglichkeit der Adressaten halten sich Streuverluste in Grenzen,
- Verkaufsförderungs-Aktionen sind kurzfristig ein- und absetzbar,
- die Maßnahmenwirkung erfolgt unmittelbar und lässt sich deshalb leichter kontrollieren.

Allerdings haben die erhöhten Ausgaben für Verkaufsförderung mittlerweile auch zu gestiegenen Erwartungen bzgl. weiterer (oft kostspieliger) Aktivitäten im Handel und auch bei den Konsumenten geführt [17, S. 229].

Tab. 4.7 Ziele und Maßnahmen der Verkaufsförderung nach Adressatengruppen

	Typische Ziele	Beispielhafte Maßnahmen
Consumer-Promotions	Wecken von Aufmerksamkeit, Gewinnung neuer Kunden, Auslösung von Impulskäufen, Erhöhung der Kaufhäufigkeit oder der Ausgabenbeträge pro Kunde, Unterstützung werblicher Maßnahmen	Prospekte, Handzettel, Einkaufsratgeber, Durchführung von Produkt-Demonstrationen am POS, Preisausschreiben/Gewinnspiele, Shows (z. B. Modenschauen), Autogrammstunden
Trade-Promotions	Förderung der Abverkäufe im Handel, Verbesserung der Warenpräsenz, Sicherung der Unterstützung des Handels beim Absatz der Unternehmensleistungen, Intensivierung der Beziehungen zum Handel	Einsatz von Displaymaterial (z. B. Warenständer, Dekorationen), Schulung der Mitarbeiter im Handel (damit diese die Produkte des Unternehmens dem Kunden besser präsentieren können), Einsatz von Vorführkräften, POS-Fernsehen/Radio (Ladenfunk)
Staff-Promotions	Verbesserung der kommunikativen bzw. verkäuferischen Fähigkeiten, Unterstützung bei der Herstellung von Kundenkontakten, Steigerung des Engagements für die Leistungen des Unternehmens	Verkäuferschulung (z. B. in Argumentationstechnik), Verkäuferinformationen (z. B. in Form von Verkäuferbriefen, Newslettern, Informationsveranstaltungen, Verkaufshandbüchern), Bereitstellung von Verkaufshilfen (z. B. Sales Folder)

4.4.4 Instrumente der persönlichen Kommunikation

Die persönliche Kommunikation zeichnet sich durch einen unmittelbaren zwischenmenschlichen Kontakt aus. Die wichtigsten Instrumente, die sich dieser Kommunikationsform bedienen, sind der persönliche Verkauf, das Event-Marketing sowie Messen.

Persönlicher Verkauf (Personal Selling) Trotz der Vielzahl neuer Kommunikationsmedien spielt der persönliche Verkauf nach wie vor – und wohl auch in Zukunft – eine wichtige Rolle als Marketing-Instrument. Der Verkäufer hat hierbei die Aufgabe, den Abnehmer zu beraten, von den Vorteilen des Angebots zu überzeugen, ggfs. Verhandlungen zu führen und schließlich den Verkaufsabschluss herbeizuführen. Ein weiteres Einsatzfeld kann darin bestehen, Informationen über die Kundenbedürfnisse und die Wettbewerber einzuholen.

4.4 · Kommunikationspolitik

Der persönliche Verkauf ist ein relativ teures, aber auch wirksames Marketing-Instrument, da eine lebendige und interaktive Beziehung mit direkter Beeinflussungsmöglichkeit des Gesprächspartners geschaffen wird. Deshalb spielen persönliche Verkaufsgespräche vor allem dort eine große Rolle, wo hochpreisige, erklärungsbedürftige Leistungen verkauft werden sollen, die ein Eingehen auf spezifische Kundenbedürfnisse erfordern.

Hinsichtlich der Art und Weise der Verkaufsgesprächs-Führung kann zwischen **Hard Selling** und **Soft Selling** unterschieden werden. Während beim Hard-Selling der Verkaufsabschluss durch Überreden des Käufers im Fokus steht, fungiert der Verkäufer beim Soft-Selling als objektiver Berater und Problemlöser. Mit dem hier propagierten modernen Marketing-Verständnis korrespondiert allerdings nur der zweite Ansatz.

Event-Marketing Ein im Vergleich zum persönlichen Verkauf neueres Kommunikations-Instrument stellt das Event-Marketing dar. Dabei geht es um die systematische und **erlebnisorientierte Inszenierung von „alltagsabgehobenen" Veranstaltungen.** Der zunehmende Einsatz dieser ebenfalls interaktiven Kommunikationsform hat damit zu tun, dass Freizeitaktivitäten und die Erlebnisorientierung als gesellschaftlicher Wert erheblich an Bedeutung gewonnen haben.

Events können sich an die **Zielgruppe der Kunden** richten (z. B. in Form von Firmenfesten, Neueröffnungs-Veranstaltungen, Roadshows, Präsentationen neuer Produkte). Bei derartigen Veranstaltungen sollte man nicht allzu sehr sich selbst bzw. die eigenen Produkte oder Dienstleistungen in den Vordergrund stellen, sondern bspw. durch Auftritte von Bands, Mitmach-Aktionen oder Shows für Kinder eine Wohlfühl- und Erlebnis-Atmosphäre zu schaffen, die den Teilnehmern länger im Gedächtnis bleibt [41, S. 187]. Dabei sind es vor allem der emotional aufgeladene Charakter von Events und das „multi-sensuale Live-Erleben" der Marken- bzw. Unternehmenswelt, die zu einer positiven Wahrnehmung der Marken bzw. des Unternehmens insgesamt beitragen sollen. Außerdem kann das Unternehmen mit den Kunden in direkten Kontakt treten, weshalb das Event-Marketing oft als Kundenbindungs-Instrument eingesetzt wird.

Daneben werden Events auch für **interne Adressaten**, d. h. für die Zielgruppe der Mitarbeiter durchgeführt, z. B. um deren Arbeitsmotivation oder den Zusammenhalt untereinander zu steigern. Konkret kann es sich dabei bspw. um Festakte, Mitarbeiterkonferenzen oder Outdoor-Teamtrainings handeln.

Messen Messen sind zeitlich begrenzte, organisierte Veranstaltungen, auf der Aussteller ihre Leistungsangebote präsentieren und die meist turnusmäßig am selben Ort stattfinden. Anbietern und Besuchern bieten Messen die Möglichkeit, in unmittelbaren Kontakt mit bisherigen Geschäftspartnern zu treten und neue Kontakte zu knüpfen.

Als Kommunikationsinstrument sind Messen besonders für Unternehmen von Interesse, die auf Business-to-Business-Märkten tätig sind, um dort technisch komplexe, neuartige Produkte einem interessierten Fachpublikum bzw. gewerblichen Abnehmern zu präsentieren. Messen eröffnen dabei die Chance, sich gegenüber Konkurrenten zu profilieren, da die Messebesucher die Angebote verschiedener Wettbewerber gut vergleichen können. Außerdem profitieren Messen davon, dass sie oftmals Erlebnischarakter haben und alle Sinne ansprechen [38, S. 294]. Schließlich darf man davon ausgehen, dass Messebesucher von vornherein Interesse an ausführlichen Informationen mitbringen – was dazu führt, dass sie ihre Erfahrungen häufig an andere potenzielle Kunden der Aussteller weitertragen [41, S. 188].

Neben ihrer Funktion als Kommunikationsinstrument können Messen zusätzlich als Distributionskanal fungieren – nämlich dann, wenn es sich um Verkaufsmessen handelt. Dies ist allerdings vornehmlich bei Verbrauchermessen der Fall (und seltener bei solchen, die Fachbesuchern vorbehalten sind).

Deutschland spielt im internationalen Messewesen eine dominierende Rolle; vier der sechs weltgrößten Messegelände befinden sich in Deutschland [4, S. 3]. Beispiele für bekannte Messen sind die Internationale Automobilausstellung (IAA) in Frankfurt, die CeBIT, die HM (Hannover Messe) als die weltweit größte Industriemesse, die Buchmessen in Frankfurt und Leipzig, die Internationale Funkausstellung (IFA) in Berlin und die Stuttgarter Urlaubsmesse CMT (Camping – Motor – Touristik).

Das Spektrum an Messen ist heute außerordentlich vielfältig. Sie können z. B. universell konzipiert sein oder sich auch auf ganz spezielle Leistungsangebote konzentrieren, können regional, national oder international ausgerichtet sein – und Träger kann nicht nur ein Branchenverband sein, sondern auch ein einzelnes Unternehmen mit einer **Hausmesse**, bei der sich die Zielkunden ausschließlich auf das Leistungsangebot des ausstellenden Anbieters konzentrieren [7, S. 539].

Im Sinne eines koordinierten Einsatzes verschiedener Kommunikationsinstrumente gehört es zu einem Messe-Engagement, dialog-orientierte Maßnahmen sowohl vor als insb. auch nach der Messe zu ergreifen. Hierzu gehören z. B. Einladungen an Geschäftsfreunde und die spätere erneute Kontaktaufnahme mit Standbesuchern. Solche Kommunikationsmaßnahmen außerhalb des eigentlichen Messezeitraums können erheblich dazu beitragen, dass sich der oft hohe finanzielle und zeitliche Einsatz lohnt, der mit einem Messe-Engagement verbunden ist.

4.4.5 Instrumente der Online-Kommunikation

Mit „**Online-Kommunikation**" sind hier alle Kommunikationsformen angesprochen, bei denen die Verständigung über digitale Kanäle erfolgt, d. h. über Computer- oder Mobilfunk-Netze und digitale Endgeräte (z. B. PCs oder Mobiltelefone). Ihr heutiger hoher Stellenwert hängt damit zusammen, dass der Grad der gesellschaftlichen Vernetzung über Internet und Mobilfunk stark gestiegen ist (und immer noch zunimmt).

Als **generelle Vorzüge**, die die Online-Kommunikation gegenüber klassischen Medien aufweist, sind vor allem folgende Aspekte zu nennen:

4.4 • Kommunikationspolitik

- die **Interaktivität** des Mediums (z. B. kann ein Kaufwunsch ggfs. sofort umgesetzt werden),
- die gute **selektive Erreichbarkeit** der Adressaten (z. B. per E-Mail), wobei auf Basis spezifischer Nutzerprofile eine **individualisierte Ansprache** möglich ist,
- die **räumlich und zeitlich unbeschränkte Reichweite** des Mediums,
- die Möglichkeit einer **multimedialen Darstellung** der kommunizierten Botschaft in Text, (Bewegt-)Bild und Ton,
- die hohe **Flexibilität** (Online-Werbekampagnen sind kurzfristig veränderbar),
- die **Hypermedialität**: Informationen müssen nicht linear, sondern können modulhaft und durch Querverweise bzw. (Hyper-)Links miteinander verbunden vermittelt werden. Dadurch lassen sich verschiedene Online-Kommunikationsmittel bzw. -plattformen **leicht untereinander vernetzen** (z. B. E-Mails, Webseiten, Social Media-Communities, Online-Videos, Blogs), was die Umsetzung des Marketing-Leitprinzips des integrativ-koordinierenden Instrumenteneinsatzes unterstützt,
- **vergleichsweise geringe Kosten** vieler Online-Kommunikationsinstrumente,
- **bessere Erfolgskontroll-Möglichkeiten**, die aus den oft unmittelbaren Reaktionen der Adressaten z. B. auf Werbeanstöße resultieren. Zudem werden die **Reaktionen automatisch erfasst** (z. B. durch in sog. **Logfiles** aufgezeichnete Zugriffe auf Webseiten, in Form von Kaufdaten oder durch registrierte Download-Vorgänge).

Das Internet ist aus all diesen Gründen schon heute für viele Unternehmen der wichtigste Kommunikationskanal, auf den entsprechend hohe Anteile des Kommunikationsbudgets entfallen (vgl. [77, S. 42 ff.]). Allerdings hat die Online-Kommunikation auch ihre Schattenseiten. Denn der Umgang mit Informations- und Unterhaltungs-Inhalten erfolgt online anders als bei klassischen Medien, in aktiverer, gezielter Form; die meisten Surfer möchten die gesuchten Inhalte sofort „konsumieren". Deshalb kann gerade die Online-Werbung einen **Störfaktor** darstellen bzw. als aufdringlich empfunden werden (insb. die sog. „Pop-Up-Bannerwerbung" und „Spam-E-Mails"). Ad- bzw. **Werbe-Blocker** sind dementsprechend weit verbreitet. Aus diesen Gründen fällt die Wirkung der Online-Kommunikation oftmals schwach aus. Mitunter kann sie sich gar ins Gegenteil verkehren, wenn sie zu einer Abneigung gegenüber den beworbenen Angeboten bzw. dem dahinter stehenden Unternehmen führt. Als Unternehmen muss man hier dafür Sorge tragen, dass keine Kommunikationsformen eingesetzt werden, die die Sympathie für das Unternehmen und dessen Marken beeinträchtigen können. Weitere Gefahren der Online-Kommunikation liegen in **Datensicherheits-Problemen** und der Möglichkeit der Adressaten, ihre **Identität** zu **verschleiern**.

Was die konkreten Handlungsmöglichkeiten der Online-Kommunikation anbelangt, werden nachfolgend drei wichtige Bereiche der Online-Kommunikation kurz skizziert.

Klassische Online-Werbung Der **eigene Web-Auftritt** verkörpert gewissermaßen die „virtuelle Visitenkarte" des Unternehmens und ist nach wie vor ein Fixpunkt unter den kommunikationspolitischen Instrumenten; eine professionelle Marktkommunikation ist ohne eigene Website undenkbar. Sie wird u. a. für die Präsentation des Unternehmens und der Angebotsleistungen, für technischen Support und als „Verbindungszentrale" zu den sozialen Medien genutzt (und oft auch als Distributionskanal in Form eines Online-Shops). Aufgrund der zunehmenden Vielfalt der Internet-Zugangsgeräte, allen voran mobiler Endgeräte, wird seit einiger Zeit die Entwicklung „responsiver" Webseiten vorangetrieben, die sich als solche an unterschiedliche Bildschirmgrößen/-Auflösungen anpassen.

Zu den klassischen Formen der Online-Werbung gehören auch **Banner**, d. h. Grafik-Elemente mit einer Werbebotschaft, die den Surfer nach dem Anklicken meist zu einem konkreten Angebot weiterleiten. Ebenso wird das Internet häufig zur Übertragung von **Werbespots** genutzt, die auf der eigenen Website gezeigt werden oder auf möglichst stark frequentierten Websites kooperierender Unternehmen (die in der Onlinemarketing-Fachsprache als **„Affiliates"** bezeichnet werden). Als Kommunikationsinstrument bedeutsam sind auch **E-Mails**, weil hiermit die Adressaten aktiv und selektiv angesprochen werden können. Die meisten Unternehmen bieten heute ihren Kunden und Interessenten einen **E-Mail-Newsletter** an, um mit ihren Zielgruppen regelmäßig und in preisgünstiger Form in Kontakt zu bleiben.

Social Media-Kommunikation Gegenstand der Social Media-Kommunikation ist die Nutzung von Social Media bzw. sozialen Medien für eine zielorientierte Kommunikation mit den Anspruchsgruppen des Unternehmens. „Social Media" bezeichnet dabei Online-Plattformen, die eine **interaktive Kommunikation** in der Weise ermöglichen, dass mediale Inhalte (insb. Text, Bilder, Videos) produziert, ausgetauscht und für andere Nutzer bereitgestellt werden können. Bei den selbst erstellten Inhalten spricht man im Kontext der sozialen Medien meist von **„User generated Content"**.

Das Spektrum der technischen Plattformen und Anwendungen, die unter dem Begriff „Social Media" subsumiert werden, ist mittlerweile sehr vielfältig. In erster Linie fallen hierunter die privaten sowie professionellen **sozialen Netzwerke** (z. B. Facebook, Google+, XING und LinkedIn), aber auch **Foren, Communities, (Micro-) Blogging-Dienste** (z. B. Twitter), **Instant Messenger** (z. B. WhatsApp), **Wikis** (insb. Wikipedia) und **Media-Sharing-Portale** wie YouTube, Vimeo, Instagram oder Flickr [67, S. 81 f.].

Im Rahmen der Marktkommunikation lassen sich soziale Medien z. B. für den Aufbau und die Pflege von Kontakten sowie die Veröffentlichung von Informationen nutzen. Dabei bieten Social Media-Plattformen Unternehmen die Möglichkeit, sich Ihrem Zielmarkt **auf innovative Weise** zu **präsentieren**, bspw. durch Fanseiten oder einen Unternehmens- bzw. **Corporate Blog**, der über wissenswerte Vorgänge im Unternehmen informiert und Anlass geben kann, mit dem Unternehmen einen Dialog

4.4 · Kommunikationspolitik

zu führen [76, S. 377]. Außerdem können Werbebanner in sozialen Netzwerken gut auf spezielle Zielgruppen konzentriert werden. Kreutzer [77, S. 339] warnt allerdings eindringlich davor, soziale Medien als reinen Präsentations-, Werbe- oder Verkaufskanal zu interpretieren, da dies bei den Nutzern auf Ablehnung stößt. Vielmehr sind sie ein geeignetes Instrument, um (exklusive) Informationen zu liefern, um gezielt Fragen zu beantworten und ein „Gemeinschaftsgefühl" zu vermitteln – wie immer im Marketing kommt es auch hier darauf an, den Kunden einen Nutzen zu bieten. Für den Erfolg der Social Media-Arbeit ist es dabei wichtig, **transparent** zu bleiben, mit Kritik **konstruktiv** umzugehen und ein **ehrliches Interesse am Dialog** mitzubringen. Ebenso erforderlich sind kurze „Reaktionszeiten" und nicht zuletzt ein **authentisches Auftreten**, das in aller Regel Mitarbeiter des Unternehmens selbst am ehesten leisten können – und nicht etwa externe Dienstleister [1].

Bemerkenswert an der Social Media-Kommunikation ist ihre starke **ethische Komponente**, denn die Inhalte auf den Plattformen sind **anfällig für Manipulationen**. So mag etwa das „Faken" von Beurteilungen der eigenen Angebote z. B. bei Amazon oder Holidaycheck kurzfristige Erfolge hinsichtlich des Bekanntheitsgrads und der Verkaufszahlen bewirken. Langfristig ist jedoch die Reputation des Unternehmens durch ein solches Verhalten, das auch rechtlich fragwürdig ist, stark gefährdet [23, S. 13 ff.].

In engem Zusammenhang mit den sozialen Medien steht der häufig unternommene Versuch, **virale Effekte** anzustoßen bzw. eine virale Kommunikation auszulösen, wofür die vielfältige Vernetzung der Menschen untereinander auf Social Media-Plattformen den „Nährboden" bildet, über den sich gewünschte Botschaften, Meinungen und Ereignisse sehr schnell, wie ein Virus, verbreiten können. Leider lassen sich solche Effekte kaum steuern – bzw. bei der Social Media-Kommunikation besteht grundsätzlich das Problem, dass sie mit einem gewissen Kontrollverlust einhergeht [84].

Mobile Kommunikation Als Kanal für die Marktkommunikation bietet sich der Mobilfunk besonders an, weil die Adressaten über dieses Medium fast ständig und überall in ihrem gewohnten Umfeld erreichbar sind. Nach einer Studie der Universität Bonn nutzten die Untersuchungsteilnehmer ihr Smartphone im Schnitt knapp drei Stunden täglich, was den Stellenwert der Mobilkommunikation unterstreicht [90]; eine andere Studie kommt allerdings zu niedrigeren Werten, vgl. [100].
Typische **Anwendungen** der Mobilkommunikation im Marketing sind (vgl. bspw. [78, S. 233 ff.; 155, S. 517 ff.]):

- **Mobile Display-Werbung** (die auch in Abhängigkeit vom Standort des Geräts eingesetzt werden, s. weiter unten),
- Einsatz von **Apps** bzw. mobilen Anwendungen, durch die die Nutzer mit vielfältigen Informationen versorgt werden können, etwa – um nur ein Beispiel zu nennen – mit Neuigkeiten über bestimmte Reiseziele (Beispiel: Hamburg Tourismus App),

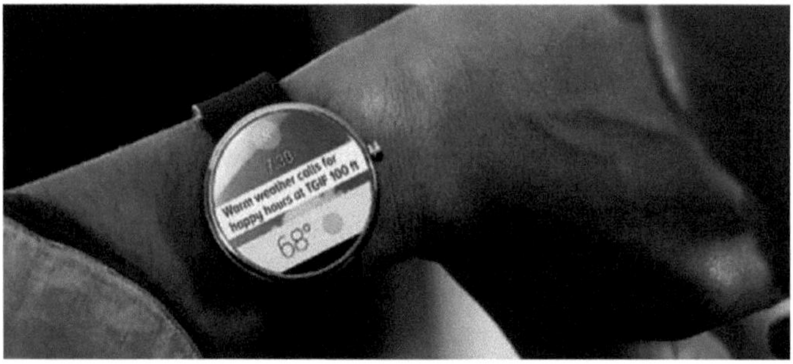

Abb. 4.9 Hinweis auf ein in der Nähe befindliches Lokal auf der Smartwatch [31]

- **Mobiles Couponing** (d. h. Einsatz virtueller Gutscheine, die Preisnachlässe gewähren, wie z. B. die Coupons in der Burger King-App),
- Einsatz von Quick-Response- bzw. **QR-Codes**, die sich z. B. auf Plakaten, Produktverpackungen oder Prospekten befinden und nach deren Abfotografieren der Handy-Besitzer zum mobilen Web-Auftritt oder Online-Shop des Unternehmens geleitet wird – oder z. B. direkt Rezepte für das gekaufte Produkt erhält.

Weiteren Auftrieb könnte die mobile Marktkommunikation durch die zunehmende Verbreitung von **Smartwatches** erhalten, d. h. Armbanduhren, die über Sensoren (z. B. zur Erfassung der Pulsfrequenz), Handy-Funktionalitäten und Internetzugang verfügen – obwohl auf den winzigen Displays nur einfache Botschaften Platz finden und obwohl sich der Träger von unerwünschter Werbung hier besonders stark gestört fühlen kann. Durch das dauerhafte Tragen am Handgelenk liegt jedoch eine noch größere „Nähe" zum Besitzer vor als bei einem Smartphone. Hierdurch nimmt der Nutzer z. B. das Vibrieren der Uhr bei sog. **location-based Services** schneller und sicherer wahr. Solche standortbezogenen Dienste unterbreiten dem Träger über die Erkennung von Positionsdaten der Smartwatch standortabhängige Angebote (vgl. **Abb. 4.9**), z. B. von nahegelegenen Handelsgeschäften oder Restaurants [56, S. 34 f.].

4.5 Lern-Kontrolle

Kurz und bündig
Durch den operativen Einsatz der Marketing-Instrumente, der sich an die strategische Marketing-Planung anschließt, wird die eigentliche Umsetzung eines Marketing-Konzepts bewirkt. Dabei muss zunächst im Rahmen der **Leistungspolitik** ein attraktives Angebotsprogramm, das aus Produkten und/oder Dienstleistungen besteht, entwickelt werden. Hierfür sind durch die **Preispolitik** angemessene, d. h. für den Zielmarkt akzeptable, wett-

4.5 · Lern-Kontrolle

bewerbsfähige und gleichzeitig für das Unternehmen auskömmliche Preise festzulegen, bevor die Leistungen mit den Instrumenten der **Distributionspolitik** den Abnehmern zugänglich gemacht werden. Dabei gilt es vor allem, geeignete Vertriebskanäle aus dem Spektrum der unternehmensinternen und -externen Distributionsorgane auszuwählen, die zu den eigenen Leistungsangeboten passen. Schließlich ist es die Aufgabe der **Kommunikationspolitik**, den Zielmarkt über die Verfügbarkeit der Leistungen zu informieren und von deren Vorzügen zu überzeugen. Zu diesem Zweck müssen ein Kommunikationsbudget fixiert, die Botschaft gestalterisch umgesetzt sowie Kommunikationsinstrumente und -medien ausgewählt werden, die die anvisierten Zielpersonen möglichst ohne Streuverluste erreichen.

Bei allen Instrumente-Entscheidungen ist darauf zu achten, dass sich diese an den vorgegebenen Marketing-Zielen und der gewählten strategischen Ausrichtung orientieren sowie inhaltlich, quantitativ und zeitlich aufeinander abgestimmt werden. So können die einzelnen Teilinstrumente zu einem harmonischen Marketing-Mix ineinander greifen.

❓ Let's check

1. Stellen Sie die anhand von Beispielen die Ansatzpunkte dar, mit denen ein Unternehmen seinen bestehenden bzw. jetzigen Produkten auf den derzeit bearbeiteten Märkten zu mehr Umsatz verhelfen kann.
2. Erläutern Sie Begriff, Ziele, Formen und Anwendungs-Voraussetzungen der Preisdifferenzierung.
3. Kennzeichnen Sie die Konzepte des Skimming und des Penetration Pricing. Was wird damit bezweckt, und unter welchen Bedingungen ist welches Konzept sinnvoll?
4. Erläutern Sie die Gründe, die für einen Multi-Channel-Vertrieb sprechen.
5. Grenzen Sie die kommunikationspolitischen Instrumente der klassischen Werbung und der PR hinsichtlich der angestrebten Ziele, der Zielgruppen und der eingesetzten Instrumente voneinander ab.
6. Vergleichen Sie die Instrumente der klassischen medialen Kommunikation und der Online-Kommunikation in Bezug auf die Kontrollierbarkeit der Kommunikationswirkungen.

❓ Vernetzende Aufgaben

1. Eine große Werbeagentur plant, künftig ein Informations-Medium herauszugeben, mit dem die Kunden über Neuigkeiten im Unternehmen auf dem Laufenden gehalten werden sollen. In einem ersten Schritt soll hierfür die Methode der Morphologie zur Anwendung kommen, um die denkbaren Ausgestaltungsvarianten des Kunden-Informationsmediums strukturiert darzustellen. Führen Sie die morphologische Analyse durch und benennen Sie Kriterien zur Beurteilung ausgewählter Möglichkeiten.

2. Was halten Sie von der (mitunter von Laien vertretenen) Meinung, dass der Handel ein unproduktives Element der Volkswirtschaft sei, weil er ja nichts produziert, sondern nur Produkte kauft und weiterverkauft?

🛈 Lesen und Vertiefen
Inhaltlich umfangreiche Auseinandersetzungen mit dem (weit gesteckten) Feld der operativen Marketing-Planung finden sich bei Homburg [59] und Meffert et al. [93]. Zu beiden Werken gibt es auch Übungsbücher.

Serviceteil

Tipps fürs Studium und fürs Lernen – 154

Glossar – 159

Literatur – 166

Der Abschnitt „Tipps fürs Studium und fürs Lernen" wurde von Andrea Hüttmann verfasst.

M. Froböse, M. Thurm, *Marketing,* Studienwissen kompakt,
DOI 10.1007/978-3-658-05693-3, © Springer Fachmedien Wiesbaden 2016

Tipps fürs Studium und fürs Lernen

- **Studieren Sie!**

Studieren erfordert ein anderes Lernen, als Sie es aus der Schule kennen. Studieren bedeutet, in Materie abzutauchen, sich intensiv mit Sachverhalten auseinanderzusetzen, Dinge in der Tiefe zu durchdringen. Studieren bedeutet auch, Eigeninitiative zu übernehmen, selbstständig zu arbeiten, sich autonom Ziele zu setzen, anstatt auf konkrete Arbeitsaufträge zu warten. Ein Studium erfolgreich abzuschließen erfordert die Fähigkeit, der Lebensphase und der Institution angemessene effektive Verhaltensweisen zu entwickeln – hierzu gehören u. a. funktionierende Lern- und Prüfungsstrategien, ein gelungenes Zeitmanagement, eine gesunde Portion Mut und viel pro-aktiver Gestaltungswille. Im Folgenden finden Sie einige erfolgserprobte Tipps, die Ihnen beim Studieren Orientierung geben, einen grafischen Überblick dazu zeigt ◘ Abb. A.1.

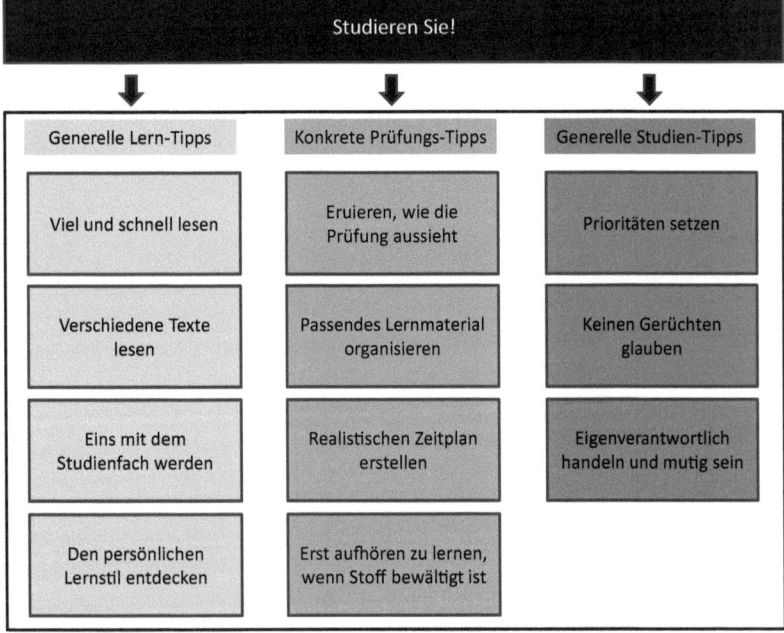

◘ **Abb. A.1** Tipps im Überblick

Tipps fürs Studium und fürs Lernen

Lesen Sie viel und schnell

Studieren bedeutet, wie oben beschrieben, in Materie abzutauchen. Dies gelingt uns am besten, indem wir zunächst einfach nur viel lesen. Von der Lernmethode – lesen, unterstreichen, heraus schreiben – wie wir sie meist in der Schule praktizieren, müssen wir uns im Studium verabschieden. Sie dauert zu lange und raubt uns kostbare Zeit, die wir besser in Lesen investieren sollten. Selbstverständlich macht es Sinn, sich hier und da Dinge zu notieren oder mit anderen zu diskutieren. Das systematische Verfassen von eigenen Text-Abschriften aber ist im Studium – zumindest flächendeckend – keine empfehlenswerte Methode mehr. Mehr und schneller lesen schon eher …

Werden Sie eins mit Ihrem Studienfach

Jenseits allen Pragmatismus sollten wir uns als Studierende eines Faches – in der Summe – zutiefst für dieses interessieren. Ein brennendes Interesse muss nicht unbedingt von Anfang an bestehen, sollte aber im Laufe eines Studiums entfacht werden. Bitte warten Sie aber nicht in Passivhaltung darauf, begeistert zu werden, sondern sorgen Sie selbst dafür, dass Ihr Studienfach Sie etwas angeht. In der Regel entsteht Begeisterung, wenn wir die zu studierenden Inhalte mit lebensnahen Themen kombinieren: Wenn wir etwa Zeitungen und Fachzeitschriften lesen, verstehen wir, welche Rolle die von uns studierten Inhalte im aktuellen Zeitgeschehen spielen und welchen Trends sie unterliegen; wenn wir Praktika machen, erfahren wir, dass wir mit unserem Know-how – oft auch schon nach wenigen Semestern – Wertvolles beitragen können. Nicht zuletzt: Dinge machen in der Regel Freude, wenn wir sie beherrschen. Vor dem Beherrschen kommt das Engagement: Engagieren Sie sich also und werden Sie eins mit Ihrem Studienfach!

Entdecken Sie Ihren persönlichen Lernstil

Jenseits einiger allgemein gültiger Lern-Empfehlungen muss jeder Studierende für sich selbst herausfinden, wann, wo und wie er am effektivsten lernen kann. Es gibt die Lerchen, die sich morgens am besten konzentrieren können, und die Eulen, die ihre Lernphasen in den Abend und die Nacht verlagern. Es gibt die visuellen Lerntypen, die am liebsten Dinge aufschreiben und sich anschauen; es gibt auditive Lerntypen, die etwa Hörbücher oder eigene Sprachaufzeichnungen verwenden. Manche bevorzugen Karteikarten verschiedener Größen, andere fertigen sich auf Flipchart-Bögen Übersichtsdarstellungen an, einige können während des

Spazierengehens am besten auswendig lernen, andere tun dies in einer Hängematte. Es ist egal, wo und wie Sie lernen. Wichtig ist, dass Sie einen für sich effektiven Lernstil ausfindig machen und diesem – unabhängig von Kommentaren Dritter – treu bleiben.

Bringen Sie in Erfahrung, wie die bevorstehende Prüfung aussieht

Die Art und Weise einer Prüfungsvorbereitung hängt in hohem Maße von der Art und Weise der bevorstehenden Prüfung ab. Es ist daher unerlässlich, sich immer wieder bezüglich des Prüfungstyps zu informieren. Wird auswendig Gelerntes abgefragt? Ist Wissenstransfer gefragt? Muss man selbstständig Sachverhalte darstellen? Ist der Blick über den Tellerrand gefragt? Fragen Sie Ihre Dozenten. Sie müssen Ihnen zwar keine Antwort geben, doch die meisten Dozenten freuen sich über schlau formulierte Fragen, die das Interesse der Studierenden bescheinigen und werden Ihnen in irgendeiner Form Hinweise geben. Fragen Sie Studierende höherer Semester. Es gibt immer eine Möglichkeit, Dinge in Erfahrung zu bringen. Ob Sie es anstellen und wie, hängt von dem Ausmaß Ihres Mutes und Ihrer Pro-Aktivität ab.

Decken Sie sich mit passendem Lernmaterial ein

Wenn Sie wissen, welcher Art die bevorstehende Prüfung ist, haben Sie bereits viel gewonnen. Jetzt brauchen Sie noch Lernmaterialien, mit denen Sie arbeiten können. Bitte verwenden Sie niemals die Aufzeichnungen Anderer – sie sind inhaltlich unzuverlässig und nicht aus Ihrem Kopf heraus entstanden. Wählen Sie Materialien, auf die Sie sich verlassen können und zu denen Sie einen Zugang finden. In der Regel empfiehlt sich eine Mischung – für eine normale Semesterabschlussklausur wären das z. B. Ihre Vorlesungs-Mitschriften, ein bis zwei einschlägige Bücher zum Thema (idealerweise eines von dem Dozenten, der die Klausur stellt), ein Nachschlagewerk (heute häufig online einzusehen), eventuell prüfungsvorbereitende Bücher, etwa aus der Lehrbuchsammlung Ihrer Universitätsbibliothek.

Erstellen Sie einen realistischen Zeitplan

Ein realistischer Zeitplan ist ein fester Bestandteil einer soliden Prüfungsvorbereitung. Gehen Sie das Thema pragmatisch an und beantworten Sie folgende Fragen: Wie viele

Tipps fürs Studium und fürs Lernen

Wochen bleiben mir bis zur Klausur? An wie vielen Tagen pro Woche habe ich (realistisch) wie viel Zeit zur Vorbereitung dieser Klausur? (An dem Punkt erschreckt und ernüchtert man zugleich, da stets nicht annähernd so viel Zeit zur Verfügung steht, wie man zu brauchen meint.) Wenn Sie wissen, wie viele Stunden Ihnen zur Vorbereitung zur Verfügung stehen, legen Sie fest, in welchem Zeitfenster Sie welchen Stoff bearbeiten. Nun tragen Sie Ihre Vorhaben in Ihren Zeitplan ein und schauen, wie Sie damit klar kommen. Wenn sich ein Zeitplan als nicht machbar herausstellt, verändern Sie ihn. Aber arbeiten Sie niemals ohne Zeitplan!

Beenden Sie Ihre Lernphase erst, wenn der Stoff bewältigt ist

Eine Lernphase ist erst beendet, wenn der Stoff, den Sie in dieser Einheit bewältigen wollten, auch bewältigt ist. Die meisten Studierenden sind hier zu milde im Umgang mit sich selbst und orientieren sich exklusiv an der Zeit. Das Zeitfenster, das Sie für eine bestimmte Menge an Stoff reserviert haben, ist aber nur ein Parameter Ihres Plans. Der andere Parameter ist der Stoff. Und eine Lerneinheit ist erst beendet, wenn Sie das, was Sie erreichen wollten, erreicht haben. Seien Sie hier sehr diszipliniert und streng mit sich selbst. Wenn Sie wissen, dass Sie nicht aufstehen dürfen, wenn die Zeit abgelaufen ist, sondern erst wenn das inhaltliche Pensum erledigt ist, werden Sie konzentrierter und schneller arbeiten.

Setzen Sie Prioritäten

Sie müssen im Studium Prioritäten setzen, denn Sie können nicht für alle Fächer denselben immensen Zeitaufwand betreiben. Professoren und Dozenten haben die Angewohnheit, die von ihnen unterrichteten Fächer als die bedeutsamsten überhaupt anzusehen. Entsprechend wird jeder Lehrende mit einer unerfüllbaren Erwartungshaltung bezüglich Ihrer Begleitstudien an Sie herantreten. Bleiben Sie hier ganz nüchtern und stellen Sie sich folgende Fragen: Welche Klausuren muss ich in diesem Semester bestehen? In welchen sind mir gute Noten wirklich wichtig? Welche Fächer interessieren mich am meisten bzw. sind am bedeutsamsten für die Gesamtzusammenhänge meines Studiums? Nicht zuletzt: Wo bekomme ich die meisten Credits? Je nachdem, wie Sie diese Fragen beantworten, wird Ihr Engagement in der Prüfungsvorbereitung ausfallen. Entscheidungen dieser Art sind im Studium keine böswilligen Demonstrationen von Desinteresse, sondern schlicht und einfach überlebensnotwendig.

Glauben Sie keinen Gerüchten

Es werden an kaum einem Ort so viele Gerüchte gehandelt wie an Hochschulen – Studierende lieben es, Durchfallquoten, von denen Sie gehört haben, jeweils um 10–15 % zu erhöhen, Geschichten aus mündlichen Prüfungen in Gruselgeschichten zu verwandeln und Informationen des Prüfungsamtes zu verdrehen. Glauben Sie nichts von diesen Dingen und holen Sie sich alle wichtigen Informationen dort, wo man Ihnen qualifiziert und zuverlässig Antworten erteilt. 95 % der Geschichten, die man sich an Hochschulen erzählt, sind schlichtweg erfunden und das Ergebnis von ‚Stiller Post'.

Handeln Sie eigenverantwortlich und seien Sie mutig

Eigenverantwortung und Mut sind Grundhaltungen, die sich im Studium mehr als auszahlen. Als Studierende verfügen Sie über viel mehr Freiheit als als Schüler: Sie müssen nicht immer anwesend sein, niemand ist von Ihnen persönlich enttäuscht, wenn Sie eine Prüfung nicht bestehen, keiner hält Ihnen eine Moralpredigt, wenn Sie Ihre Hausaufgaben nicht gemacht haben, es ist niemandes Job, sich darum zu kümmern, dass Sie klar kommen. Ob Sie also erfolgreich studieren oder nicht, ist für niemanden von Belang außer für Sie selbst. Folglich wird nur der eine Hochschule erfolgreich verlassen, dem es gelingt, in voller Überzeugung eigenverantwortlich zu handeln. Die Fähigkeit zur Selbstführung ist daher der Soft Skill, von dem Hochschulabsolventen in ihrem späteren Leben am meisten profitieren. Zugleich sind Hochschulen Institutionen, die vielen Studierenden ein Übermaß an Respekt einflößen: Professoren werden nicht unbedingt als vertrauliche Ansprechpartner gesehen, die Masse an Stoff scheint nicht zu bewältigen, die Institution mit ihren vielen Ämtern, Gremien und Prüfungsordnungen nicht zu durchschauen. Wer sich aber einschüchtern lässt, zieht den Kürzeren. Es gilt, Mut zu entwickeln, sich seinen eigenen Weg zu bahnen, mit gesundem Selbstvertrauen voranzuschreiten und auch in Prüfungen eine pro-aktive Haltung an den Tag zu legen. Unmengen an Menschen vor Ihnen haben diesen Weg erfolgreich beschritten. Auch Sie werden das schaffen!

Andrea Hüttmann ist Professorin an der accadis Hochschule Bad Homburg, Leiterin des Fachbereichs „Communication Skills" und Expertin für die Soft-Skill-Ausbildung der Studierenden. Als Coach ist sie auch auf dem freien Markt tätig und begleitet Unternehmen, Privatpersonen und Studierende bei Veränderungsvorhaben und Entwicklungswünschen (▶ www.andrea-huettmann.de).

Glossar

Absatzhelfer rechtlich selbständige Aufgabenträger der Distribution, die als solche kein Eigentum an den abzusetzenden Leistungen erwerben, aber verkaufsunterstützende Aufgaben wahrnehmen und dafür eine Provision bzw. Kommission erhalten (z. B. Makler, Kommissionäre)

Absatzmittler Groß- und Einzelhändler, die als solche rechtlich und wirtschaftlich selbständige Anbieter sind und Produkte in eigenem Namen und auf eigene Rechnung kaufen und weiterverkaufen

Angebotsentwicklung Leistungspolitisches Wachstumskonzept, bei dem den bereits bearbeiteten Zielmärkten neue Leistungen offeriert werden

Access-Panel Pool von registrierten Personen, die sich bereit erklärt haben, häufiger an (meist online durchgeführten) Marktforschungs-Studien teilzunehmen

Beobachtung systematische Erfassung wahrnehmbarer, objektiver Sachverhalte durch Personen bzw. Beobachter und/oder technische Apparaturen

Bionik systematisch-logisches Verfahren der Ideenfindung, bei dem Konstruktionen und Verfahrensweisen der Natur auf technische Problemlösungen übertragen werden

Brainstorming intuitiv-kreatives Verfahren der Ideenfindung, bei dem in einer persönlichen Sitzung mit meist fünf bis acht Teilnehmern spontan Ideen geäußert und weitergesponnen werden, um eine möglichst große Zahl von neuartiger Ideen zu erarbeiten

Brainwriting (Methode 635) intuitiv-kreatives Verfahren der Ideenfindung, bei dem 6 Personen jeweils 3 Ideen in 5 Minuten auf einem Formular notieren und dieses 5 Mal im Uhrzeigersinn zur Vervollständigung/Ergänzung an die anderen Gruppenmitglieder weiterreichen

Click and Collect Einkaufsvorgang, bei dem der Kunde Waren in einem Online-Shop bestellt und in einem dazugehörigen Ladengeschäft (oder an speziellen Abholstellen) selber abholt

Crowdsourcing Einbeziehung von Abnehmern bzw. der Masse der Internetnutzer bei der Ideenfindung für neue Leistungsangebote

Customer Experience Management Schaffung positiver Kundenerlebnisse, um einer Verbundenheit des Kunden gegenüber dem Anbieter zu bewirken

Demarketing Variante des Marketing, die keine Steigerung, sondern eine Reduktion der Nachfrage anstrebt

Direktabsatz Vertrieb der Angebotsleistungen ohne Einschaltung unternehmensfremder Absatzorgane (Händler und/oder Absatzhelfer)

Distributionspolitik Gesamtheit aller Entscheidungen und Handlungen, die sich auf die Versorgung der aktuellen und potenziellen Kunden mit dem unternehmerischen Leistungsangebot beziehen

Diversifikation Leistungspolitisches Wachstumskonzept, bei dem das Unternehmen neue Angebote auf bisher noch nicht bearbeiteten Märkten platziert

Event-Marketing systematische und erlebnisorientierte Inszenierung besonderer Ereignisse, die sich an externe oder interne Zielgruppen des Unternehmens richten

Evoked Set Gesamtheit der Leistungsangebote, die von den Abnehmern als vergleichbar bzw. als Kaufalternativen angesehen werden

Franchising Unternehmensgebundenes Distributionssystem, bei dem → Absatzmittlern (hier „Franchisenehmer" genannt) ein komplettes Produkt- und Vermarktungskonzept (Franchisepaket) bereitgestellt wird, das diese strikt einhalten und umsetzen müssen

Informationen Nachrichten, die für den Empfänger neu und für Entscheidungen relevant sind

Innovation Leistungsangebot, das Abnehmerbedürfnisse auf neue Weise oder mit einem besseren Preis-Leistungs-Verhältnis löst

Interviewereffekt Beeinträchtigung der Validität von Befragungsergebnissen aufgrund einer Beeinflussung der Antworten der Auskunftspersonen durch den Interviewer (z. B. durch das äußere Erscheinungsbild oder suggestiv klingende Fragen)

Kommunikationspolitik Gesamtheit aller Entscheidungen und Handlungen, die die Gestaltung und Übermittlung von Informationen bzw. Botschaften an marketing-relevante Adressaten eines Unternehmens betreffen

Konkurrenzforschung Teilbereich der Marketing-Forschung, der dazu dient, Ansatzpunkte für die Erzielung von Wettbewerbsvorteilen aufzudecken und den eigenen Handlungsspielraum im Wettbewerb auszuloten, indem Informationen z. B. über die Stärken und Schwächen sowie die Marktposition der Konkurrenten erhoben werden

Konsumentenrente Differenz zwischen dem Preis, den der Abnehmer zu zahlen bereit wäre (Preisbereitschaft) und dem niedrigeren Preis, den er zu zahlen hat

Kundenbindung Zustand der Gebundenheit eines Kunden an das Unternehmen, der sich in Wiederholungskäufen und/oder Käufen anderer Leistungen aus dem Angebotsspektrum des Unternehmens manifestiert

Kundenloyalität Verbundenheit des Kunden mit einem Unternehmen, die sich in einer positiven Einstellung dem Anbieter gegenüber, im Bekenntnis zum künftigen Wiederkauf und ggf. auch in der Absicht zeigt, das Unternehmen bzw. die Marke weiterzuempfehlen

Kundenwert Beitrag eines Kunden zur Erreichung der monetären und nicht-monetären Ziele des Unternehmens

Kundenzufriedenheit Ergebnis eines psychischen Bewertungsprozesses, bei dem der Kunde zwischen einer erwarteten und einer erhaltenen Leistung vergleicht. Je nach Ausmaß der Übereinstimmung zwischen dem subjektiven „Soll" und wahrgenommener Ist-Leistung ist er mehr bzw. weniger zufrieden.

Leistungspolitik Gesamtheit aller Entscheidungen und Handlungen, die die marktgerechte Gestaltung des Leistungsangebots (d. h. der Produkte und/oder Dienstleistungen) eines Unternehmens betreffen

Leistungsprogramm Gesamtheit aller Produkte und Dienstleistungen, die ein Unternehmen dem Markt anbietet

Marke In der Psyche der Abnehmer verankerte Vorstellungsbild (z. B. in Bezug auf Unternehmen oder Produkte), das eine Differenzierungs- und Identifikationsfunktion übernimmt und das Kaufverhalten prägt

Glossar

Markenführung Steuerung von Assoziationen der Kunden in Bezug auf die Marken des Unternehmens

Markenidentität Selbstbild einer Marke aus Sicht des Anbieters, die aussagt, für was die Marke in den Augen der Abnehmer stehen soll

Marketing marktorientierte (Unternehmens-) Führung, d. h. Ausrichtung der gesamten Unternehmens-Aktivitäten auf das Ziel, für Individuen oder Organisationen Leistungen von Wert so zu erzeugen, dass diese im Vergleich zu Konkurrenzangeboten als nützlicher angesehen werden und die Abnehmer gewillt sind, dafür eine für das Unternehmen erstrebenswerte Gegenleistung zu erbringen

Marketing, reaktives Klassische Variante des Marketing, bei der der Anbieter die Wünsche bzw. Anforderungen der Abnehmer erforscht, um ihnen dann das gewünschte Angebot zum akzeptierten Preis und am gewünschten Ort termingerecht bereitzustellen

Marketing, autonomes eigenständige Erfüllung von Marketing-Aufgaben ohne Kooperation mit anderen Organisationen (z. B. um unabhängig zu bleiben)

Marketing, kooperatives systematische, oft vertraglich geregelte Zusammenarbeit zwischen rechtlich selbständigen Organisationen bei der Erfüllung von Marketing-Aufgaben, um dadurch Ziele in höherem Ausmaß zu erreichen als dies bei individuellem Vorgehen möglich wäre

Marketing, proaktives Variante des Marketing, die nicht auf die Anpassung des Marketing-Instrumentariums an die Kundenbedürfnisse, sondern auf den Aufbau oder die Veränderung von Kundenpräferenzen abzielt

Marketing-Forschung systematische Gewinnung von Erkenntnissen zur Fundierung von Marketing-Entscheidungen

Marketing-Konzeption aufeinander abgestimmter Handlungsplan, der darauf abzielt, auf der Grundlage marketing-relevanter Informationen Strategien und Maßnahmen in der Weise einzusetzen, dass die Marketing-Ziele erreicht werden

Marketing-Strategie mittel- bis langfristig wirksame Grundsatzentscheidung über das generelle Vorgehen bei der Marktbearbeitung, die einen Orientierungsrahmen für den Einsatz der (operativen) Marketing-Instrumente absteckt

Marketing-Ziel Auf den Markt bezogenes Unternehmensziel (z. B. Umsatz, Marktanteil, Kundenzufriedenheit), das durch die Umsetzung von Marketing-Strategien und -Maßnahmen erreicht werden soll

Markt Gruppe von aktuellen und potenziellen Kunden, die bestimmte Bedürfnisse oder Wünsche gemeinsam haben und die als Abnehmer der unternehmerischen Angebotsleistungen in Betracht kommen

Marktdurchdringung Leistungspolitisches Wachstumskonzept, das darauf abzielt, die jetzigen Zielmärkte mit den gegenwärtig bereits angebotenen Leistungen noch weiter auszuschöpfen

Marktentwicklung Leistungspolitisches Wachstumskonzept, bei dem die bisherigen Angebotsleistungen auf neuen Märkten platziert werden

Marktforschung systematische Gewinnung von Erkenntnissen über die Märkte des Unternehmens

Glossar

Marktforschung, mobile Datenerhebung über mobile Endgeräte (z. B. Smartphones, Tablets, Wearables)

Marktkommunikation Gesamtheit aller Entscheidungen und Handlungen, die die Gestaltung und Übermittlung von Informationen bzw. Botschaften an die aktuellen und potenziellen Kunden eines Unternehmens betreffen

Marktsegmentierung Aufteilung eines Gesamtmarkts in (möglichst homogene) Käufergruppen

Mass Customization Massenproduktion von individualisierten bzw. individualisierbaren Angebotsleistungen – oft in der Weise, dass der Kunde aus Produkt- oder Dienstleistungs-Bausteinen die Leistung selbst zusammenstellt

Massenmarketing Variante des Marketing, das die Unterschiede zwischen den Käufern bzw. Käufergruppen ignoriert und auf den Durchschnittsbedarf einer breiten Abnehmerschaft gerichtet ist

Messe zeitlich begrenzte, organisierte und Marketing-Zwecken dienende Veranstaltung, auf der Aussteller ihre Leistungsangebote präsentieren

Morphologie Systematisch-logisches Verfahren der Ideenfindung, bei dem eine Leistung in einzelne Komponenten aufgegliedert wird (z. B. bei einem Tisch: Material, Form, Farbe, Größe), deren denkbare Ausgestaltungsmöglichkeiten innovativ kombiniert werden

Multi-Channel-Vertrieb bzw. -Marketing parallele Nutzung unterschiedlicher Absatzkanäle beim Vertrieb der Angebotsleistungen

Mystery Research Verdeckte Testkäufe bzw. Servicebeobachtungen durch vorgebliche Kunden, die dem Service- bzw. Verkaufspersonal von zu prüfenden Unternehmen in einer simulierten Verkaufs- oder Beratungssituation gegenübertreten

Oberziel langfristig orientiertes Ziel, das das Unternehmen insgesamt betrifft und in der Regel vom Top-Management festgelegt und verantwortet wird

Objektivität Qualitätskriterium der Marketing-Forschung, nach dem die Ergebnisse unabhängig von der Person des Forschers zustande kommen sollten. Die Objektivität kann man als Teilaspekt der → Validität ansehen

One-to-One-Marketing Variante des Marketing, bei der das Unternehmen seine Marketing-Aktivitäten an die besonderen Bedürfnisse individueller Nachfrager anpasst

Online-Kommunikation alle Kommunikationsformen, bei denen die Verständigung über digitale Kanäle erfolgt, d. h. über Computer- oder Mobilfunk-Netze und digitale Endgeräte (z. B. Computer, Mobiltelefone)

Panel gleichbleibende Stichprobe von Untersuchungseinheiten (z. B. Haushalte, Unternehmen oder Fernsehzuschauer), bei der regelmäßig zum gleichen Untersuchungsgegenstand Daten erhoben werden

Penetration Pricing Preisabfolge-Muster, das darauf abzielt, durch einen sehr günstigen Einstiegspreis von vornherein eine große Nachfragerschaft zum Kauf zu motivieren

Point of Sale Verkaufsstelle bzw. -ort, an der/dem der Verkauf einer Angebotsleistung erfolgt (z. B. im Einzelhandelsgeschäft, auf einem Wochenmarkt oder in einem Online-Shop)

Positionierung Planung und Umsetzung von Maßnahmen, die darauf abzielen, das Unternehmen und/oder dessen Leistungsangebote

Glossar

in der Psyche des Zielkunden klar von der Konkurrenz zu unterscheiden, um in der Folge eine dauerhafte und profitable Stellung im Wettbewerb zu erreichen

Präferenz-Strategie Marktbeeinflussungs-Strategie, die darauf abzielt, durch den gezielten Einsatz nicht-preislicher Marketing-Maßnahmen die Leistungsangebote in den Augen der Abnehmer einzigartig erscheinen zu lassen und dadurch eine Vorzugsstellung (d. h. Präferenz) im Markt zu erreichen

Preis Summe aller Kosten und Mühen, die der Abnehmer aufzubringen hat, um das Produkt bzw. die Dienstleistung zu erwerben und nutzen zu können (Preis im weiteren Sinne). In engem Sinne wird unter „Preis" der Geldbetrag verstanden, der für ein Produkt oder eine Dienstleistung verlangt wird.

Preisbewusstsein Bedeutung des Preises als Kaufentscheidungs-Kriterium. Ein hohes Preisbewusstsein geht mit einer intensiven Suche nach Preisinformationen einher, um möglichst günstig einkaufen zu können.

Preisbeurteilung Einschätzung des Preisniveaus eines Leistungsangebots (oder eines Anbieters insgesamt) durch die Abnehmer

Preisbündelung Angebot mehrerer Teilleistungen zu einem Paketpreis, der in der Regel unterhalb der Summe der Einzelpreise liegt

Preisdifferenzierung unterschiedliche Preisforderungen eines Unternehmens für ein und dieselbe Leistung

Preis-Entbündelung Herauslösen und separates Vermarkten von Teilleistungen aus einem Gesamt-Leistungspaket

Preisimage Vorstellungsbild, das sich die aktuellen und potenziellen Abnehmer von der Preiswürdigkeit eines Anbieters machen

Preis-Mengen-Strategie Marktbeeinflussungs-Strategie, die darauf abzielt, die Leistungen durch niedrig kalkulierte Preise in großen Mengen (und vornehmlich an preisbewusste Käufer) abzusetzen

Preispolitik Gesamtheit aller Entscheidungen und Handlungen, die die Festlegung der Gegenleistungen betreffen, die der Kunde für die Inanspruchnahme einer Angebotsleistung zu entrichten hat

Preiswahrnehmung Prozess der Aufnahme, Verarbeitung und Interpretation von Preisinformationen

Preiswissen Gesamtheit der preisbezogenen Informationen, die im Gedächtnis des Abnehmers vorhanden sind

Primärforschung Originäre empirische Erhebung von bisher nicht vorhandenen Informationen für eine aktuelle Fragestellung

Public Relations (PR, Öffentlichkeitsarbeit) Planmäßige Pflege der Beziehungen zur Öffentlichkeit, um das Ansehen und die Vertrauenswürdigkeit des Unternehmens als Ganzes zu verbessern

Redistribution Rücktransfer von Verpackungen und Altprodukten zum Hersteller

Relaunch Grundsätzliche Überarbeitung eines vorhandenen Leistungsangebots, um die „Lebensdauer" einer Angebotsleistung zu verlängern und deren Rentabilität zu verbessern

Reliabilität Qualitätskriterium der Marketing-Forschung, nach dem die Ergebnisse frei von unsystematischen bzw. Zufallsfehlern sein sollten

Glossar

Revival Wiedereinführung eines Produkts, das bereits vom Markt genommen wurde, um es in moderner Form oder als Retro-Modell neu aufleben zu lassen

Sekundärforschung Nutzung von vorhandenem Datenmaterial, das für ähnliche oder auch andere Informationszwecke erfasst wurde und unter dem Aspekt des anstehenden Marketingproblems gesammelt und ggfs. neu aufbereitet wird

Skimming Pricing Preisabfolge-Muster, das sich dadurch auszeichnet, dass bei der Einführung einer neuen Angebotsleistung zunächst ein relativ hoher Preis gefordert wird, der mit zunehmender Markterschließung und wachsendem Konkurrenzdruck stufenweise gesenkt wird

Social Media internet-basierte Plattformen, die eine interaktive Kommunikation in der Weise ermöglichen, dass mediale Inhalte (insb. Text, Bilder, Videos) produziert, ausgetauscht und für andere Nutzer bereitgestellt werden können (Beispiele: Foren, Bewertungsportale, Video-Sharing-Portale wie YouTube und vor allem soziale Netzwerke wie Facebook, Twitter, XING)

Social Media Kommunikation Nutzung von Social Media für die zielorientierte Kommunikation mit den Anspruchsgruppen des Unternehmens

Social Media Monitoring systematische, regelmäßige Erfassung und Analyse von Beiträgen und Dialogen auf Social Media-Plattformen, die als solche über digitale Kanäle eine interaktive Kommunikation ermöglichen

Sponsoring Gesamtheit der Aktivitäten, die die Förderung von Personen oder Organisationen mit finanziellen, Sach- oder Dienstleistungen (z. B. im Sport- oder Kulturbereich) betreffen und die auf dem Prinzip von Leistung und Gegenleistung beruhen

Storetest Prüfung der Wirkung einzelner Marketing-Instrumente (z. B. von neuen Produkten, Verpackungsänderungen oder Preisaktionen) in einer ausgewählten Zahl von für den Test angeworbenen Handelsgeschäften

Validität Qualitätskriterium der Marketing-Forschung, nach dem die Ergebnisse frei von systematischen Fehlern bzw. Verzerrungen sein sollten

Verkauf, persönlicher Akquisition von Kunden bzw. Aufträgen durch direkte Kommunikation mit den aktuellen oder potenziellen Abnehmern

Verkaufsförderung (Sales Promotions) Gesamtheit kurzfristig und unmittelbar absatzsteigernder Maßnahmen, die sich an Endabnehmer, Händler oder das eigene Verkaufspersonal richten

Vertragshändler Unternehmensgebundener Distributionspartner, der sich dazu verpflichtet hat, exklusiv die Leistungen eines oder mehrerer bestimmter Lieferanten zu führen und im eigenen Namen sowie auf eigene Rechnung zu verkaufen. Dafür erhalten Vertragshändler Marketing-Unterstützung und zumeist auch Gebietsschutz, d. h. der Hersteller beliefert innerhalb eines bestimmten Marktgebiets keinen anderen Distributor

Wearables Endgeräte, die am Körper getragen werden und die einen Daten- bzw. Informationsaustausch ermöglichen, z. B. (Fitness-)Armbänder, „Smartwatches" oder Brillen

Werbemittel sinnlich wahrnehmbare Darstellungsform der Werbebotschaft (z. B. Radio- oder TV-Spots, Anzeige, Plakat)

Glossar

Werbeträger (Streu-)Medium, über das die Werbebotschaft an die Zielpersonen herangetragen wird (z. B. Radio- oder TV-Sender, Zeitschrift, Plakat-Anschlagstelle)

Werbung systematische Gestaltung und Verbreitung von (Werbe-)Botschaften über spezielle Kommunikationsmittel an den Zielmarkt, um diesen im eigenen Sinne zu beeinflussen

Wettbewerbsvorteil Aus Kundensicht bedeutsamer Nutzenvorteil gegenüber konkurrierenden Angeboten, der langfristig verteidigt werden kann und zugleich wirtschaftliche Vorteile mit sich bringt. Wettbewerbsvorteile können bspw. in einer hohen Produktqualität, einem besonderen Design oder Imagevorteilen bestehen.

Zahlungsbereitschaft Preis, den ein Kunde für die Leistung maximal zu zahlen bereit ist

Ziel Für die Zukunft gewünschtes Ergebnis der Unternehmenstätigkeit

Zielmarkt Gesamtheit der (aktuellen und potenziellen) Kunden, die mit den Marketing-Aktivitäten angesprochen werden sollen

Zielgruppe Gruppe von (aktuellen und potenziellen) Nachfragern, die in sich möglichst homogen ist und auf die sich die (Marketing-)Aktivitäten des Unternehmens richten

Zielgruppen-Marketing Variante des Marketing, bei der das Unternehmen seine Marketing-Aktivitäten an die besonderen Bedürfnisse von abgegrenzten Nachfragergruppen anpasst

Literatur

1. Abstoss, S. (2010). *Die häufigsten Social Media Irrtümer*. http://blog.marketingshop.de/die-top-10-der-social-media-irrtumer. Zugegriffen: 18.6.2015
2. Ahlemeyer-Stubbe, A. (2013). Social Media Monitoring. In M. Ceyp, & J.-P. Scupin (Hrsg.), *Erfolgreiches Social Media Marketing* (S. 189–196). Wiesbaden: Springer Gabler.
3. Ansoff, H. I. (1965). *Corporate Strategy*. New York: McGraw-Hill.
4. AUMA – Ausstellungs- und Messe-Ausschuss der Deutschen Wirtschaft e. V. (2015). *Messewirtschaft in Zahlen 2015*. Berlin.
5. Backerra, H., Malorny, C., & Schwarz, W. (2007). *Kreativitätswerkzeuge* (3. Aufl.). München: Hanser.
6. Backhaus, K., & Voeth, M. (2014). *Industriegütermarketing* (10. Aufl.). München: Vahlen.
7. Becker, J. (2013). *Marketing-Konzeption* (10. Aufl.). München: Vahlen.
8. Bichler, M. (2014). *Mobilfunkmarkt im Q3 2014 – Insgesamt 117,3 Millionen Mobilfunkverträge in Deutschland*. www.perspektive-mittelstand.de/Mobilfunkmarkt-Q3-2014-117-Millionen-Mobilfunkvertraege-in-Deutschland/pressemitteilung/74670.html. Zugegriffen: 13.2.2015
9. Bormann, I., & Hurth, J. (2014). *Hersteller- und Handelsmarketing*. Herne: Kiehl.
10. Bösener, K. (2015). *Kundenzufriedenheit, Kundenbegeisterung und Kundenpreisverhalten: Empirische Studien zur Untersuchung der Wirkungszusammenhänge*. Wiesbaden: Springer Gabler.
11. Brandt, M. (2014). *Top 10 Online-Shops in Deutschland*. http://de.statista.com/infografik/642/top-10-online-shops-in-deutschland-nach-umsatz/. Zugegriffen: 13.2.2015
12. Bretscher, P., & Hochreutener, P. (2011). *Gewinnpotenziale eigener Stärken erkennen und nutzen*. http://de.slideshare.net/peterbretscher/vpr-v009final-d. Zugegriffen: 4.6.2015
13. Brodersen, T. L. (2012). Franchising – vier Erfolgsmerkmale eines Unternehmensnetzwerkes. In J. Zentes, B. Swoboda, D. Morschett, & H. Schramm-Klein (Hrsg.), *Handbuch Handel* (2. Aufl. S. 151–167). Wiesbaden: Springer Gabler.
14. Brückner, M., & Przyklenk, A. (2013). *Lost Brands – vom Aufstieg und Niedergang starker Marken*. Wiesbaden: Springer Gabler.
15. Bruhn, M. (2013). *Kommunikationspolitik* (7. Aufl.). München: Vahlen.
16. Bruhn, M. (2013). *Qualitätsmanagement für Dienstleistungen* (9. Aufl.). Berlin/Heidelberg: Springer Gabler.
17. Bruhn, M. (2014). *Marketing* (12. Aufl.). Wiesbaden: Springer Gabler.
18. Bruhn, M. (2014). *Unternehmens- und Marketingkommunikation* (3. Aufl.). München: Vahlen.
19. Bruhn, M., & Hadwich, K. (Hrsg.). (2012). *Customer Experience*. Wiesbaden: Springer Gabler.
20. Bruhn, M., & Meffert, H. (2012). *Handbuch Dienstleistungsmarketing*. Wiesbaden: Springer Gabler.
21. Busch, R., Fuchs, W., & Unger, F. (2008). *Integriertes Marketing* (4. Aufl.). Wiebaden: Gabler.
22. Cerar, C. (2007): *Erfolgsfaktoren im Innovationsmanagement*, OnlineBlatt 16/2007 des Malik Management Zentrum St. Gallen.
23. Ceyp, M., & Scupin, J.-P. (2013). *Erfolgreiches Social Media Marketing*. Wiesbaden: Springer Gabler.
24. Chandler, D. (2014). *Corporate social responsibility – A strategic perspective*. New York: Business Expert Press.
25. Christ, J. (2013). *Mass Customization: Personalisierte Produkte für die Masse*. http://www.lexware.de/werbung-und-verkauf/mass-customization-personalisierte-produkte-fuer-die-masse. Zugegriffen: 20.3.2015

Literatur

26. Clement, R., & Schreiber, D. (2014). *Internet-Ökonomie* (2. Aufl.). Berlin/Heidelberg: Springer Gabler.
27. Döring, T., Heide, D., Kerkmann, C., Ertinger, S., & Groh-Kontio, C. (2012). *Warum wir Kaffee bei Starbucks trinken – oder nicht*. http://www.handelsblatt.com/unternehmen/handel-konsumgueter/cafe-kette-warum-wir-kaffee-bei-starbucks-trinken-oder-nicht/7316268.html. Zugegriffen: 24.4.2015
28. Edling, H. (2010). *Volkswirtschaftslehre – schnell erfasst* (3. Aufl.). Berlin/Heidelberg: Springer.
29. Esch, F.-R. (2014). *Strategie und Technik der Markenführung* (8. Aufl.). München: Vahlen.
30. Esch, F.-R., Herrmann, A., & Sattler, H. (2013). *Marketing* (4. Aufl.). München: Vahlen.
31. Feigl, M. (2015). *Wie Anzeigen auf Smartwatches aussehen könnten*. http://www.gfm-nachrichten.de/news/aktuelles/article/wie-anzeigen-auf-smartwatches-aussehen-koennten.html. Zugegriffen: 20.6.2015
32. Förster, A., & Kreuz, P. (2007). *Alles, außer gewöhnlich*. Berlin: ECON.
33. Foscht, T., & Swoboda, B. (2011). *Käuferverhalten* (4. Aufl.). Wiesbaden: Gabler.
34. Freter, H. (2008). *Markt- und Kundensegmentierung* (2. Aufl.). Stuttgart: Kohlhammer.
35. Froböse, M. (2013). Relaunch von Printmedien: Charakteristika und Maßnahmen. In W. Pepels (Hrsg.), *Praxishandbuch Relaunch* (S. 327–344). Düsseldorf: Symposion.
36. Froböse, M., & Kaapke, A. (2003). *Marketing* (2. Aufl.). München: Vahlen.
37. Froböse, M., & Schiffel, J. (2007). *Textband Absatzwirtschaft*. Bonn: DIHK-Gesellschaft für berufliche Bildung.
38. Fuchs, W., & Unger, F. (2014). *Management der Marketing-Kommunikation* (5. Aufl.). Wiesbaden: Springer Gabler.
39. Gardini, M. A. (2007). *Einführung in das Marketing-Management*. München: Oldenbourg.
40. Gassmann, M. (2014). *Burger King liefert Meisterstück in Krisen-PR*. http://www.welt.de/wirtschaft/article128200823/Burger-King-liefert-Meisterstueck-in-Krisen-PR.html. Zugegriffen: 15.6.2015
41. Gelbrich, K., Wünschmann, S., & Müller, S. (2008). *Erfolgsfaktoren des Marketing*. München: Vahlen.
42. Gelbrich, K., Wünschmann, S., & Müller, S. (2008b). *Erfolgsfaktoren des Marketing – Übungsaufgaben*. München: Vahlen.
43. Gläser, M. (2014). *Medienmanagement* (3. Aufl.). München: Vahlen.
44. Gordon, I. (2006). *Relationship Demarketing: Managing wasteful or worthless customer relationships, Ivey Business Journal March/April 2006*. http://iveybusinessjournal.com/topics/the-workplace/relationship-demarketing-managing-wasteful-or-worthless-customer-relationships. Zugegriffen: 20.2.2015
45. Greiner, O., & Wolf, T. (2013). *Das 7-K-Prinzip*. Stuttgart: Horvath & Partner GmbH.
46. Großklaus, R. H. G. (2015). *Positionierung und USP*. Wiesbaden: Springer Gabler.
47. Grunwald, G., & Hempelmann, B. (2012). *Angewandte Marktforschung*. München: Oldenbourg.
48. Günter, B., & Helm, S. (2011). Kundenbewertung im Rahmen des CRM. In H. H. Hippner, B. Hubrich, & K. D. Wilde (Hrsg.), *Grundlagen des CRM* (3. Aufl. S. 272–292). Wiesbaden: Gabler.
49. Haidacher, M. (2014). *Mobile Marktforschung*. https://fhstpmedien.wordpress.com/2014/03/26/mobile-marktforschung. Zugegriffen: 16.2.2015
50. Halfmann, M. (2014). Der Konsument von morgen – Vom Homo oeconomicus zum Homo mysticus. In M. Halfmann (Hrsg.), *Zielgruppen im Konsumentenmarketing* (S. 1–13). Wiesbaden: Springer Gabler.

Literatur

51. Haller, S. (2015). *Dienstleistungsmanagement* (6. Aufl.). Wiesbaden: Springer Gabler.
52. Heck, J. (2015). *Click & Collect wird zum Standard*. http://etailment.de/thema/logistik-and-fulfilment/Click--Collect-wird-zum-Standard-3020. Zugegriffen: 1.5.2015
53. Hedemann, F. (2014). Navi fürs Social Web. *INTERNET WORLD Business*, 2014(24), 26f.
54. Hehn, P., & Silberer, G. (2008). Wirkung von Duft in der Markenführung. In C. Baumgarth, G. K. Schneider, & B. Ceritoglu (Hrsg.), *Impulse für die Markenforschung und Markenführung* (S. 42–63). Wiesbaden: Gabler.
55. Herrmann, A., & Huber, F. (2013). *Produktmanagement* (3. Aufl.). Wiesbaden: Springer Gabler.
56. Herrmann, G. (2015). Mobile First – Consumer Barometer untersucht digitalen Konsumenten. *Research & Results*, 2015(1), 34.
57. Herrmann, L. (2015). Wissen, was die Uhr geschlagen hat. *Werben & Verkaufen*, 2015(20), 32–38.
58. Hofte-Fankhauser, K., & Wälty, H. F. (2013). *Marktforschung* (5. Aufl.). Zürich: Compendio Bildungsmedien.
59. Homburg, C. (2015). *Marketingmanagement* (5. Aufl.). Wiesbaden: Springer Gabler.
60. Hutter, K., & Hoffmann, S. (2015). Guerilla-Marketing in der Unternehmenspraxis. *Wirtschaftswissenschaftliches Studium (WiSt)*, 2015(4), 188–193.
61. Hüttner, M., & Schwarting, U. (2002). *Grundzüge der Marktforschung* (7. Aufl.). München/Wien: Oldenbourg.
62. Imbach, A. (2012). Die Macht begehrenswerter Marken. *absatzwirtschaft*, (Sonderheft Marken), 28–31.
63. Jäger, M., Engelke, J., & Wübker, G. (2009). Psychologische Aspekte des Pricing für die Praxis nutzen. *Marketing Review St. Gallen*, 2009(5), 38–43.
64. Janssen, J., & Laatz, W. (2013). *Statistische Datenanalyse mit SPSS* (8. Aufl.). Berlin/Heidelberg: Springer.
65. Kaapke, A.: Den Relaunch strategisch planen, in: Pepels, W. (Hrsg.): Praxishandbuch Relaunch (S. 31–46), Düsseldorf: Symposion.
66. Karbach, T. (2014). *Mass Customization: Mein Müsli, meine Vanille-Cola, meine Bratwurst*. http://www.aachener-zeitung.de/news/hochschule/mass-customization-mein-muesli-meine-vanille-cola-meine-bratwurst-1.907054. Zugegriffen: 20.3.2015
67. Keding, O. (2015). *Online-Kommunikation von Organisationen*. Wiesbaden: Springer VS.
68. Kerkau, F. (2015). Der Wandel ist die eigentliche Konstante. *Werben & Verkaufen*, 2015(23), 48.
69. Kirchgeorg, M., & Wübbenhorst, K. (2013). *333 Keywords Marktforschung*. Wiesbaden: Springer Gabler.
70. Köhn-Ladenburger, C. (2013). *Marketing für LOHAS*. Wiesbaden: Springer Gabler.
71. Koschate-Fischer, N. (2012). Preisbezogene Auswirkungen von Kundenzufriedenheit. In C. Homburg (Hrsg.), *Kundenzufriedenheit* (8. Aufl. S. 93–120). Wiesbaden: Gabler.
72. Kotler, P., & Armstrong, G. (2014). *Principles of Marketing* (15. Aufl.). Harlow: Pearson. global ed.
73. Kotler, P., Keller, K. L., & Bliemel, F. (2007). *Marketing-Management* (12. Aufl.). München: Pearson Studium.
74. Kotler, P., Armstrong, G., Wong, V., & Saunders, J. (2011). *Grundlagen des Marketing* (5. Aufl.). München: Pearson Studium.
75. Krauss, M. (2015). *Rekorde für Apple: höchster Gewinn im letzten Quartal weltweit*. http://www.techniksurfer.de/rekorde-fuer-apple-hoechster-gewinn-im-letzten-quartal-weltweit. Zugegriffen: 27.3.2015
76. Kreutzer, R. T. (2013). *Praxisorientiertes Marketing* (4. Aufl.). Wiesbaden: Springer Gabler.

Literatur

77. Kreutzer, R. T. (2014). *Praxisorientiertes Online-Marketing* (2. Aufl.). Wiesbaden: Springer Gabler.
78. Kreutzer, R. T., Rumler, A., & Wille-Baumkauff, B. (2015). *B2B-Online-Marketing und Social Media*. Wiesbaden: Springer Gabler.
79. Kreuz, P. (2014): *Anstiftung zum Querdenken – Erfolg mit unkonventionellen Methoden*. Vortrag vor dem Marketing-Club Ostwürttemberg, Duale Hochschule Baden-Württemberg Heidenheim, 25.02.2014.
80. Krieger, K. H. (2012). *Guerilla Marketing*. Wiesbaden: Gabler.
81. Kröger, M. (2014). *Neue Volkswagen-Strategie: Winterkorns Wende*. http://www.spiegel.de/wirtschaft/unternehmen/vw-jahresbilanz-volkswagen-chef-winterkorn-mit-neuer-strategie-a-958439.html. Zugegriffen: 7.3.2015
82. Kuß, A., & Kleinaltenkamp, M. (2013). *Marketing-Einführung* (6. Aufl.). Wiesbaden: Springer Gabler.
83. Kuß, A., Wildner, R., & Kreis, H. (2014). *Marktforschung* (5. Aufl.). Wiesbaden: Springer Gabler.
84. Linke, A. (2015). *Management der Online-Kommunikation von Unternehmen*. Wiesbaden: Springer VS.
85. von Loewenfeld, F. (2006). *Brand Communities*. Wiesbaden: Deutscher Universitäts-Verlag.
86. Loosschilder, G. (2014). Keep it simple – Conjoint analysis on mobile devices. *Research & Results*, 2014(2), 40–43.
87. Lorberg, D., & Vergossen, H. (2015). *Marketing: Grundlagen und Strategien*. Herne: Kiehl.
88. Luck, K. (2013). On the move: Optimizing Communication with the Mobile Respondent. *Research & Results*, 2013(4), 28.
89. Maetje, S. (2014). Lizenz zum Datensammeln – Bedeutung von Wearables für die Marktforschung. *Research & Results*, 2014(7), 32.
90. Markowetz, A. (2015). *Digitaler Dopamin-Rausch*. http://www.buchreport.de/nachrichten/verlage/verlage_nachricht/datum/2015/04/30/digitaler-dopamin-rausch.htm. Zugegriffen: 18.6.2015
91. McCarthy, J. E. (1960). *Basic Marketing*. Homewood: Irwin.
92. Meffert, H., Bruhn, M., & Hadwich, K. (2015). *Dienstleistungsmarketing* (8. Aufl.). Wiesbaden: Springer Gabler.
93. Meffert, H., Burmann, C., & Kirchgeorg, M. (2015). *Marketing* (12. Aufl.). Wiesbaden: Springer Gabler.
94. Meyer, A., & Davidson, H. (2001). *Offensives Marketing*. Freiburg i. Br.: Haufe.
95. Milz, R. (2014). *Veranstaltungen gegen den Strom*. http://www.forum-kunden-verblueffen.de/forum/allgemein/117-veranstaltungen-gegen-den-strom. Zugegriffen: 6.2.2015
96. Montag, T. (2015). *Durch die morphologische Analyse eine Geschäftsidee finden*. http://www.gruenderlexikon.de/magazin/durch-die-morphologischer-analyse-eine-geschaeftsidee-finden. Zugegriffen: 5.6.2015
97. Mulke, W. (2014). *Die Macht der Supermärkte*. http://www.badische-zeitung.de/nachrichten/wirtschaft/grosse-supermarktketten-werden-immer-maechtiger--print. Zugegriffen: 20.2.2015
98. Müller-Prothmann, T., & Dörr, N. (2011). *Innovationsmanagement* (2. Aufl.). München: Hanser.
99. Naether, F.-T. (2014). Mobile Research ist die Zukunft. *absatzwirtschaft*, (Sonderausgabe dmexco), 78–80.
100. Nicholas, K. (2015). *Smartphone-Nutzung in Deutschland: Die neue „Volksdroge"*. http://www.giga.de/extra/die-welt-der-infografiken/specials/smartphone-nutzung-in-deutschland-die-neue-volksdroge/. Zugegriffen: 18.6.2015

Literatur

101. Nieschlag, R., Dichtl, E., & Hörschgen, H. (2002). *Marketing* (19. Aufl.). Berlin: Duncker & Humblot.
102. Olbrich, R., & Battenfeld, D. (2014). *Preispolitik* (2. Aufl.). Wiesbaden: Springer Gabler.
103. Opresnik, M. O., & Rennhak, C. (2012). *Grundlagen der Allgemeinen Betriebswirtschaftslehre*. Wiesbaden: Gabler.
104. O. V. (2013a). Unterschätzte Bewertungen. *Social Media Magazin*, 2013(3), 10–18.
105. O. V. (2013b). *Neue Motive: Handwerk ganz persönlich*. http://www.deutsche-handwerks-zeitung.de/zweite-runde-mit-neuen-handwerksmotiven/150/10178/202580. Zugegriffen: 2.6.2015
106. O. V. (2014). *Lokal statt global: Regionale Produkte liegen im Trend*. www.entega.de/blog/regionale-produkte. Zugegriffen: 2.3.2015
107. O. V. (2015a). *Innovative OnPack-Lösungen für Markenartikel*. www.effektive-verkaufsförderung.de/onpack-loeusungen-fuer-markenartikler. Zugegriffen: 6.3.2015
108. O. V. (2015b). *Mobilgerät*. http://www.itwissen.info/definition/lexikon/Mobilgeraet-mobile-equipment.html. Zugegriffen: 14.3.2015
109. O. V. (2015c). *Informationen zu den Sinus-Milieus® 2015*. Heidelberg: SINUS Markt- und Sozialforschung GmbH.
110. O. V. (2015d). *Brands*. http://www.accor.com/en/brands.html. Zugegriffen: 9.4.2015
111. O. V. (2015e). *Das Unternehmensleitbild von Starbucks*. http://www.starbucks.de/about-us/company-information/mission-statement. Zugegriffen: 30.4.2015
112. O. V. (2015f). *P&G Forschung in Deutschland im German Innovation Center (GIC)*. http://www.pg.com/de_DE/unternehmen/innovationen.shtml. Zugegriffen: 5.6.2015
113. O. V. (2015g). *Wer wir sind*. http://www.avon.de/PRSuite/whoweare_main.page. Zugegriffen: 8.5.2015
114. O. V. (2015h). Ich will mein eigener Kapitän sein. *Food and friends*, 2015(1), 28.
115. O. V. (2015i). *NORDSEE Franchise*. http://www.nordsee.com/de/franchise.html. Zugegriffen: 9.5.2015
116. O. V. (2015j). *Nordsee*. http://www.bundesverband-systemgastronomie.de/nordsee.html. Zugegriffen: 9.5.2015
117. O.V. (2015k): *Online-Shops eröffnen reale Läden*, in: Heidenheimer Zeitung, Ausgabe vom 11.4.2015, S. 29.
118. Pepels, W. (2009). *Erfolgreiche Produkteinführung*. München: Redline.
119. Pepels, W. (2012). *Handbuch des Marketing* (6. Aufl.). München: Oldenbourg.
120. Pepels, W. (2013). *Produktmanagement* (6. Aufl.). München: Oldenbourg.
121. Porst, R. (2014). *Fragebogen* (4. Aufl.). Wiesbaden: Springer VS.
122. Poth, L. G., Poth, G. S., & Pradel, M. (2008). *Gabler Kompakt-Lexikon Marketing* (3. Aufl.). Wiesbaden: Gabler.
123. Poynter, R., Williams, N., & York, S. (2014). *Handbook of Mobile Market Research*. Chichester: Wiley.
124. Puscher, F. (2012). *Customer-Experience-Management: Erlebnisse managen*. http://printarchiv.absatzwirtschaft.de/content/crm-vertrieb/wissen/erlebnisse-managen;75811;0. Zugegriffen: 6.2.2015
125. Quatember, A. (2014). *Datenqualität in Stichprobenerhebungen – Eine verständnisorientierte Einführung in Dtichprobenverfahren und verwandte Themen*. Berlin/Heidelberg: Springer Spektrum.
126. Raabe, J. (2012). *Erfolgsfaktoren für Innovation in Unternehmen*. Wiesbaden: Gabler.
127. Recklies, D. (2001). *Positionierung als strategische Marketingentscheidung*. http://www.themanagement.de/pdf/Positionierung.PDF. Zugegriffen: 16.4.2015

Literatur

128. Reinartz, W., & Kumar, V. (2003). Kundenpflege – aber richtig. *Harvard Business Manager*, 2003(1), 68–78.
129. Rittmann, R. (2014). Der eigene Hopfengarten sorgt für den regionalen Pfiff. http://www.welt.de/sonderthemen/bierreport/article133745763/Der-eigene-Hopfengarten-sorgt-fuer-den-regionalen-Pfiff.html. Zugegriffen: 13.5.2015
130. Runia, P., Wahl, F., Geyer, O., & Thewißen, C. (2011). *Marketing* (3. Aufl.). München: Oldenbourg.
131. Scharf, A., Schubert, B., & Hehn, P. (2012). *Marketing* (5. Aufl.). Stuttgart: Schäffer-Poeschel.
132. Scheer, A.-W. (2013). Wirtschafts- und Industriepolitik ist auch Forschungspolitik – und umgekehrt. In A. Baums, & B. Scott (Hrsg.), *Kompendium Digitale Standortpolitik* (S. 192–196). Berlin.
133. Scheier, C., Held, D., Schneider, J., & Bayas-Linke, D. (2012). *Codes – Die geheime Sprache der Produkte* (2. Aufl.). Freiburg: Haufe.
134. Schmidt, S. (2011). Mafo to go – Was mobile Marktforschung leisten kann. *Research & Results*, 2011(1), 48.
135. Schneider, W. (2009). *Marketing und Käuferverhalten* (3. Aufl.). München: Oldenbourg.
136. Schröder, H. (2012). *Handelsmarketing* (2. Aufl.). Wiesbaden: Springer Gabler.
137. Schröter, R. (2014). Media-Saturn – Zwei gegen Amazon. *Werben & Verkaufen*, 2014(42), 20–28.
138. Schuster, J. (2015). *Hohe Flop-Rate*. http://www.focus.de/politik/ausland/neue-produkte-hohe-flop-rate_id_4601374.html. Zugegriffen: 5.6.2015
139. Schwab, I. (2015). TV-Spots auf den Kopf gestellt. *Werben & Verkaufen*, 2015(23), 54–56.
140. Siems, F. (2009). *Preismanagement*. München: Vahlen.
141. Sommer, R. (2007). *Consumer's Mind – Die Psychologie des Verbrauchers*. Frankfurt a.M.: Deutscher Fachverlag.
142. Stavrakis, G. (2014). *Krieg der Pannenhelfer*. http://www.stuttgarter-nachrichten.de/inhalt.ace-schiesst-gegen-adac-krieg-der-pannenhelfer.7b530034-3d0c-4bc1-a9a6-6be6f3fca8b2.html. Zugegriffen: 27.2.2015
143. Steinhoff, L. (2014). *Loyalitätswirkung des geschenkten bevorzugten Kundenstatus*. Wiesbaden: Springer Gabler.
144. Stierl, M., & Lüth, A. (2015). *Corporate Social Responsibility und Marketing*. Wiesbaden: Springer Gabler.
145. Stockinger, H., Bartl, M., Kalogirou, K., & Pollok, P. (2013). Netnography – Online Communities as a Source of Innovation in the Field of E-Mobility. *Wirtschaftswissenschaftliches Studium (WiSt)*, 2013(12), 674–682.
146. Stolper, M. (2007). *Market Driving-Konzept – Modellierung und empirische Prüfung von Erfolg und Erfolgsfaktoren*. Wiesbaden: Deutscher Universitäts-Verlag.
147. Sturhan, M. (2014). *Persönlicher Parkplatz*. http://www.forum-kunden-verblueffen.de/forum/b2b-allgemein/praktizierte-verblüffungseffekte-ag/43-persönlicher-parkplatz. Zugegriffen: 6.2.2015
148. Tehrani, K., & Michael, A. (2014). *Wearable Technology and Wearable Devices: Everything You Need to Know*. http://www.wearabledevices.com/what-is-a-wearable-device. Zugegriffen: 15.3.2015
149. Theis, H.-J. (2008). *Handbuch Handelsmarketing – Erfolgreiche Instrumente der Handelsmarktforschung* (2. Aufl.). Frankfurt a.M.: Deutscher Fachverlag.
150. Thommen, J.-P., & Achleitner, A.-K. (2012). *Allgemeine Betriebswirtschaftslehre* (7. Aufl.). Wiesbaden: Gabler.

151. Töpfer, A. (2008). Konzeptionelle Grundlagen und Messkonzepte für den Kundenzufriedenheitsindex (KZI/CSI) und den Kundenbindungsindex (KBI/CRI). In A. Töpfer (Hrsg.), *Handbuch Kundenmanagement* (3. Aufl. S. 309–382). Berlin/Heidelberg: Springer.
152. Töpfer, A., & Seeringer, C. (2008). Entwicklungsstufen des Customer-Value-Konzeptes und Berechnungsverfahren zur Steuerung des Kundenwertes. In A. Töpfer (Hrsg.), *Handbuch Kundenmanagement* (3. Aufl. S. 229–266). Berlin/Heidelberg: Springer.
153. Unger, F., Fuchs, W., & Michel, B. (2013). *Mediaplanung* (6. Aufl.). Wiesbaden: Springer Gabler.
154. van Eimeren, B., & Frees, B. (2014). Ergebnisse der ARD/ZDF-Onlinestudie 2014: 79 Prozent der Deutschen online – Zuwachs bei mobiler Internetnutzung und Bewegtbild. *Media Perpektiven*, 2014(7-8), 378–396.
155. Voeth, M., & Herbst, U. (2013). *Marketing-Management*. Stuttgart: Schäffer-Poeschel.
156. Wakenhut, R. (2014). Live dabei – Mit Online-Tagebüchern den Konsumenten beleuchten. *Research & Results*, 2014(5), 40.
157. Weis, H. C. (2012). *Marketing* (16. Aufl.). Herne: Kiehl.
158. Weis, H. C. (2013). *Kompakt-Training Marketing* (7. Aufl.). Herne: NWB.
159. Wiesner, K. A., & Sponholz, U. (2007). *Dienstleistungsmarketing*. München/Wien: Oldenbourg.
160. Winters, G. (2015). *Sponsoren drohen der Fifa*. http://www.rp-online.de/sport/fussball/international/fifa-sponsoren-drohen-dem-weltverband-aid-1.5124429. Zugegriffen: 15.6.2015
161. Wöhe, G. (2013). *Einführung in die Allgemeine Betriebswirtschaftslehre* (25. Aufl.). München: Vahlen.
162. Zollondz, H.-D. (2012). *Marketing-Mix*. Mannheim: Cornelsen Scriptor.
163. Zschiesche, A., & Errichiello, O. (2012). *30 Minuten Markenführung*. Offenbach: GABAL.

 springer-gabler.de

Die neue Lehrbuchreihe für alle Studiengebiete der Wirtschaft!

Mit dem Springer-Lehrbuchprogramm „Studienwissen kompakt" werden kurze Lerneinheiten geschaffen, die als Einstieg in ein Fach bzw. in eine Teildisziplin konzipiert sind, einen ersten Überblick vermitteln und Orientierungswissen darstellen.

- Zielgruppengerechtes Wording und eine klare und übersichtliche Didaktik helfen den Studierenden bei ihren Prüfungen.
- Mit Lern-Kontrolle und unterstützendem Serviceteil.
- Für Bachelor-Studierende und Nebenfachstudenten der jeweiligen Fachgebiete.
- Teilweise mit Lösungen als Zusatzmaterialien zum Buch auf der Website.

Kurz: Lesen, lernen und verstehen!

Jetzt bestellen: springer-gabler.de

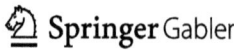

springer-gabler.de

Studienwissen kompakt:

Die neue Lehrbuchreihe für alle Studiengebiete der Wirtschaft!

Opresnik et al.
Allgemeine Betriebswirtschaftslehre
2. Aufl. Brosch. € (D) 14,99 |
€ (A) 15,41 | * sFr 19,00
ISBN 978-3-662-44326-2

Holzmann
Wirtschaftsethik
Brosch. ca. € (D) 14,99 |
€ (A) 15,41 | * sFr 19,00
ISBN 978-3-658-06820-2

Arndt
Logistikmanagement
Brosch. € (D) 14,99 |
€ (A) 15,41 | * sFr 19,00
ISBN 978-3-658-07211-7

Franken
Personal: Diversity Management
Brosch. € (D) 14,99 |
€ (A) 15,41 | * sFr 19,00
ISBN 978-3-658-06796-0

Egner
Internationale Steuerlehre
Brosch. ca. € (D) 14,99 |
€ (A) 15,41 | * sFr 19,00
ISBN 978-3-658-07350-3

€ (D) sind gebundene Ladenpreise in Deutschland und enthalten 7% MwSt. € (A) sind gebundene Ladenpreise in Österreich und enthalten 10% MwSt.
Die mit * gekennzeichneten Preise sind unverbindliche Preisempfehlungen und enthalten die landesübliche MwSt. Preisänderungen und Irrtümer vorbehalten.

Jetzt bestellen: springer-gabler.de

If you have any concerns about our products,
you can contact us on
ProductSafety@springernature.com

In case Publisher is established outside the EU,
the EU authorized representative is:
**Springer Nature Customer Service Center GmbH
Europaplatz 3, 69115 Heidelberg, Germany**

Printed by Libri Plureos GmbH
in Hamburg, Germany